Josef Weismayer

Leben in Fülle

Amico!

Josef Weismayer

Josef Weismayer

Leben in Fülle

Zur Geschichte und Theologie christlicher Spiritualität

3,–

Tyrolia-Verlag
Innsbruck–Wien

Umschlagbild: Romanisches Deckenfresko in Zyllis

Mitglied der Verlagsgruppe »engagement«

CIP-Kurztitelaufnahme der Deutschen Bibliothek

Weismayer, Josef:
Leben in Fülle: zur Geschichte u. Theologie christl. Spiritualität / Josef Weismayer. – Innsbruck; Wien: Tyrolia-Verlag, 1983
ISBN 3-7022-1474-7

1983

Satz, Druck und Buchbinderarbeit in der Verlagsanstalt Tyrolia, Gesellschaft m.b.H., Innsbruck

Inhaltsverzeichnis

Vorwort

Das Buch, das Sie eben aufgeschlagen haben, weist schon durch sein eindrucksvolles Umschlagbild, die Darstellung Jesu mit der Samariterin am Jakobsbrunnen, auf das „lebendige Wasser“ hin, auf das Leben in Fülle, das wir mit dem Wort Spiritualität meinen. Diesen Lebensvollzug theologisch zu bedenken, ist die Absicht des Verfassers. Natürlich vermag kein Buch die Bemühung um spirituelles Leben zu ersetzen. Aber dieses Buch möchte dazu eine Hilfe bieten: Das geistliche Leben soll im umfassenden Zusammenhang des Heilswirkens Gottes durch Jesus Christus im Heiligen Geist betrachtet werden, als Verwirklichung der Berufung des Menschen zur Gemeinschaft mit dem liebenden Gott. In diese Gesamtschau sollen die Einzelthemen, die zum spirituellen Lebensvollzug gehören, integriert werden. Diese Synthese einzelner Aspekte zu dem einen und umfassenden geistlichen Leben war ein besonderes Anliegen des Autors, ebenso das Aufzeigen der biblischen Grundlegung und der geschichtlichen Verwirklichungsformen christlicher Spiritualität.

Dieses Buch gäbe es nicht ohne seine Vorgeschichte: An der Katholisch-theologischen Fakultät der Universität Wien besteht seit 1976 im Rahmen des Instituts für Dogmatische Theologie und Dogmengeschichte eine Abteilung für Spirituelle Theologie, deren Leitung dem Verfasser anvertraut ist. Vieles in diesem Buch stellt die Frucht der Lehrtätigkeit in diesem Bereich dar. Außerdem hat der Autor seit 1968 im Rahmen der Wiener Theologischen Kurse und des Fernkurses für theologische Bildung ebenfalls das Fach „Theologie der Spiritualität“ betreut. Damit ist auch die Zielgruppe genannt, die der Verfasser mit seinem Konzept der Theologie der Spiritualität im Auge hat: Priester, Pastoralassistenten, Theologiestudenten, Ordenschristen, an Glaubensreflexion interessierte Laien.

Das Buch reißt eine Vielzahl von Themen an, die im Hinblick auf das Gesamt des geistlichen Lebens oft nur skizzenhaft behandelt werden. Jeder Abschnitt könnte Gegenstand einer selbständigen Untersuchung sein. Ich bin mir bewußt, daß daraus ein Einwand entstehen könnte. Aber anderseits war mir die Zusammenschau ein wichtiges Anliegen. In diesem Zusammenhang noch ein Wort zu den Anmerkungen und den damit gegebenen Literaturhinweisen: Diese sollen nicht eine vollständige Bibliographie für die behandelte Thematik liefern; das wäre im beschränkten Rahmen dieses Buches nicht möglich. Vielmehr sollen die im Text befindlichen Zitate genau ausgewiesen werden; weiters soll jene Literatur genannt werden, der der Verfasser für diesen Abschnitt Anregungen verdankt; schließlich wird weiterführende Literatur ohne jeglichen Anspruch auf Vollständigkeit geboten. Die Anmerkungen befinden sich jeweils am Ende jedes der vier Kapitel, die Abkürzungen werden beim ersten Block der Anmerkungen S. 19 geboten.

Für die ermunternde und kritische Begleitung bei der Erstellung des Manuskriptes danke ich sehr Frau DDr. Margarete Schmid. Für die Mühe des Schreibens der endgültigen Fassung und die Mithilfe bei der Korrektur der Druckfahnen bin ich Frau Maria Smeja vom Institut für Dogmatische Theologie zu großem Dank verpflichtet.

Dem Leser darf ich mit den Worten des Epheserbriefes meine Wünsche aussprechen: „Der Gott Jesu Christi, unseres Herrn, der Vater der Herrlichkeit, gebe euch den Geist der Weisheit und Offenbarung, damit ihr ihn erkennt. Er erleuchte die Augen eures Herzens, damit ihr versteht, zu welcher Hoffnung ihr durch ihn berufen seid, welchen Reichtum die Herrlichkeit seines Erbes den Heiligen schenkt und wie überragend groß seine Macht sich an uns, den Gläubigen, erweist durch das Wirken seiner Kraft und Stärke.“ (Eph 1,17–19)

Aschermittwoch 1983 — Josef Weismayer

1. Kapitel: Spiritualität – Theologie der Spiritualität. Zugänge und Wege

„Spiritualität“ scheint heute neu entdeckt zu werden. Seit der verstärkten Hinwendung zu Gebet und Meditation zu Anfang der siebziger Jahre wird dieses Wort häufig als Zusammenfassung dieses Anliegens verwendet. Aber die in der Überschrift angedeutete Verbindung von Theologie und Spiritualität ist weit weniger selbstverständlich. Tatsächlich gibt es hier eine lang zurückliegende Gezweiung, um nicht zu sagen Entzweiung. Hans Urs von Balthasar hat in einem 1948 erstmals erschienenen Aufsatz „Theologie und Heiligkeit“[1] von einer Wendung von der knieenden zur sitzenden Theologie gesprochen, die etwa gleichzeitig mit dem Anbrechen aristotelischen Denkens in der Scholastik anzusetzen wäre. Diese von Balthasar festgestellte Wende hatte zweifellos weitreichende Folgen: „Die ‚wissenschaftliche‘ Theologie wird gebetsfremder und damit unerfahrener im Ton, mit dem man über das Heilige reden soll, während die ‚erbauliche‘ Theologie durch zunehmende Inhaltslosigkeit nicht selten falscher Salbung verfällt“[2].

Die Erneuerung der Theologie in der katholischen Kirche nach dem 2. Weltkrieg, im besonderen durch die Impulse des Zweiten Vatikanischen Konzils, verfolgt aber das Anliegen, diese Gezweiung zu überwinden: „Es gibt Theologie nicht ohne personale Aneignung des Glaubens, und d. h. es gibt Theologie nicht ohne Spiritualität.“ (Walter Kasper)[3]

Spiritualität ist ein heute häufig, aber nicht eindeutig gebrauchtes Wort. Das erste Kapitel soll daher die verschiedenen Sichtweisen zu einem Gesamtbild zu verbinden suchen.

„Spiritualität“ ist primär ein Lebensvollzug, man spricht daher von geistlichem Leben. „Theologie der Spiritualität“, die in diesem Buch skizzenhaft dargeboten werden soll, will diesen Lebensvollzug theologisch bedenken und reflektieren. Damit stellt sich zugleich die Frage nach der Eingliederung dieser Theologie der Spiritualität in das Gesamt der Theologie.

1. ABSCHNITT: SPIRITUALITÄT ALS GEISTLICHES LEBEN

Das Wort „Spiritualität" ist im Deutschen erst seit dem Anfang der sechziger Jahre üblich geworden[4], als Fremdwort aus dem Französischen übernommen, wo schon seit dem 17. Jahrhundert mit „spiritualité" die persönliche Beziehung des Menschen zu Gott ausgedrückt wurde. Im deutschen Sprachraum verwendete man vordem andere Begriffe für das mit Spiritualität Gemeinte: Man sprach von Aszese und Mystik, von Frömmigkeit, von Heiligkeit und Vollkommenheit, um nur die wichtigsten Termini zu nennen.
Diese Begriffe vermögen je verschiedene Dimensionen und Schichten der Wirklichkeit Spiritualität sichtbar zu machen.

1. Zugänge zur Wirklichkeit Spiritualität

a) Der Begriff Spiritualität[5]

Die Wurzel des Begriffs stellt das lateinische Adjektiv „spirit(u)alis" dar, eine christliche Bildung, womit schon früh die Mitte der christlichen Existenz bezeichnet wurde. Das entsprechende Hauptwort „spiritualitas" ist bereits im 5. und 6. Jahrhundert nachweisbar. Inhaltlich verweist das Wort „Spiritualität" auf den Heiligen Geist und sein Wirken. Spiritualität ist das vom Geist Gottes erweckte und geschenkte Leben, das geistliche Leben.
Diese noch sehr im Allgemeinen bleibende Beschreibung gewinnt Konturen, wenn sie im Zusammenhang mit den Aussagen des AT und NT über den Gottesgeist gesehen wird[6]. Dessen machtvolles Wirken in der Schöpfung und in der Geschichte Israels soll in der Endzeit das Gottesvolk insgesamt und jeden einzelnen ergreifen und bewegen (vgl. Joel 3,1f). Ezechiel verheißt eine innere Umwandlung, ein neues Herz und einen neuen Geist (Ez 36,25–27). Diese Endzeit ist in der Offenbarung Gottes in seinem Sohn, in Jesus, dem Christus, angebrochen. Sein Menschwerden ist ein Geschehen im Heiligen Geist (vgl. Mt 1,18; Lk 1,35). Paulus spricht vom Geist dessen, der Jesus von den Toten auferweckt hat (Röm 8,11). Das Johannesevangelium sieht die Erhöhung des Gottessohnes in Tod und Auferstehung als „Freigabe" des Geistes für alle, die an Christus glauben (vgl. Joh 7,39; 19,30; 20,22). Im Heiligen Geist ist der erhöhte Herr bleibend gegenwärtig und wirksam. Durch den Heiligen Geist wurden wir in der Taufe in einen

einzigen Leib aufgenommen (vgl. 1 Kor 12,13). Im Parakleten ist uns eine neue Erfahrung, ein Verstehen der Wirklichkeit Christi eröffnet (vgl. Joh 14,26; 15,26; 16,8–14). Der Geist schenkt Freiheit (vgl. 2 Kor 3,17), er befreit von Sünde und Tod (vgl. Röm 8,2), er gewährt Friede und Freude (vgl. Röm 14,17; 15,13). Im Heiligen Geist vermag der Christ in rechter Weise zu beten (vgl. Röm 8,26f); die größte Geistesgabe ist die Liebe (1 Kor 12,31–14,1; Gal 5,22f).
Diese kurzen Hinweise auf die Geisterfahrung der ersten Christen stellen einen Schlüssel für das Verständnis des Wortes Spiritualität dar. Es meint das totale Betroffensein des Getauften durch das Christusereignis, das volle Wirksamwerden und Zur-Auswirkung-Kommen des Heilstuns Gottes durch Christus im Heiligen Geist. Es geht um das volle Leben in jener Wirklichkeit Gottes, die uns durch Jesus Christus eröffnet und zugänglich gemacht wurde: Spiritualität ist sowohl das uns geschenkte Leben im Heiligen Geist als auch das Sichergreifenlassen von dieser Zuwendung Gottes, das Leben als verwandelter Mensch, das geist-liche Leben.

b) Der Begriff Aszese – Askese[7]

Von seiner griechischen Wurzel her betont Askese das Moment des ständigen Bemühens, des Trainings, verweist auf eine notwendige Anstrengung. Damit ist auch die Möglichkeit des Verzichtes, die Notwendigkeit des Abstandnehmens angedeutet. Im NT wird das Wort Aszese nicht in dem später üblichen religiösen Sinn verwendet, wohl aber wird das Bemühen des Christen mit dem Training des Athleten verglichen (1 Kor 9,24–27; Phil 3,13–14; 2 Tim 4,7–8).
Wenn bei dem Wort Spiritualität vor allem die Aktivität des Geistes Gottes und unser Ergriffensein von diesem Leben im Vordergrund steht, dann bringt Aszese das Anfordernde dieser Aufgabe zum Ausdruck. Christsein bedarf der Einübung, der Treue im Alltag, des Überwindens von Widerständen. Die Nachfolge des gekreuzigten Herrn bedeutet Radikalität. Damit sind Verzichtleistungen angedeutet, die notwendig sein können, um das Leben mit Christus zu verwirklichen, damit ist das Hineingenommenwerden in das Dunkel des Leidens angedeutet.

c) Der Begriff Mystik[8]

Das griechische Eigenschaftswort „mystikós“, das verborgen, verhüllt bedeutet und in den Schriften des AT und NT nicht aufscheint, wurde

schon im 2. und 3. Jahrhundert verwendet, um die Tiefendimension des Heilsgeschehens und seiner Erfahrung zu bezeichnen: „Mystisch" nannte man jene Verstehensweise der Bibel, die alle Texte des AT und NT als Christusbotschaft liest, als Mysterium des gekreuzigten und erhöhten Herrn. „Mystisch" war auch die Christuswirklichkeit, die sich in den sakramentalen Zeichen verhüllt zum Ausdruck bringt. Schließlich bezeichnete man aber mit „mystisch" die Erfahrungserkenntnis Gottes (cognitio Dei experimentalis).
Aszese und Mystik wurden bisweilen als umfassende Beschreibungen dessen verstanden, was wir heute mit dem Wort Spiritualität meinen: Aszese als Weg und Mystik als Ziel dieses Weges. Dementsprechend bezeichnete man die Reflexion dieses Lebensvollzuges als „mystisch-aszetische Theologie"[9]. Für die Wirklichkeit Spiritualität bringt Mystik das Element der Erfahrung Gottes zum Ausdruck. Im christlichen Verständnis ist damit aber nicht ein Aufgehen des Menschen in Gott oder im Göttlichen gemeint, sondern eine besonders dichte personale Begegnung mit Gott, der sich uns durch Jesus Christus im Heiligen Geist erschlossen hat. Es ist ein Geschehen des vertrauenden Glaubens, der sich hingebenden Liebe.
Spiritualität als Leben im Heiligen Geist begreift in sich ein Gespräch mit Gott, ein Vertrautwerden, das in einem „Ruhen" bei ihm, in einem einfachen Bei-ihm-Sein Ausdruck finden kann.

d) Der Begriff Frömmigkeit[10]

Im NT wird der Ausdruck „Frömmigkeit" (eusébeia) besonders in den Pastoralbriefen und in 2 Petr verwendet: Für den Vorsteher ist Frömmigkeit ein Grunderfordernis (1 Tim 6,11; Tit 1,8), sie gehört wesentlich zum christlichen Leben (Tit 2,12; 2 Petr 1,6f). Wahre Frömmigkeit macht frei von der Liebe zu Geld und Profit (1 Tim 6,5–10), wahre Frömmigkeit läßt Verfolgung ertragen (2 Tim 3,10–12). Damit wird Frömmigkeit zu einem Ausdruck für das christliche Leben in seiner ganzen Bandbreite. Das deutsche Wort „fromm" meint ursprünglich das Hervorstechende, das Tüchtige; der Fromme ist der Tapfere, der Gerechte, der Gute. Im Gefolge der Luther'schen Bibelübersetzung setzte sich seit dem 16. Jahrhundert der religiöse Sprachgebrauch für „pius" so sehr im Sprachempfinden durch, daß die übrigen Bedeutungen mehr und mehr zurückgedrängt wurden. Dazu kamen im 19. Jahrhundert noch andere einengende Akzente: Frömmigkeit wurde stark individualistisch gesehen, außerdem stand das Gefühlsmoment sehr im Vordergrund.

Die mit „fromm“ wiedergegebenen Bedeutungsfelder der lateinischen Worte „pius“ und „pietas“ drücken ein ehrfurchtsvolles Verhalten im Kreise der Familie und der Blutsverwandtschaft aus, doch wurde auch die Verehrung der Gottheit mit „pietas“ ausgedrückt.
Wenn man alle Bedeutungsdimensionen von Frömmigkeit mitbedenkt, entspricht der Begriff dem der Spiritualität. Von den griechischen und lateinischen Hintergründen dieses Wortes her, ist Frömmigkeit eine umfassende Antwort Gott und den Nahestehenden gegenüber, wobei der inneren Haltung ein äußeres Verhalten korrespondiert. Die in der Neuzeit entstandenen Engführungen stellen allerdings eine Belastung für diese Bezeichnung dar.

e) Der Begriff Vollkommenheit[11]

„Vollkommen“ sind Gottes Werke (Dtn 32,4), sein Gesetz (Ps 19,8), seine Wege (2 Sam 22,31). Der rufende Gott erwartet eine vollkommene, umfassende Antwort. Nicht nur die Opfertiere sollen vollkommen, ganz und unversehrt sein (Lev 22,22). Israel soll mit vollkommenem und ungeteiltem Herzen Gott dienen (1 Kön 8,61; vgl. Dtn 6,5; 10,12). Abraham erfährt die Weisung: „Geh deinen Weg vor mir und sei rechtschaffen“ (Gen 17,1; vgl. Dtn 18,13).
Als einziger der Evangelisten verwendet Matthäus an zwei Stellen das Wort „vollkommen“ (Mt 5,48 und 19,21): Er drückt damit das Umfassende der Antwort des Menschen auf die Reich-Gottes-Verkündigung Jesu aus.
Die Vollkommenheit, zu der die Christen berufen sind, ist die Vollkommenheit der Liebe (Kol 3,14; Röm 13,8–10). Mit dem Zielgebot der Vollkommenheit ist zugleich das Voranschreiten und das Wachstum verbunden – in der Erkenntnis und in der Liebe (Phil 1,9). Schließlich gilt es, vor dem zur Vollendung kommenden Herrn untadelig und ohne Fehl, vollkommen dazustehen (vgl. z. B. 1 Thess 5,23). Christliche Spiritualität umgreift auch das Wort „Vollkommenheit“ und bringt damit das Umfassende zum Ausdruck: Alle Dimensionen des Menschseins und alle Bereiche dieses Lebens sollen in das Antwortgeschehen spirituellen Lebens integriert werden. Zugleich ist mit „Vollkommenheit“ eine Zielvorstellung genannt, die ein ständiges Unterwegssein und ein immer neues Sich-auf-den-Weg-Machen zu diesem Ziel voraussetzt.

f) Der Begriff Heiligkeit[12]

Heiligkeit meint die für den Menschen an sich unzugängliche Wirk-

lichkeit Gottes selbst: Er ist der allein Heilige (vgl. Jes 6,1–5). Aber dieses Ganz-anders-Sein hat nicht nur eine erschauernde Dimension, sondern verweist auch auf Gott als Quelle des Lebens und des Segens; er ist „der Heilige Israels“ (Jes 10,20; 17,7; 41,14–20).
Gott will als Heiliger anerkannt, als alleiniger Gott akzeptiert werden. In diesem Bereich hat die kultische Heiligkeit ihren Platz: Der Gottesdienst soll Gottes Herrlichkeit ausstrahlen. Die Erwählung Israels bedeutet zugleich, daß der Heilige in seiner Mitte wohnt (vgl. Hos 11,9). Diese Berufung erfordert entsprechendes Verhalten: „Seid heilig, denn ich, der Herr, euer Gott, bin heilig“ (Lev 19,2; 20,26; vgl. 1 Petr 1,16). Jesus ist der Heilige (vgl. Apg 3,14f) als Sohn des Heiligen (vgl. Lk 1,35). Die Christen nehmen teil am Leben des Auferstandenen durch Glaube und Taufe; durch die „Salbung von dem, der heilig ist“, sind sie heilig geworden (vgl. 1 Kor 1,30; Eph 5,26; 1 Joh 2,20), so sind sie Heilige in Christus (vgl. 1 Kor 1,2; Phil 1,1) – durch die Gegenwart des Heiligen Geistes in ihnen (1 Kor 3,16f; Eph 2,22). Christliche Spiritualität bedeutet Berufung zur „Heiligkeit“. Christliches Leben kommt aus der „heilig-machenden“ Gnade Gottes in Jesus Christus. Die gnädige Zuwendung Gottes zu uns, die uns im Heiligen Geist zuinnerst geschenkt wird, gibt uns teil an Gottes Herrlichkeit, an seinem ureigensten Leben. Christliche Spiritualität ist daher zuerst ungeschuldetes Beschenktsein, zugleich aber ständiges Unterwegssein auf das Ziel der Heiligkeit Gottes hin.

2. *Versuche theologischer Umschreibungen von Spiritualität*

Nach den Versuchen, einen Zugang zur Wirklichkeit Spiritualität durch die Analyse der Bezeichnungen zu finden, kann das Bedenken theologischer Umschreibungen von Spiritualität weiterführen.

a) Hans Urs von Balthasar

In der Untersuchung „Das Evangelium als Norm und Kritik aller Spiritualität in der Kirche“[13] geht von Balthasar von der allgemeinmenschlichen Dimension von Spiritualität aus. Er versteht darunter jene „praktische und existentielle Grundhaltung eines Menschen, die Folge und Ausdruck seines religiösen – oder allgemeiner – ethisch-engagierten Daseinsverständnisses ist: eine akthafte und zuständliche (habituelle) Durchstimmtheit seines Lebens von seinen objektiven Letzteinsichten und Letztentscheidungen her“. Drei Dimensionen

menschlicher Spiritualität sind damit angedeutet: Erstens die Bewegung aus der Zerstreutheit ins Gesammelte, der Weg nach innen; zweitens der Dienst an der Welt, die Durchstrukturierung der Wirklichkeit vom Geist aus; drittens das Geschehenlassen. In Christus sind diese Dimensionen zu einer Einheit geworden, die Balthasar als „Liebesgehorsam" bezeichnet: Auftrags-, Wirk- und Leidensgehorsam.
In seinem Aufsatz „Spiritualität"[14] geht von Balthasar vom verkündeten und angenommenen Wort Gottes aus. Es soll als Samenkorn im Acker der Herzen ein- und aufgehen. Spiritualität bezeichnet das Wort Gottes als aufgenommenes und sich entfaltendes; sie ist „die subjektive Seite der Dogmatik". So ist Spiritualität wesentlich eine, weil ihr Subjekt die Kirche ist, sie ist zugleich aber mannigfaltig, weil die Kirche ihr Leben in vielen Personen lebt. Diese so beschriebene Spiritualität hat eine marianische Mitte, nicht im Sinn einer „Sonderspiritualität", sondern deshalb, weil Maria „jener lebendige persönlich-übernatürliche Punkt ist, an dem alle bloße kirchliche Objektivität je schon blutvolle Subjektivität und Individualität geworden ist".

b) Josef Sudbrack SJ

In seiner Studie „Vom Geheimnis christlicher Spiritualität: Einheit und Vielfalt"[15] umschreibt Sudbrack diese als „Begegnung mit Christus; auf unsere Situation hin verdeutlicht, Applikation des Offenbarungsgeschehens auf den Menschen in seiner eigentlichen Existenz; wieder anders gesagt: das konkrete Leben aus der ganzen Fülle dessen, was uns als heilswichtig geoffenbart und geschenkt worden ist."

c) Bernhard Fraling

Der Moraltheologe Fraling versucht, diese eben skizzierten Linien in seiner Studie „Überlegungen zum Begriff der Spiritualität"[16] zusammenzufassen und zu vertiefen. Dabei unterscheidet er fünf Merkmale von Spiritualität:
Sie ist „Auswirkung des einen Geistes Christi in seiner Kirche und deren Gliedern, der Besitz von uns ergreift und mit dem Vater verbindet, der jedem sein Charisma und seine Funktion im Ganzen der Kirche gibt." Neben der Geistgewirktheit ist Spiritualität vom Moment der Totalität geprägt: „Dem Geist ist es eigen, den Menschen von innen her *ganz* zu ergreifen."
Diese beiden Elemente beschreiben die „Innenseite" von Spiritualität. Es bedarf aber auch der Verleiblichung, der konkreten geschichtlichen

Verobjektivierung. „Spiritualität wäre sonach die konkrete geistgewirkte Weise, in der jemand seinen Glauben, seine Bindung an Christus vollzieht." Die Verleiblichung ermöglicht, daß Spiritualität kommunikabel wird, daß sie für den Glauben anderer einen Dienst leisten kann. Schließlich wird gelebte Spiritualität auf die jeweilige geschichtliche Situation bezogen sein.
Diese Merkmale zusammenfassend, formuliert Fraling: „Die christliche Spiritualität ist die geistgewirkte Weise ganzheitlich gläubiger Existenz, in der sich das Leben des Geistes Christi in uns in geschichtlich bedingter Konkretion ausprägt."

d) Anton Rotzetter OFMCap

Im ersten Band des Sammelwerkes „Seminar Spiritualität"[17] geht Rotzetter bei seiner Umschreibung von Spiritualität vom Pneuma Gottes aus, durch das jeder glaubende Mensch geprägt ist. Spiritualität meint die „Existenz des Christen, sofern sie sich vom Geist Gottes empfängt und von daher in die Vielfalt des Lebens entfaltet". Bezugnehmend auf die Verleiblichung des Pneuma in der leibhaftigen Existenz des Menschen, ergibt sich folgende Definition: „Der Geist als Gabe Gottes von außen ist zu verstehen als die leibhaftig-konkrete Erfahrung des in der Mitwelt verwirklichten Jesus-Christus-Glaubens."

e) Zusammenfassung

Bei aller Verschiedenheit der Akzente und des sprachlichen Ausdrucks wurde in dieser Umschau doch ein allen Gemeinsames sichtbar: Spiritualität ist das Leben mit Christus im Heiligen Geist. Damit ist sowohl das je persönliche Betroffensein von der Wirksamkeit des Heiligen Geistes als auch das Eingefügtsein in die Gemeinschaft der Kirche angesprochen. Die eine Spiritualität bedarf der Verwirklichung und Verleiblichung in der mitmenschlichen und welthaften Situation des je einzelnen.

2. ABSCHNITT: SPIRITUALITÄT ALS THEOLOGIE DES GEISTLICHEN LEBENS[18]

1. Spirituelle Theologie als theologische Disziplin

Die christliche Spiritualität ist Lebensvollzug, ist geistliches Leben. Das Bedenken und Reflektieren des Glaubens und des Glaubensvollzugs, das in der Theologie geschieht, richtet sich auch auf den Bereich der Spiritualität. Man spricht dann von „Theologie der Spiritualität" oder auch von „Spiritueller Theologie"; dieser letztere Ausdruck deutet auch an, daß der Theologie insgesamt eine spirituelle Dimension eignen sollte.

Im theologischen Lehrbetrieb erscheint eine Spirituelle Theologie erst im 20. Jahrhundert: Schon 1919 wurde an der Päpstlichen Universität Gregoriana ein Lehrstuhl für mystisch-aszetische Theologie errichtet[19]. Die päpstliche Studienkongregation hatte in der Folge im Schreiben an den italienischen und deutschen Episkopat die Bedeutung des Studiums der mystisch-aszetischen Theologie für die Priesterausbildung ausdrücklich hervorgehoben[20]. Ein weiterer Schritt geschah unter dem Pontifikat Pius' XI.: Die Ordinationes zur Apostolischen Konstitution „Deus scientiarum Dominus" (vom 24. 5. 1931) sahen im Rahmen der theologischen Studienordnung die „Ascetica" als „disciplina auxiliaris", die „Theologia mystica" als „disciplina specialis" vor[21].

Das Priesterausbildungsdekret des 2. Vatikanischen Konzils „Optatam totius", das am 28. 10. 1965 feierlich verkündet wurde, führt allerdings unter den theologischen Disziplinen die „theologia spiritualis" nicht an, obwohl dies in den Vorentwürfen vorgesehen und in Voten von Konzilsvätern gewünscht worden war. Sehr deutlich hebt aber das Kapitel die spirituelle Dimension der gesamten Ausbildung, vor allem des Theologiestudiums hervor[22].

Die Ausführungsbestimmungen zum Priesterausbildungsdekret des 2. Vatikanischen Konzils, die „Ratio fundamentalis institutionis sacerdotalis", die von Papst Paul VI. am 6. 1. 1970 approbiert und von der Kongregation für die katholische Erziehung publiziert wurde, sehen aber eine „theologia spiritualis" als „complementum", als Ergänzung und Vollendung der Moraltheologie im theologischen Ausbildungsgang vor[23].

Die Durchführungsbestimmungen zu der von Papst Johannes Paul II. am 15. 4. 1979 unterzeichneten Apostolischen Konstitution „Sapientia Christiana" sprechen von einer „Theologia moralis et spiritualis"[24].

2. *Die Einordnung in das Gesamt der Theologie*

a) Die eben zitierten offiziellen Dokumente für das Studium der Theologie ordnen die Theologie des geistlichen Lebens der Moraltheologie zu. Über die konkrete Aufgabenteilung besteht allerdings keine einhellige Meinung.

b) Im deutschen Sprachraum wird die Theologie der Spiritualität mit der Dogmatischen Theologie im Zusammenhang gesehen. Nicht nur Karl Rahner hat in seinem Aufriß einer Dogmatik, der im ersten Band seiner „Schriften zur Theologie" veröffentlicht wurde, der Aszetik und Mystik in der „Theologischen Anthropologie des Erlösten" einen Platz angewiesen.[25] Auch Hans Urs von Balthasar[26] sieht die Spiritualität als „subjektive Seite der Dogmatik".[27] Eine theologia spiritualis ist daher für ihn „die objektiv-kirchliche Lehre von der Aneignung des Offenbarungswortes in Glaube, Liebe und Hoffnung. Und da vom Leben in Glaube, Liebe und Hoffnung nicht geredet werden kann, ohne es zugleich in seiner Wirkgesetzlichkeit und damit auch in seiner Weghaftigkeit (‚Stufenfolge') mitzuerfassen, gehören wenigstens die Grundartikulationen dieses christlichen Lebens mit zum Inhalt einer Dogmatik."[28]
c) Schließlich versteht Josef Sudbrack SJ Spiritualität als „Querschnittswissenschaft": Die Spirituelle Theologie hat alles, was die anderen Wissenschaften liefern, wie in einem Brennglas zusammenzufassen und auf den Brennpunkt der Begegnung des Menschen mit Christus hin zu sammeln[29].
c) Zusammenfassend kann gesagt werden, daß die Theologie der Spiritualität ihren Ort im Bereich der Systematischen Theologie (der Dogmatik und Moraltheologie) hat. Der in diesem Buch vorgelegte Entwurf sieht die Spirituelle Theologie in einem Nahverhältnis zur Dogmatischen Theologie.
„Querschnittswissenschaft" ist die Theologie der Spiritualität in dem Sinn, daß die theologische Reflexion von Spiritualität der Ergebnisse vieler theologischer Disziplinen (Systematische Theologie, Bibelwissenschaft, Kirchengeschichte, Psychologie, Soziologie, Philologie usw.) bedarf.
Die Theologie der Spiritualität soll das geistliche Leben in seinem Ursprung in Jesus Christus und in den konkreten Verwirklichungen bedenken. Die Vielzahl der Realisierungen in der Geschichte der christlichen Spiritualität verweist auf die Verleiblichung hier und heute[30].

Anmerkungen

Die folgenden Angaben sollen die im Text befindlichen Zitate genau ausweisen und jene Literatur nennen, der der Autor bei der Behandlung der betreffenden Thematik besondere Anregungen verdankt. Dazu kommen Hinweise auf weiterführende Literatur – ohne Anspruch auf Vollständigkeit, die im beschränkten Rahmen dieses Buches nicht gegeben sein kann.

Die Abkürzungen orientieren sich an: S. Schwertner, Theologische Realenzyklopädie. Abkürzungsverzeichnis, Berlin 1976.
Davon abweichend bzw. zusätzlich werden folgende Abkürzungen verwendet:

CCL	Corpus Christianorum. Series Latina, Turnholt 1953ff
DES	E. Ancilli (Hrsg.), Dizionario enciclopedico di spiritualità, 2 Bd., Rom 1975
EWNT	H. Balz – G. Schneider (Hrsg.), Exegetisches Wörterbuch zum Neuen Testament, Stuttgart 1980ff
NDS	St. De Fiores – T. Goffi, Nuovo Dizionario di Spiritualità, Rom 1979
SCh	Sources chrétiennes, Paris 1941ff
TRE	Theologische Realenzyklopädie, Berlin 1976ff
VTB	X. Léon-Dufour (Hrsg.), Vocabulaire de Théologie biblique, Paris ^{2}1970

1 Wort und Wahrheit 3 (1948) 881–897; wieder aufgenommen in: Verbum caro. Skizzen zur Theologie I, Einsiedeln 1960, 195–225
2 Ebda 224
3 Priesterbildung und Priesterausbildung heute. Theologische Überlegungen zu den neuesten Umfrageergebnissen, in: Theologische Quartalschrift 155 (1975) 300–318 (Zitat: 316)
4 Vgl. LThK IX (1964) 975: Beim Stichwort „Spiritualität" wird auf „Frömmigkeit" verwiesen!
5 Die Geschichte der Bedeutung der Begriffe „spirituell" und „Spiritualität" bietet J. Sudbrack, Vom Geheimnis christlicher Spiritualität: Einheit und Vielfalt, in: Geist und Leben 39 (1966) 24–44 (s. bes. 32–35); ders., Spiritualität, in: Sacramentum Mundi IV (1969) 674–691 (s. bes. 675f.). – Der Terminus „Theologia spiritualis" scheint zum ersten Mal im Werk des polnischen Minoriten Chrysostomus Dobrosielski, Summarium asceticae et mysticae theologiae ad mentem D. Bonaventurae, Krakau 1655, 4 u. 13 auf (vgl. J. de Guibert, La plus ancienne „Théologie ascétique", in: Revue d'ascétique et de mystique 18/1937, 404–408). Doch fand diese Bezeichnung abgesehen von wenigen Ausnahmen (vgl. ebda 408, Anm. 5) erst im 20. Jahrhundert Verbreitung; z. B. J. Heerinckx, Introductio in theologiam spiritualem asceticam et mysticam, Turin–Rom 1931; J. de Guibert, Theologia spiritualis ascetica et mystica, Rom 1937 (^{4}1952)
6 Zur biblischen Geistlehre vgl. J. Kremer, Pfingstbericht und Pfingstgeschehen. Eine exegetische Untersuchung zu Apg 2, 1–13, Stuttgart 1973, 28–86; ders., Pfingsten – Erfahrung des Geistes. Was sagt darüber die Bibel? Stuttgart 1974; H. Schlier, Herkunft, Ankunft und Wirkungen des Heiligen Geistes im Neuen Testament, in: Cl. Heitmann – H. Mühlen (Hrsg.), Erfahrung und Theologie des Heiligen Geistes, Hamburg–München 1974, 118–130; F. Hahn, Das biblische Verständnis des Heiligen Geistes, Soteriologische Funktion und „Personalität" des Heiligen Geistes, in: ebda 131–147; R. Schnackenburg, Geisterfahrung im Leben des Christen, in: Maßstab des Glaubens. Fragen heutiger Christen im Licht des Neuen Testaments, Freiburg 1978, 176–204
7 Vgl. die eingehende Behandlung von „Aszese"/„Askese" S. 154–166
8 Vgl. die eingehende Behandlung von „Mystik" S. 115–125
9 Der Ausdruck „theologia ascetica" findet sich erstmals bei dem oben zitierten polnischen Minoriten Chrysostomus Dobrosielski: Summarium asceticae et mysticae theologiae, Krakau 1655; einige Jahre später publizierte der Jesuit Christoph Schorrer eine Theologia ascetica sive Doctrina spiritualis universa ex suis principiis methodice et breviter deducta et ad

usum parata, Rom 1658 (vgl. J. de Guibert, La plus ancienne „Théologie ascétique", a.a.O. 407). Die Bildung „theologia ascetica" ist wohl in Analogie zu der schon früh geprägten Wendung „theologia mystica" gebildet. Die Bezeichnung „theologia mystica" wurde im Lateinischen üblich durch die vielen Übersetzungen der Werke des Pseudo-Dionysius Areopagita, der mit dieser Wendung jene dunkle, experimentale Erkenntnis Gottes bezeichnet, die etwa der Kontemplation, bzw. der „theoria" der griechischen Kirchenväter entspricht; noch bei Teresa von Avila ist mit „mystischer Theologie" nichts anderes als eine bestimmte Stufe der Beschauung gemeint (vgl. J. de Guibert, Theologia spiritualis, a.a.O. 3f.). Doch wird z. B. bei Johannes Gerson der Terminus „mystica theologia" auch verwendet, um die Reflexion über Mystik und die Wegweisung zur Mystik zu bezeichnen (vgl. Joannis Carlerii de Gerson, De Mystica Theologia. Edidit A. Combes, Lugano 1958)

10 Zur bibeltheologischen Dimension des Begriffes vgl. M.-F. Lacan, Piété, in: VTB 999–1001; zur geschichtlichen und systematischen Dimension vgl. A. Rotzetter, Theologie und Spiritualität, in: Seminar Spiritualität I: Geist wird Leib, Zürich 1979, 19–39 (s. bes. 20); zum deutschen Wort „fromm" vgl. F. Melzer, Das Wort in den Wörtern. Die deutsche Sprache im Dienste der Christus-Nachfolge. Ein theo-philologisches Wörterbuch, Tübingen 1965, 140–142

11 Vgl. A. Vanhoye, Perfection, in: VTB 971–974

12 Vgl. J. de Vaulx, Saint, in: VTB 1178–1185

13 Spiritus Creator. Skizzen zur Theologie III, Einsiedeln 1967, 247–263

14 Verbum Caro. Skizzen zur Theologie I, Einsiedeln 1960, 226–244

15 Geist und Leben 39 (1966) 24–44

16 Zeitschrift für katholische Theologie 92 (1970) 183–198

17 A. Rotzetter (Hrsg.), Seminar Spiritualität I: Geist wird Leib, Zürich 1979, 19–39

18 Vgl. J. Weismayer, Spirituelle Theologie oder Theologie der Spiritualität?, in: G. Virt (Hrsg.), Spiritualität in Moral. Festschrift für Karl Hörmann zum 60. Geburtstag, Wien 1975, 59–77; A. Queralt, La „Espiritualidad" como disciplina teológica, in: Gregorianum 60 (1979) 321–375

19 Vgl. die diese Initiative lobenden Worte Benedikts XV., in: Acta Apostolicae Sedis 12 (1920) 29–31

20 Vgl. Enchiridion Clericorum. Documenta Ecclesiae sacrorum alumnis instituendis, Rom 1938, n. 1110 u. n. 1135 (p. 572 u. 591)

21 Acta Apostolicae Sedis 23 (1931) 271. 281

22 Vgl. Priesterausbildungsdekret Nr. 4.8.16

23 Ratio fundamentalis institutionis sacerdotalis, in: Acta Apostolicae Sedis 62 (1970) 321–384; Nr. 79: „Haec doctrina moralis completur in Theologia Spirituali, quae, praeter alia, studium quoque complecti debet theologiae et spiritualitatis sacerdotii et vitae consecratae per sequelam consiliorum, ut homines pro suo quisque statu in via perfectionis dirigi possint." (ebda 371)

24 Constitutio Apostolica „Sapientia Christiana", in: Acta Apostolicae Sedis 71 (1979) 513

25 Vgl. K. Rahner, Über den Versuch eines Aufrisses einer Dogmatik, in: Schriften zur Theologie I, Einsiedeln 1967, 9–47

26 Vgl. bes.: Spiritualität, zuerst veröffentlicht in: Geist und Leben 31 (1958) 340–352; wieder aufgenommen in: Verbum caro. Skizzen zur Theologie I, Einsiedeln 1960, 226–244; sowie: Theologie und Spiritualität, zuerst veröffentlicht in: Gregorianum 50 (1969) 571–587; unter dem Titel „Die Einheit von Theologie und Spiritualität" aufgenommen in: Einfaltungen. Auf Wegen christlicher Einigung, München 1969, 15–42

27 Vgl. Spiritualität, a.a.O. 228

28 Vgl. ebda 227

29 J. Sudbrack, Möglichkeiten einer Theologie des Geistlichen Lebens, in: Trierer Theologische Zeitschrift 78 (1969) 49–59 (s. bes. 51); vgl. auch ders., Kann man Spiritualität lehren? Eine theologische Reflexion, in: Geist und Leben 53 (1980) 446f

30 Darstellungen einer Theologie der Spiritualität in den letzten zwanzig Jahren: G. Thils, Christliche Heiligkeit. Handbuch der aszetischen Theologie für Priester, Ordensleute und Laien, München 1961; L. Bouyer, Einführung in die christliche Spiritualität, Mainz 1965; F. Marxer, Der Weg zu Gott, Aschaffenburg 1968; J. Sudbrack, Dienst am geistlichen Leben, Mainz 1971; A. Rotzetter (Hrsg.), Seminar Spiritualität, 4 Bd., Zürich 1979–1982

2. Kapitel: Die Grundgestalt des geistlichen Lebens

Spiritualität meint das Leben mit Christus im Heiligen Geist, durch das wir Anteil an Gottes Leben haben. Der einzelne Getaufte ist gerufen, dieses geistliche Leben in seiner je eigenen Situation zu vollziehen; die uns geschenkte Lebensfülle soll angenommen und bewußt gelebt werden.
Im folgenden werden zuerst die Grundformen dieser Lebensfülle (1. Abschnitt), sodann die Antwort auf diese Zuwendung Gottes in den Grundvollzügen des Glaubens, der Hoffnung und der Liebe bedacht werden (2. Abschnitt). Dieses Zentralgeschehen steht unter den Bedingungen unseres Menschseins: Wir kommen nur schrittweise voran, wir sind unterwegs; wir bedürfen ständiger Umkehr; wir brauchen konkrete Formen und Verleiblichungen unserer Grundvollzüge (3. Abschnitt). Schließlich gehört zur Grundgestalt des geistlichen Lebens auch das geistliche Miteinander, in dem der Christ steht: die Gemeinschaft der Heiligen und das Gottesvolk der Kirche (4. Abschnitt).

1. ABSCHNITT: DIE GRUNDFORMEN DES GEISTLICHEN LEBENS

Spiritualität ist das geistgewirkte Leben, das uns Gemeinschaft mit dem erhöhten Christus schenkt und damit „Zugang zum Vater“ (Eph 2,18). Diese göttliche und darum unbegreifliche und geheimnisvolle Wirklichkeit kann nicht mit einem Blick erfaßt werden. Daher hat es in der Geschichte der christlichen Spiritualität nach Epochen und Persönlichkeiten verschiedene Akzentsetzungen gegeben, in denen bald das eine, bald das andere Moment dieser Wirklichkeit betont wurde.
Etwas vereinfacht lassen sich drei Grundformen des geistlichen Lebens unterscheiden, die im folgenden skizziert werden sollen: Geistliches Leben kann als Weg zur Vereinigung mit Gott gesehen werden, als Nachfolge Christi und als Sich-führen-Lassen durch den Heiligen Geist. Jeder dieser Akzente schließt theologisch die anderen ein. Trotzdem wird im konkreten Lebensvollzug durchaus zu Recht bald dieser, bald jener Akzent gesetzt.

1. Das geistliche Leben als Weg zur Vereinigung mit Gott

Diese Grundrichtung schließt wieder einige konkrete Formen in sich: Geistliches Leben kann daraufhin zielen, den in der Seele des Getauften wohnenden dreifaltigen Gott als gegenwärtig zu erfahren. Die Aussage der Schrift, daß wir nach Gottes Bild geschaffen sind, dient wieder anderen spirituellen Autoren als Ausdrucksmittel, um die Berufung zur Vereinigung mit Gott und den Weg dorthin deutlich zu machen. Diese Berufung des Menschen kann auch als „Vergöttlichung" gesehen werden. Schließlich wird bisweilen diese Vereinigung mit Gott als Gleichförmigkeit mit dem Willen Gottes dargestellt. Daß diese so vielfältig gesehene Vereinigung mit Gott durch Christus vermittelt und ermöglicht ist, wird deutlich werden.

1.1 Die Vereinigung mit Gott als Erfahrung der Einwohnung des dreifaltigen Gottes[1]

a) Ansatzpunkte im Neuen Testament

Die Aussage der theologischen Tradition, daß der Heilige Geist bzw. der dreifaltige Gott in der Seele des Gerechtfertigten wohne, kann sich auf die johanneische und paulinische Theologie stützen.

Im johanneischen Denken kann der Begriff der Gemeinschaft (koinonia) im Sinn einer Vereinigung verstanden werden. So spricht der Prolog des 1. Johannesbriefes von der „Gemeinschaft mit dem Vater und seinem Sohn Jesus Christus" (1 Joh 1,3; vgl. auch 1,5–7). In die gleiche Richtung weisen die Aussagen über das „Bleiben" in Gott oder in Jesus Christus (z. B.: 1 Joh 2,6.24.27; 3,6; 4,16). Dieses „Bleiben" muß sich im Leben auswirken; es geht um das „Frucht-bringen" (vgl. Joh 15,1–17).

In der paulinischen Theologie wird deutlich unterstrichen, daß diese unsere Verbindung mit Gott durch Christus und in Christus zustandekommt. Grundgelegt ist diese Gottesbeziehung in Christus durch die Taufe (vgl. Röm 6,1–14).

In hymnischer Weise wird unsere Berufung in Eph 1,3–14 verkündet: Vom Vater erwählt, werden wir in dem *einen* Sohn Söhne Gottes und damit erlöst, geprägt mit dem Siegel des Heiligen Geistes.

b) Hinweise der Gnadentheologie

Das Bedenken der Wirklichkeit der Gnade als der Selbstmitteilung Gottes durch Christus im Heiligen Geist hat in der scholastischen Theologie zur Lehre von der Einwohnung (inhabitatio) des Heiligen

Geistes und der Trinität in der Seele des Gerechten geführt. Im einzelnen hat die theologische Spekulation dazu verschiedene Meinungen formuliert, die aber in diesem Zusammenhang nicht interessieren, da sie das Faktum nicht in Frage stellen.

Pius XII. hat 1943 in der Enzyklika „Mystici Corporis" zur Lehre von der Einwohnung gegenüber Mißdeutungen pantheistischer Art Stellung genommen: „Man spricht von einer Einwohnung der göttlichen Personen, insofern sie in den geschaffenen, vernunftbegabten Lebewesen auf unerforschliche Weise zugegen sind und den Gegenstand ihrer Erkenntnis und Liebe bilden, jedoch auf eine Weise, die alle geschöpflichen Fähigkeiten übersteigt und tief innerlich und einzigartig ist." (NR 889)[2]

Das 2. Vatikanische Konzil spricht wiederholt von der Gemeinschaft mit dem dreifaltigen Gott, in die der Getaufte als Glied der Kirche gerufen ist[3].

c) Zeugnisse aus der Geschichte der christlichen Spiritualität

Die Umschreibung der christlichen Spiritualität als Weg zur Vereinigung mit Gott findet sich besonders in der mystischen Tradition. Der Ausdruck Einwohnung Gottes wird wohl selten in der spirituellen Literatur verwendet, aber die Erfahrung dieser Wirklichkeit ist klar gegeben.

Diese Erfahrung wird häufig in Bildern ausgedrückt: Licht und Finsternis, Ausgang der Seele auf Gott hin, mystische Vermählung und ähnliches. Als Beispiel sollen zwei Zeugen für diese Zielvorstellung des geistlichen Lebens genannt werden:

Die hl. Teresa von Avila (1515–1582) stellt in ihrer Schrift „Die Innere Burg" (auch „Seelenburg" genannt) den Weg des Christen als ein Durchschreiten von sieben „Wohnungen" einer Burg dar; die siebente, in der Mitte gelegene, ist jener Bereich, „wo die tief geheimnisvollen Dinge zwischen Gott und der Seele vor sich gehen". Wenn der Mensch, die Seele bis in diesen Bereich gelangt ist, „scheint ihr, als wichen die drei Personen nie mehr von ihr. Sie sieht vielmehr eindeutig . . ., daß sie im Inneren ihrer Seele weilen"[4].

Die Karmelitin Elisabeth von Dijon (1880–1906), im Kloster Elisabeth von der Heiligsten Dreifaltigkeit genannt, war sehr stark von zuvor genannten Schrifttexten bestimmt; sie wollte „zum Lob seiner Herrlichkeit leben" (Eph 1,12). 1904 entstand als Ausdruck ihrer Hingabe das „Gebet zur heiligen Dreifaltigkeit". Aus der Überzeugung der Einwohnung der Trinität schöpfte sie die Kraft ihres Lebens: „Die Dreieinigkeit, das ist unsere Wohnung, unser ‚Heim', das Vaterhaus, das wir nie verlassen sollten."[5] Und in einem anderen Zusammenhang erklärt sie: „Mir kommt es vor, als habe ich meinen Himmel auf Erden gefunden, denn der Himmel ist Gott und Gott ist in meiner Seele. An dem Tag, an dem ich das begriffen habe, ist alles für mich licht geworden, und ich möchte dieses Geheimnis ganz leise all denen sagen, die ich liebe, damit auch sie durch alles hindurch Gott anhangen."[6]

1.2 Der Mensch als Gottes Abbild[7]

Die Aussagen von Gen 1,26f über die Erschaffung des Menschen als Abbild Gottes konnten die Berufung des Menschen zur Gemeinschaft mit Gott artikulieren. Zugleich boten sich in dieser Aussage auch Anhaltspunkte, um den Weg dorthin zu zeigen.

a) Die biblischen Aussagen

Gen 1,26 wird der Bericht von der Erschaffung des Menschen eingeleitet mit der Gottesrede: „Laßt uns Menschen machen als unser Abbild, uns ähnlich." Daran schließt sich die Übertragung der Herrschaft über die Erde; dann heißt es nochmals: „Gott schuf also den Menschen als sein Abbild; als Abbild Gottes schuf er ihn" (Gen 1,27). Der Kontext weist darauf hin, daß mit dieser Aussage sowohl die Stellung des Menschen gegenüber den anderen Geschöpfen zum Ausdruck gebracht wird, als auch eine einmalige Beziehung Gott gegenüber (vgl. auch Gen 5,3; Ps 8; Sir 17,1–10).
Im NT wird Christus als das „Ebenbild Gottes" bezeichnet (2 Kor 4,4); wir sind berufen, an Wesen und Gestalt des Sohnes teilzuhaben (Röm 8,29); wir sind jetzt nach dem Bild des Irdischen (Adam) gestaltet, wir werden als Vollendete nach dem Bild des Himmlischen (Christus) gestaltet werden (1 Kor 15,49). Schon die Erschaffung und Berufung des Menschen erfolgte also durch Christus, auf ihn hin. Er ist das Urbild des Menschen. In der endgültigen Gemeinschaft mit dem erhöhten Herrn wird des Menschen ursprüngliche Berufung erfüllt.

b) Zeugnisse aus der Geschichte der christlichen Spiritualität

Das Thema „Der Mensch – Bild Gottes" (Gen 1,26f) stand in der ostkirchlichen Theologie und Frömmigkeit sehr oft im Mittelpunkt[8]:
– Der Mensch ist Abbild Gottes, weil er nach dem Bild des menschgewordenen Wortes gestaltet ist; durch die Vermittlung des Logos ist er Abbild Gottes. Damit ist die paulinische Christusaussage in einen sehr engen Zusammenhang mit dem Genesistext gebracht.
– Bei vielen Theologen der Väterzeit wird aber ein Unterschied zwi-

schen dem „Abbild-Sein" und dem „Ähnlich-Sein" vorausgesetzt und damit auch die Aufgabe des geistlichen Lebens angedeutet: Der Mensch hat mit seiner Erschaffung die Qualität des Bildseins erhalten, aber die Vollkommenheit der Ähnlichkeit ist das Ziel, das der Mensch durch seine Bemühungen erreichen soll. Bild Gottes sind wir ohne unser Zutun, die Ähnlichkeit kann nur mit unserem Einsatz erfolgen. – Andere östliche Kirchenlehrer nehmen keinen Unterschied zwischen Bild und Ähnlichkeit an, entwickeln aber trotzdem einen dynamischen Bildbegriff, der die Idee des Voranschreitens in sich schließt – als Rückkehr in das Paradies, aus dem der Sünder verstoßen wurde, das aber durch die Erlösung wieder in Reichweite gekommen ist.
Ähnliche Gedanken wie in der griechischen Patristik finden wir bei Meister Eckhart († 1328)[9]. Seine Theologie vom Abbild Gottes setzt innertrinitarisch an: Der Vater zeugt von Ewigkeit seinen Sohn, dieser ist aber das vollkommene Bild des Vaters. Der Mensch trägt dieses Bild Gottes in seinem Innersten durch die Teilnahme an der Sohnschaft des einzigen Sohnes. Der Mensch ist so Bild Gottes in seinem „Grund", im Seelengrund; es ist dies ein „Fünklein", das der Seele von oben gegeben ist.
Zugleich spricht der Meister von der Unvollkommenheit des Zustandes des Menschen. Das Bild bedarf der Reinigung. Es geht um den Übergang aus dem Bereich der Unähnlichkeit in den Bereich der Ähnlichkeit: Der Tempel muß gereinigt werden; die lebendige Quelle, die Gottes Bild in uns ist, wurde verschüttet, es bedarf der Beseitigung des Unrates. Mit diesen Vergleichen versucht der Meister sein Anliegen plausibel zu machen. Die letzte Stufe des Weges ist erreicht, „wenn der Mensch entbildet ist und überbildet von Gottes Ewigkeit".

1.3 Vergöttlichung[10]

a) Herkunft dieser Begrifflichkeit und biblischer Ansatzpunkt

Die Schriften des NT vermeiden diese Sprechweise, die ihre Heimat im hellenistischen Denken hat. Es bestand ja die Gefahr eines pantheistischen Mißverständnisses. Erst zu Beginn des 3. Jahrhunderts hat Klemens von Alexandrien dieses Vokabular aufgegriffen, um mit seiner Hilfe die letzte Berufung des Menschen, die durch die Inkarnation des Gottessohnes uns vermittelte Sohnschaft, auszudrücken.
Mit dem Begriff der Vergöttlichung wollte man einige biblische Themen wiedergeben: die Aussage, daß der Mensch nach dem Abbild Gottes, ihm ähnlich geschaffen sei (Gen 1,26f), die Adoptivsohnschaft der Getauften (Gal 3,26; 4,5) sowie den Gedanken der Nachahmung

Gottes und Christi (vgl. Mt 5,44–48). Außerdem wollte man mit dieser Sprechweise das Ziel der Vollendung, die Schau Gottes von Angesicht zu Angesicht (vgl. 1 Kor 13,12; 1 Joh 3,2) sichtbar machen; schon in diesem Leben ist uns diese göttliche Dimension eröffnet. Schließlich spricht die Areopagrede des Apostels Paulus (in einem Zitat des griechischen Dichters Aratus) davon, daß wir von Gottes Art sind (Apg 17,28f). Und daß wir „an der göttlichen Natur Anteil erhalten“, beteuert 2 Petr 1,4.

b) Zeugnisse aus der Geschichte der christlichen Spiritualität

Ohne das Wort „Vergöttlichung“ zu verwenden, spricht schon der Martyrerbischof Ignatius von Antiochien († um 110) diesen Gedanken aus, wenn er die Christen als „Gottesträger“ bezeichnet, wenn vom „Erfülltsein von Gott“, von der „Teilhabe an Gott“ die Rede ist[11]. Klemens von Alexandrien († vor 215), der als erster den Fachausdruck „Vergöttlichung“ verwendet, formuliert als Heilssinn der Inkarnation: „Der Logos Gottes ist Mensch geworden, damit du von einem Menschen lernst, wie der Mensch Gott werden kann.“[12] Die göttliche Unterweisung führt den Menschen zu einer immer größeren Vertrautheit bis zur Vereinigung in der Liebe. Dieses Ziel ist nicht Ergebnis menschlicher Bemühung, sondern Gnade von Gott durch den Sohn. Bei Athanasius von Alexandrien († 373) ist diese Lehre schon voll entfaltet und zu einer wesentlichen Argumentation in der Diskussion mit den Arianern bezüglich der Göttlichkeit des Logos geworden. Der Logos „ist Mensch geworden, damit wir göttlich (wörtlich: Götter) werden; er hat sich in seinem Leib sichtbar gemacht, damit wir eine Idee des unsichtbaren Vaters haben könnten; er hat die Unbilden der Menschen ertragen, damit wir teilhaben an der Unsterblichkeit.“[13] Bei Cyrill von Alexandrien († 444) erfährt diese Sicht ihre Abrundung im Hinweis auf die sakramentale Dimension der Vergöttlichung durch Taufe und Eucharistie.

Das Thema der Vergöttlichung findet sich in der Deutschen Mystik in engem Zusammenhang mit dem Sprechen von der Ebenbildlichkeit des Menschen sowohl bei Meister Eckhart († 1328) als auch bei Johannes Tauler († 1361) und Heinrich Seuse († 1366). Unsere Vergöttlichung geschieht durch die Teilnahme an der Sohnschaft des einzigen Sohnes; im Grunde der Seele, im Seelenfunken, im „gemüt“ (wie Tauler gern formuliert) ereignet sich diese Gegenwart Gottes. In der berühmten Weihnachtspredigt spricht Johannes Tauler von der dreifachen Geburt des Sohnes: von der ewigen Zeugung des Sohnes aus dem Vater, von der Geburt des Sohnes in der Menschwerdung. „Die dritte Geburt besteht darin, daß Gott alle Tage und zu jeglicher Stunde in wahrer und geistiger Weise durch Gnade und aus Liebe in einer guten Seele geboren wird."[14]

1.4 Gleichförmigkeit mit dem Willen Gottes[15]

Die bisher dargelegten Perspektiven, das geistliche Leben als Vereinigung mit Gott zu sehen, setzen den Schwerpunkt der Berufung des Menschen zur Gemeinschaft mit Gott, die uns durch Christus im Heiligen Geist eröffnet wurde, im Bereich des Vertrautwerdens, der Erkenntnis, der Kontemplation. Das Ideal der Gleichförmigkeit (conformitas) zielt auf den Gehorsam dem Willen Gottes gegenüber, auf das beständige und intensive Hören auf Gottes Weisung.

a) Die Ansatzpunkte im Neuen Testament

Das Leben und Wirken Jesu kann unter dem Gesichtspunkt der Treue zum Willen des Vaters gesehen werden, wie dies Hebr 10,5–9 andeutet (vgl. den dabei zitierten Ps 40,7–9). Das Schauen auf den Willen des Vaters wird besonders im Johannesevangelium betont (vgl. Joh 4,34; 5,30; 6,38). Auch in der Stunde des Leidens steht das Erfüllen des Willens des Vaters an erster Stelle (Mk 14,36).
Das Hören auf Gott und die Botschaft Jesu muß von einem Tun begleitet sein (vgl. Mt 7,21.24–27; 12,50; Jak 1,22; 1 Joh 2,17). So betet der Christ auch „Dein Wille geschehe" (Mt 6,10).
Die Haltung des Christen soll durch die Bitte gekennzeichnet sein: „Lehre mich, deinen Willen zu tun!" (Ps 143,10). Dieses Gebet wird von den geistlichen Autoren, die den Akzent der Gleichförmigkeit mit Gottes Willen unterstreichen, immer wieder zitiert, ebenso die Sentenz 1 Sam 15,22: „Gehorsam ist besser als Opfer!". Es geht um jene Grundhaltung, die in der Frage des bekehrten Paulus zum Ausdruck kommt: „Herr, was soll ich tun?" (Apg 22,10). Im Text Röm 12,2 („. . . prüft, was der Wille Gottes ist: was ihm gefällt, was gut und vollkommen ist") hat die mittelalterliche Spiritualität eine nähere Unterscheidung dessen, was Gott will, gesehen; man sprach von der voluntas Dei bona – beneplacens – perfecta.

b) Zeugnisse aus der Geschichte der Spiritualität

Bernhard von Clairvaux († 1153) verwendet zum ersten Mal den Begriff der conformitas (Gleichförmigkeit), wohl in Anlehnung an Röm 12,2. Im Spätmittelalter wird dieser Gedanke systematischer entfaltet: Im Anschluß an Röm 12,2 wird von einem dreifachen Willen

Gottes gesprochen: Die voluntas bona, auch „äußerer Wille" genannt, entspricht den Geboten Gottes; die voluntas beneplacens, auch „innerer Wille" genannt, entspricht den Räten; die voluntas perfecta entspricht der reinen Liebe derer, die das Ziel der mystischen Kontemplation erreicht haben.
Ein wesentliches Element der Spiritualität des hl. Ignatius von Loyola (†1556) liegt im Suchen und Forschen nach dem Willen Gottes. Die Ordnung des Lebens dem Willen Gottes entsprechend ist das Ziel der Geistlichen Übungen (Exerzitien); dazu ist es notwendig, alle Sündhaftigkeit und alle ungeordneten Neigungen auszuschalten[16].
In dem später klassisch gewordenen Kompendium „Übung der Vollkommenheit und der christlichen Tugenden" (erschienen 1609 in Sevilla) des Jesuiten Alphons Rodriguez († 1616) werden zur Gleichförmigkeit mit Gottes Willen zwei Prinzipien formuliert: „Das Erste ist, daß in der Übereinstimmung mit dem Willen Gottes unser Fortschreiten und unsere Vollkommenheit bestehe; und daß diese um so größer und trefflicher sein werde, je größer und trefflicher jene ist. Die zweite Grundlehre ist, daß in der Welt durchaus nichts vorfallen oder sich ereigenen kann, außer durch und nach Gottes Wollen und Anordnung."[17]

2. *Das geistliche Leben als Christusnachfolge*[18]

Die Sicht des geistlichen Lebens als Weg zur Vereinigung mit Gott hat zugleich deutlich gemacht, daß unser Zugang zu Gott nur durch Christus, den Mittler, möglich ist. Dieser Gesichtspunkt soll nun im besonderen bedacht werden. In der Geschichte der christlichen Spiritualität waren in diesem Zusammenhang vor allem „Jüngerschaft" und „Nachfolge" Kristallisationspunkte für eine Akzentuierung des geistlichen Lebens als Christusgemeinschaft.

2.1 Christusgemeinschaft im Neuen Testament[19]

a) Die vorösterliche Nachfolge Christi
Die zwölf Jünger hatten im Heilswirken Jesu eine symbolhafte Bedeutung: Damit wurde der Anspruch erhoben, daß dieser Kreis das wahre Israel, das Zwölfstämmevolk, repräsentiert; wie diese Zwölf sich Christus anschließen, so soll sich Israel der Bewegung Jesu von Nazareth anschließen. Diese Dimension von Nachfolge, die auf Kirche hinweist und damit auf die Gemeinschaft der Glaubenden, darf nicht vernach-

lässigt werden, wenn es nicht zu einer individualistischen Sicht der Christusgemeinschaft kommen soll.
Einen Zugang zum Verständnis der Nachfolge Jesu bieten die Perikopen von der Berufung der beiden Brüderpaare Mk 1,16–20 (vgl. Mt 4,18–22; Lk 5,1–11) und des Levi/Matthäus Mk 2,13–17 (vgl. Mt 9,9–13; Lk 5,27–32) sowie die Nachfolgeworte Mt 8,18–22 und Lk 9,57–62. Nachfolge bedeutet, auf den Ruf des Herrn hin alles zu verlassen, ohne „die Hand an den Pflug zu legen", ohne Abschied zu nehmen. Der Ruf des Herrn ist das Entscheidende, ihm gegenüber rückt alles an die zweite Stelle.
Damit sind auch die Unterschiede zum Lehrer-Schüler-Verhältnis im rabbinischen Bereich ausgedrückt: In der Gemeinschaft Jesu sucht nicht der Lernbegierige einen Meister, sondern der Meister beruft den Schüler. Dieser wieder tritt nicht auf Zeit – bis er selbst Meister ist – in diese Lehre ein, sondern wird in Dienst genommen und bleibt in dieser Gemeinschaft immer Schüler, denn nur einer ist Meister und Lehrer (vgl. Mt 23,8.10).
„Bei den Jüngern in der Nachfolge Jesu war eben nicht wie im Rabbinat die Weiterführung der Tradition bzw. eine neue Traditionsbildung das bewußt erstrebte Ziel, sondern die Vorbereitung zum Dienst für die nahe Gottesherrschaft. Diese geschah ohne alles gelehrte Beiwerk in der ständigen Lebensgemeinschaft mit dem Meister, vornehmlich im immer neuen Mithören seiner Predigt gegenüber dem Volk." Diese Darstellung des evangelischen Exegeten Martin Hengel[20] stützt sich besonders auf Mk 3,14: „Und er setzte Zwölf ein, die er bei sich haben und die er dann aussenden wollte, damit sie predigten und mit seiner Vollmacht Dämonen austrieben."
Der Eintritt in diese Lebensgemeinschaft ist an Bedingungen gebunden, die Heinz Schürmann als „Hauslosigkeit" und als „gefügige Folgsamkeit" zusammenfaßt[21]. In der dreifachen synoptischen Überlieferung werden diese Anforderungen bei Mk 8,34–9,1 zusammengefaßt (vgl. Mt 16,24–28; Lk 9,23–27), sowie bei Mt 10,37–39 und Lk 14,25–33. In letzter Konsequenz verlangt Jesus vom Jünger die Bereitschaft zur Lebenshingabe; das insgesamt an fünf Stellen überlieferte Wort vom Kreuztragen weist auf diese Todesbereitschaft hin (Mk 8,34f; Mt 10,38f; 16,24f; Lk 9,23f; 14,27; vgl. Lk 17,33; Joh 12,25).
Diese Worte an die Jünger, die Jesus nachfolgen, betonen (neben dem gemeinschaftlichen und zeichenhaften Aspekt des Zwölferkreises) vor allem das persönliche Beanspruchtwerden durch den rufenden Herrn. Die Lebensgemeinschaft mit Christus verweist alles andere radikal an den zweiten Platz.

b) Die nachösterliche Gemeinschaft mit dem erhöhten Herrn

In der nachösterlichen Situation war die buchstäbliche Nachfolge Jesu im Sinn einer Lebensgemeinschaft mit dem das Reich Gottes verkündigenden Jesus nicht mehr möglich. Aber die Intensität der Bindung an Christus in der Nachfolge sollte als Gemeinschaft mit dem erhöhten Herrn gelebt werden. Das zeigt sich in der Überlieferung der Nachfolgeworte, die in den synoptischen Evangelien schon teilweise an alle adressiert berichtet werden (z. B. Mk 8,34; Lk 14,25); in der Apg ist jeder Gläubige Jünger (z. B. Apg 6,1; 9,26).

Bei Paulus wird der Begriff Nachfolge nicht verwendet. Dafür spricht er vom „In-Christus-Sein“ der Getauften. Durch das Mitleiden, Mitsterben und Miterwecktwerden mit Christus, das in der Taufe geschieht, wird diese Lebensgemeinschaft eröffnet (vgl. Röm 6). Dieses In-Christus-Sein verpflichtet zu einem christusförmigen Leben.

Im Johannesevangelium wird wohl das Wort „nachfolgen“ verwendet, doch entspricht dies weitgehend dem mit „glauben“ Gemeinten (vgl. Joh 8,12). Es geht für den Nachfolgenden bei Johannes darum, mit dem lebendigen Christus verbunden zu sein und lebend und handelnd in ihm zu bleiben.

„Und so ist die Abwandlung des synoptischen Begriffes der Nachfolge und die neue Bestimmung der christlichen Jüngerschaft bei Paulus und Johannes gleich: Nachfolge wird Mitvollzug, Jüngerschaft wird Leben in Christus. Diese Abwandlung ist nicht eine eigenmächtige Änderung des Evangeliums, sondern sie ist jetzt nach Christi Kreuz, Auferstehung und Geistsendung sachgemäß notwendig. Und wenn der Taufbefehl (Mt 28,19) verlangt, alle Völker zu Jüngern zu machen, so muß dieses Jüngersein künftig immer gemäß der Lehre des Paulus und Johannes verwirklicht werden.“ (Karl Hermann Schelkle)[22]

2.2 Christusnachfolge in der Geschichte der christlichen Spiritualität[23]

Jede christliche Spiritualität, die diese Bezeichnung verdient, wird eine christologische Komponente aufweisen. Im folgenden soll auf einige Verwirklichungen spirituellen Lebens hingewiesen werden, die der Christusgemeinschaft und der Christusnachfolge einen besonderen Stellenwert einräumen. Häufig wird in diesem Zusammenhang Nachfolge als Nachahmung aufgefaßt (vgl. 1 Petr 2,21): Der selbstlose Dienst Jesu bis zur Hingabe des Lebens ist das Vorbild christlichen Lebens (vgl. Mk 10,43–45; Joh 13,14f).

a) Die Martyriumsfrömmigkeit[24]

In den ersten Jahrhunderten war die Realität des christlichen Lebens wesentlich von der Verfolgungssituation geprägt; so wurde der Martyrer das Urbild des christlichen Lebens, er war *der* Nachfolger Christi. Diese Martyrertheologie ist in Ansätzen schon in der Apg sichtbar, wo die Darstellung des Todes des Stephanus jener des Todes Jesu angeglichen wurde (vgl. Apg 7,56 mit Lk 22,69 und Apg 7,59f mit Lk 23,34.46). Der Martyrer stirbt den Tod Jesu, er ist der wahre Nachahmer Jesu!

Im besonderen wird diese Akzentsetzung bei Ignatius von Antiochien († um 110) greifbar, dessen Briefe auf dem Weg zum Martyrium geschrieben wurden. Für ihn sind die Martyrer die „Nachahmer der wahren Liebe". Der Jünger Jesu ist jener, der seine Lebenshingabe selbst vollzieht.

b) Die Verehrung der Menschheit Christi im Mittelalter[25]

Mit dem 12. Jahrhundert wendet sich die Frömmigkeit dem Menschsein Jesu, den Mysterien seines irdischen Lebens in besonderer Weise zu. Aszese wird vor allem unter dem Gesichtspunkt der Gleichförmigkeit mit dem irdischen Jesus gesehen. Bernhard von Clairvaux († 1153) setzt als einer der ersten sehr bewußt diesen Akzent: Christus ist der Mittler zu Gott, die Mysterien des Lebens Jesu sind das Medium der Rückkehr zu Gott.

Das Nachfolgen im engeren Sinn war *das* Programm des hl. Franz von Assisi († 1226). Am Beginn seiner Regel stehen die drei Jüngertexte Mt 19,21; 16,24 und Lk 14,26, die seine Berufung zusammenfassen. Und wenn Franziskus in seinem Testament erklärt, daß der Höchste ihm geoffenbart habe, er solle „nach der Vorschrift des Evangeliums leben", dann ist damit auf diese Nachfolge Jesu in Demut und Armut hingewiesen[26].

c) Christozentrische Spiritualität zu Beginn der Neuzeit

Für Ignatius von Loyola († 1556) wird die Nachfolge Christi konkret im Dienst für den Leib Christi, die Kirche. Christus ist für ihn der Mittler zum Vater. Wer im Vorgang der Exerzitien zur näheren Klarheit über den konkreten Weg seiner Nachfolge kommen möchte, muß die Mysterien des Lebens Jesu meditieren. Im Mitgehen des Weges Jesu darf er hoffen, auch seinen je eigenen Weg des Dienstes und der Nachfolge zu finden.

Eine stark christozentrische Spiritualität ganz anderer Art entwickelte der Gründer des Oratoriums in Frankreich, Pierre de Bérulle (seit

1627 Kardinal, † 1629).[27] Der Ehrentitel „Apostel des fleischgewordenen Wortes“ verweist auf seine stark von der klassischen Christologie, aber auch von der paulinischen Christusmystik geprägte Denkrichtung. Die Rückkehr zu Gott ist nur durch Jesus Christus möglich. Er ist der vollkommene Anbeter des Vaters. Wenn der Getaufte in diese vollkommene Anbetung des Vaters eintreten möchte, muß er sich „vernichten“ wie der Sohn. Das „Anhangen“ („adhérence“) an Christus ist nur in der vollkommenen Hingabe alles Eigenen möglich.

d) Charles de Foucauld († 1916)[28]

Als Zeuge einer auf die Nachfolge Christi orientierten Spiritualität in der Gegenwart soll Charles de Foucauld erwähnt werden, der sich selbst Bruder Karl von Jesus nannte. Den letzten Platz, den Jesus eingenommen hatte, möchte er ebenfalls einnehmen. Konkret ist Nachfolge Christi für ihn die Nachahmung des verborgenen Lebens Jesu in Nazareth, verbunden mit der immerwährenden Anbetung des Altarssakramentes und der glühenden Liebe zum Nächsten. „Vereinigt sein“ bedeutet „nachahmen“. Dieser Grundgedanke findet sich in den Schriften von Foucauld immer wieder.

e) Die Herz-Jesu-Verehrung als Weg zur Christusgemeinschaft[29]

Die Kirchenväter und die Theologen des ersten Jahrtausends waren stark beeindruckt vom Bild der geöffneten Seite des Gekreuzigten (vgl. Joh 19,34), sie bezogen darauf die Einladung des Herrn, aus ihm lebendiges Wasser zu trinken (vgl. Joh 7,37f). Das Herz des Erlösers als Quell des Lebens (fons vitae) sah man in Verbindung mit dem Gedanken, daß die Kirche aus dem Herzen des Durchbohrten hervorgegangen sei.

Im Hochmittelalter wurde dieser Gedanke in die Christusfrömmigkeit integriert, wie wir sie bei Bernhard von Clairvaux, in der franziskanischen Schule, aber auch in der Dominikanermystik des 14. Jahrhunderts finden. Einen Höhepunkt stellt zweifellos die Herz-Jesu-Frömmigkeit der Zisterzienserinnen des Klosters Helfta dar; Mechthild von Magdeburg († 1298), Mechthild von Hackeborn († 1299) und Gertrud von Helfta († 1302) sind dabei im besonderen zu erwähnen.

Für die weite Verbreitung der Herz-Jesu-Verehrung in der Neuzeit ist neben den Bemühungen der Gesellschaft Jesu besonders der hl. Jean Eudes († 1680) zu erwähnen, der, beeinflußt von der christozentrischen Frömmigkeit des Kardinals Bérulle († 1629), im Herzen Jesu die Mitte seiner Hingabe an den Vater sah und die Menschen zu vermehrter Liebe und Hingabe mahnte. Während „Herz“ in diesem Zusammenhang stark dem Willen gleichgesetzt wird, steht bei den Offenbarungen der hl. Margareta-Maria Alacoque († 1690) der Gedanke der Sühne und der Ersatzleistung stark im Vordergrund: Jesus verlangt für den Undank und die Gleichgültigkeit der Menschen Sühne und Genugtuung.

Wenngleich dieser Akzent besonders im 19. und 20. Jahrhundert etwas vereinseitigt wurde, sollte insgesamt die lange Tradition der Herz-Jesu-Verehrung als Zugang zum Geheimnis Jesu gesehen werden: Herz ist ein „Urwort", das auf die Personmitte verweist. Diese Mitte der Hingabe Jesu an den Vater und sein Dasein für uns kann nicht einfach nur angeschaut werden, es ergreift den Betrachter und nimmt ihn in Dienst.

3. Das geistliche Leben als Leben im Heiligen Geist[30]

Der Christ hat Zugang zu Gott durch Christus im Heiligen Geist. Der Weg des Christen zur Vereinigung mit Gott ist ohne die Wirksamkeit des Heiligen Geistes nicht möglich, auch wenn dies nicht ausdrücklich reflektiert wird; unsere Gemeinschaft mit Christus ereignet sich im Heiligen Geist, auch wenn dies nicht ausdrücklich bedacht wird. Wenn dieses im „Mit"Gemeinte für sich bedacht wird, kann geistliches Leben als Sich-führen-Lassen vom Heiligen Geist umschrieben werden.

3.1 Die Geisterfahrung im Neuen Testament[31]

a) Der Heilige Geist im Leben des Christen im Licht der paulinischen Briefe

Das Entscheidende für das Verständnis der Geistwirklichkeit liegt darin, daß „Gott den Geist seines Sohnes" (Gal 4,6) sandte. Damit will Paulus deutlich machen, „daß Christus durch ihn (den Geist) in den Gläubigen gegenwärtig, wirksam und mächtig wird. Der Geist ist es, der die geschichtliche Ferne zwischen uns und Jesus überwindet und uns mit dem beim Vater verweilenden, sinnlich-räumlich nicht erreichbaren Christus verbindet. Durch seinen Geist ist Jesus Christus immer ‚mit uns' (vgl. Mt 28,20), ja lebendig unter uns und in uns." (Rudolf Schnackenburg)[32]

Die Taufe ist für Paulus der Ort des Geistempfanges (vgl. Gal 4,6 mit 3,23–28). Der Geist schafft Einheit, macht alle Unterschiede zweitrangig (1 Kor 12,13; vgl. Gal 3,28). Der Glaubende lebt fortan „im

Geist" (Gal 5,25; Röm 8,9), er soll sich vom Geist führen und treiben lassen (vgl. Gal 5,18; Röm 8,14).
Die Wirksamkeit des Geistes wird im Gebet erfahren, wo der Geist „Abba" ruft (Gal 4,6; Röm 8,15f), wo der Geist für uns eintritt (Röm 8,26f). Der Heilige Geist treibt uns zum Kampf gegen das „Fleisch" (Gal 5,16–18), zum Tun der Liebe (Gal 5,22). Die außergewöhnlichen Geistesgaben und Gnadenwirkungen sind wertlos, wenn sie nicht von der Liebe umfangen sind (1 Kor 12,31 b – 13,3).

b) Die christliche Geisterfahrung in der Apostelgeschichte
Schon das Lukasevangelium ist geprägt von der besonderen Betonung der Wirklichkeit des Heiligen Geistes: Jesus wird als der Geistträger gesehen (vgl. Lk 4,1.14.18; 10,21), der Auferstandene kündigt den Jüngern die „Gabe" an, „die mein Vater verheißen hat" (vgl. Lk 24,29). In der Darstellung des Weges der frühen Kirche ist der Heilige Geist die alles tragende und vorantreibende Kraft. Er ist eigentlich Leiter der Kirche (vgl. Apg 5,3.9; 6,3; 7,55; 9,31; 15,28; 20,28); er ist auch der Lenker der Mission (vgl. Apg 8,29; 11,15ff; 13,2.4; 16,6f; 20,23 u.ö.).
Auch einzelne Persönlichkeiten, die Entscheidendes in der Frühzeit der Kirche geleistet haben, werden als geist-erfüllt dargestellt, im besondern Stephanus (Apg 6,5.10; 7,55), Philippus (Apg 8,26–40) und Paulus (Apg 13,2.9ff; 16,6f; 20,22f).

c) Die urchristliche Geisterfahrung in der johanneischen Theologie
Der Heilige Geist ist die Gabe des auferstandenen, zum Vater heimgekehrten Jesus für seine Jünger in der Welt (vgl. Joh 7,39; 14,17; 20,22). Für die Gemeinde ist der Geistbesitz das Kriterium der Gemeinschaft mit Gott (1 Joh 3,24; 4,13).
Der Heilige Geist ist für Johannes der Lebensspender, der lebendigmachende Geist (Joh 6,63a). Dieses Leben wird in 1 Joh mit der Gewißheit verbunden, die Sünde meiden (2,12–14; 5,18–20) und die Liebe zu Gott in wahrer Bruderliebe verwirklichen zu können (3,23f; 4,20f u.ö.).
Der Heilige Geist ist der Offenbarer, der Interpret der Worte Jesu, der geistige Führer der Glaubenden (1 Joh 2,20.27). Vom „Geist der Wahrheit" ist vor allem im Zusammenhang mit den fünf sorgfältig formulierten Worten über den Parakleten die Rede (Joh 14,16f.26; 15,26f; 16.7–11.13–15). Durch den Geist der Wahrheit weiß sich das johanneische Christentum in die von Jesus gebrachte Wahrheit eingeführt, in ihr bestärkt, weitergeführt und für die Zukunft gerüstet.

d) Zusammenfassung

Bei aller Unterschiedenheit frühchristlicher Glaubensreflexion halten sich bezüglich der Wirklichkeit des Geistes bestimmte Grundüberzeugungen durch: „daß der Geist die große endzeitliche Gabe Gottes ist, die allen an Jesus Christus Glaubenden geschenkt wird, grundlegend in der Taufe, doch auch auf außergewöhnliche Weise; daß dieser Heilige Geist der Geist Jesu Christi ist, den der Auferstandene entbindet und durch den er seiner Kirche nahe bleibt; daß dieser Geist das ganze christliche Leben durchdringt und befruchtet." (Rudolf Schnackenburg)[33]

3.2 Führung durch den Heiligen Geist in der spirituellen Tradition

Die Geistgewirktheit des geistlichen Lebens ist vor allem im Zusammenhang mit der Lehre von den Gaben des Heiligen Geistes, mit der Theorie der geistlichen Sinne und dem Thema der Unterscheidung der Geister reflektiert worden[34].

a) Die sieben Gaben des Heiligen Geistes[35]

Diese Lehre hat ihren Ansatzpunkt in Jes 11,1f, wo von der Geistausstattung des Messias, dem Reis aus dem Baumstumpf des Isai, die Rede ist. Die an dieser Stelle aufgezählten sechs bzw. sieben Eigenschaften wurden schon früh auch als Gaben an die in Christus erlöste Menschheit verstanden. So erklärt Irenäus von Lyon († um 202), daß der Herr den Geist, der auf ihn herabgekommen war, der Kirche gegeben habe, indem er vom Himmel den Parakleten sandte[36].

Während die griechischen Kirchenschriftsteller die Siebenzahl als Ausdruck der Fülle des Geistes verstanden, bemühten sich die lateinischen Kirchenväter um eine wörtliche Auslegung der einzelnen Gaben, die auch in ihrer gegenseitigen Zuordnung bedacht wurden (Augustinus und Gregor d. Große).

Diese Gaben des Heiligen Geistes, die dem Getauften geschenkt werden, hat die scholastische Theologie in zwei Richtungen interpretiert: Erstens vervollkommnen die Gaben des Geistes den Verstand und den Willen, sie schenken den Seelenkräften eine „Leichtigkeit" im Tun und Vollziehen der Antwort des Glaubens, der Hoffnung und der Liebe. Zweitens werden die Gaben aber als „Empfänger" für die Antriebe und Eingebungen des Heiligen Geistes gesehen.

Diese Hörbereitschaft und diese Gefügigkeit für die Anregungen Gottes („docilité" im Französischen) haben einen besonderen Stellenwert bei Ignatius von Loyola († 1556), allerdings ohne ausdrückliche

Bezugnahme auf die sieben Gaben des Heiligen Geistes. Die Möglichkeit, die Anregungen des Gottesgeistes wahrzunehmen, ist für den Vorgang der geistlichen Übungen (Exerzitien) entscheidend; so vermag der Exerzitand den Willen Gottes zu suchen und zu finden in der konkreten Situation seines Lebens. Der französische Jesuit Louis Lallemant († 1635) entfaltete diesen Ansatz in seiner Doctrine Spirituelle. Seine Konzeption des geistlichen Lebens kreist um die beiden Pole: die Reinigung des Herzens und das Sich-führen-Lassen durch den Heiligen Geist. Lallemant bietet in diesem Zusammenhang auch einen relativ umfangreichen Traktat über die einzelnen Gaben des Geistes, wobei er sich sehr stark auf Augustinus und Gregor den Großen bezieht.[37]

Die Rede von den Gaben des Heiligen Geistes stellt im gesamten gesehen einen Versuch dar, sowohl die Gleichgestaltung des Christen mit Christus herzustellen als auch sichtbar zu machen, daß das durch den Heiligen Geist ermöglichte christusförmige Leben alle Bereiche des menschlichen Daseins durchdringt.

b) Die geistlichen Sinne[38]

Die Befähigung, die Anregungen des Heiligen Geistes aufzunehmen, hat auch zur Ausbildung der Lehre von den „geistlichen Sinnen" geführt; analog den „äußeren" Sinnesorganen sollen die Eindrücke des Heiligen Geistes „innerlich" wahrgenommen werden. Origenes († 253/254) hat als erster verschiedene Andeutungen der Heiligen Schrift zu einem System geistlicher Wahrnehmung zusammengefaßt: Es ist ja in der Bibel die Rede von der Erleuchtung der Augen des Herzens (Ps 19,9; Eph 1,18), vom inneren Hören des Wortes (Mt 13,9; 2 Kor 12,4), vom Kosten der Güte Gottes und des „Brotes, das vom Himmel kommt" (Ps 34,9; Joh 6,32f), vom Wohlgeruch Christi, der die Christen sind (2 Kor 2,15), vom Wort des Lebens, das sich mit den Händen berühren ließ (1 Joh 1,1).

Diese Tradition von den geistlichen Sinnen ist im Mittelalter besonders durch Bonaventura († 1274) entfaltet und systematisch dargestellt worden. Auch im Denken und Erfahren des hl. Ignatius von Loyola († 1556) nimmt „das Fühlen und Kosten der Dinge von innen"[39] einen wesentlichen Platz ein; durch das Beobachten von Trost und Trostlosigkeit ereignet sich die „ignatianische Logik der existentiellen Erkenntnis". (Karl Rahner)[40]

c) Die Unterscheidung der Geister[41]

Diese Fähigkeit wird von Paulus unter den Gaben des Geistes aufge-

zählt (1 Kor 12,10); man muß prüfen, um das Gute behalten zu können (vgl. 1 Thess 5,21). Auch der erste Johannesbrief mahnt, die Geister zu prüfen, ob sie aus Gott sind (vgl. 1 Joh 4,1). Es geht dabei um die Frage, wie man die vom Heiligen Geist kommenden Antriebe zu erkennen vermag.
Schon die ältesten nachneutestamentlichen Schriften machen darüber ihre Beobachtungen. Sehr häufig werden als Kriterien des guten Geistes aufgeführt: Liebe, Freude, Frieden, Geduld, Sicherheit, Ruhe, Bescheidenheit, Demut, Wahrheit, Klugheit, Fügsamkeit, Gehorsam. Die gegenteiligen Wirkungen würden darauf hinweisen, daß nicht Gottes Geist am Werk ist.

4. Zusammenfassung

Durch Christus im Heiligen Geist haben wir Zugang zum Vater, so läßt sich mit Eph 2,18 die Grundgestalt des geistlichen Lebens zum Ausdruck bringen. In den vorausgehenden Abschnitten wurden die einzelnen Teilaspekte für sich bedacht, aber jeder von diesen schließt die anderen ein: Das geistliche Leben als Weg zur Vereinigung mit Gott kann nur durch Christus im Heiligen Geist Wirklichkeit werden. Die Gemeinschaft mit Christus in der Nachfolge führt zur Gemeinschaft mit Gott – und dies kann wieder nur im Heiligen Geist geschehen, in dem uns der erhöhte Herr gegenwärtig ist. Und schließlich ist Spiritualität als Leben im Heiligen Geist nicht denkbar ohne jenen Zugang zur Wirklichkeit Gottes, der uns in Jesus Christus geschenkt wurde.
Die einzelnen Grundformen können als das geistliche Leben gesehen werden, wenn sie die jeweils anderen einschließen.

2. ABSCHNITT:
DIE GRUNDVOLLZÜGE DES GEISTLICHEN LEBENS

Spiritualität ist ein dialogisches Geschehen: In den Grundformen (1. Abschnitt) stand primär Gottes Zuwendung zu uns Menschen im Blickpunkt; nun soll die Antwort des Menschen auf Gottes Selbstmitteilung durch Christus im Heiligen Geist bedacht werden. Allerdings kam etwas von diesem Antwortgeschehen schon im vorangegangenen Abschnitt zur Sprache: Es ging ja auch um die Bereitung für die Einigung mit Gott, um den Einsatz der Nachfolge Christi, um das Sich-Führen-Lassen durch den Heiligen Geist. Andererseits schließt die Antwort des Menschen in den Grundvollzügen des Glaubens, der Hoffnung und der Liebe dieses Sich-Zuwenden Gottes ein, ist doch diese Antwort auf Gottes Selbstgabe getragen und ermöglicht durch den sich schenkenden Gott.

1. Die theologischen Tugenden als Grundvollzüge geistlichen Lebens[42]

1.1 Glaube – Hoffnung – Liebe in den Paulusbriefen[43]

Es sind vor allem die Briefe des Apostels Paulus, die Glaube, Hoffnung und Liebe als Charakteristikum des christlichen Lebens aufführen.

„Die Trias Glaube, Hoffnung, Liebe ist nicht erst nachträglich aus den paulinischen Briefen erhoben, sondern wird von Paulus selbst als umfassende Kennzeichnung des christlichen Lebens von Anfang bis Ende seiner Verkündigung, wie sie in seinen Briefen vorliegt, gebraucht. Alle drei gemeinsam, Glaube, Hoffnung und Liebe, oder auch Glaube, Liebe und Hoffnung sagen dem Apostel grundlegend, in welcher Weise sich das Leben vollzieht, das von dem Ereignis Jesu Christi angerufen und bestimmt wird. In allen dreien gemeinsam vollzieht sich christliche Existenz." (Heinrich Schlier)[44]

Schon der älteste uns bekannte Paulusbrief spricht in der Einleitung von dieser Trias: „Wir danken Gott für euch alle, sooft wir in unseren Gebeten an euch denken; unablässig erinnern wir uns vor Gott, unserem Vater, an das *Werk eures Glaubens,* an die *Opferbereitschaft eurer Liebe* und an die *Standhaftigkeit eurer Hoffnung* auf Jesus Christus, unseren Herrn" (1 Thess 1,2f). Durch die Beifügungen sind diese Grundhaltungen treffend gekennzeichnet: Glaube ist ein Werk, tatkräftig und wirksam (vgl. 1 Thess 1,7f), die Liebe wird als Mühe beschrieben, die Hoffnung ist ausgerichtet auf den Herrn, der im Kommen ist.

Bei der Beschreibung der geistlichen Ausstattung des Christen in 1 Thess 5,8–10 wird von der Rüstung mit dem „Panzer des Glaubens und der Liebe und mit dem Helm der Hoffnung auf das Heil" gesprochen. Die drei Grundhaltungen stellen also den Lebensschutz des Christen dar, sie machen ihn unangreifbar.

Im „Hohenlied der Liebe", das Paulus im Zusammenhang mit der Frage nach der Wertung der Geistesgaben anstimmt (1 Kor 13), wird

im letzten Vers etwas unerwartet von dieser Dreiheit gesprochen: „Für jetzt bleiben Glaube, Hoffnung, Liebe, diese drei; doch am größten unter ihnen ist die Liebe." (1 Kor 13,13) Während in 1 Thess die Hoffnung am Schluß steht, wird nun deutlich, daß sich diese Dreiheit in der Liebe sammelt. „Vielleicht kann man so sagen: blickt man auf die Ausrichtung des christlichen Daseins, so liegt das Gewicht auf der Hoffnung. Sieht man auf die Substanz ihrer Seinsweise, so muß man die Liebe zuletzt nennen. Aber blickt man auf die Wurzel des christlichen Lebens, so ist es immer der Glaube." (Heinrich Schlier)[45]
Auch zu Beginn des Kolosserbriefes bedient sich der Verfasser dieser Trias, um Gott für die Gemeinde zu danken: „Wir danken Gott, dem Vater Jesu Christi, unseres Herrn, jedesmal, wenn wir für euch beten. Denn wir haben von eurem *Glauben* an Jesus Christus gehört und von der *Liebe,* die ihr zu allen Heiligen habt, weil im Himmel die Erfüllung eurer *Hoffnung* für euch bereitliegt." (Kol 1,3f)
Neben diesen Texten, die in einer gewissen Formelhaftigkeit von Glaube, Hoffnung und Liebe als Grundvollzug der christlichen Existenz sprechen, lassen sich noch andere Texte anführen, die in ihrem Gedankengang durch diese Dreiheit wesentlich bestimmt sind: Gal 5,5f; Röm 5,1–5; Eph 1,15–18 und Hebr 10,22–24.

1.2 Glaube, Hoffnung und Liebe in der theologischen Reflexion

a) Die Kirchenväter greifen diese Zusammenfassung des christlichen Tuns in Glaube, Hoffnung und Liebe auf: Klemens von Alexandrien († vor 215) spricht erstmals von der „heiligen Trias"[46], Augustinus († 430) bezeichnet Glaube, Hoffnung und Liebe als Inbegriff der „religio"[47].
In der mittelalterlichen Theologie spielte diese Dreiheit eine wichtige Rolle. Man bemühte sich, die wechselseitigen Beziehungen der drei Grundvollzüge darzutun. Ihre Eigenart (von Gott geschenkt, „eingegossen", und auf Gott ausgerichtet) wurde durch den klassisch gewordenen Begriff der „theologischen Tugend" ausgedrückt, der zu Beginn des 13. Jahrhunderts erstmals auftaucht.
b) Im 17. und 18. Jahrhundert wird die Zusammengehörigkeit der Trias nicht mehr so deutlich gesehen. Vom Glauben (vor allem als Erkenntnis gesehen) ist in der Dogmatik die Rede, während von Liebe und Hoffnung vor allem im Zusammenhang mit der christlichen Sittlichkeit gesprochen wird.
In der theologischen Reflexion der Gegenwart betont vor allem Karl Rahner die Einheit und Zusammengehörigkeit von Glaube, Hoffnung

und Liebe: Die theologischen Tugenden „dürfen nicht so sehr als regionale Vermögen zu Verschiedenem verstanden werden: sie sind zusammen das eine Vermögen des totalen Verhältnisses des Menschen zur Selbstmitteilung Gottes und sind untereinander verschieden, insofern sie grundsätzlich unterscheidbare Phasen dieser von Gottes einer Selbstmitteilung getragenen Annahme dieser Selbstmitteilung durch den (individual-)geschichtlichen Menschen besagen, der diese Annahme am pluralen kategorialen Material seiner Welt vollziehen muß."[48]

c) Das Ja des Glaubens schließt in sich die Hoffnung auf die Verheißung und die Liebe zu jenem, der sich uns mitteilt und auf den sich die Antwort bezieht. So kann auch jeder einzelne dieser Grundvollzüge als Gesamtantwort gesehen werden.

2. *Christsein als Glaubensexistenz*

2.1 Glaube im biblischen Verständnis[49]

a) In der Heiligen Schrift herrscht das Tätigkeitswort „glauben" gegenüber dem Substantiv „Glaube" vor. Dieser Vollzug bedeutet: sich Gott mit der ganzen Person unterstellen, in Demut und Vertrauen, in Hingabe und Gehorsam, in Gesinnung und Tat. „Glaube nach der Bibel ist eine ganzheitliche Gebundenheit des Menschen an Gott, die bewußt vollzogen, immer wieder erneuert und zu einer festen Haltung werden muß." (Rudolf Schnackenburg)[50]

Eine beispielhafte Verwirklichung dieses Glaubens ist der Patriarch Abraham (Gen 15,6); auf dieses Urbild verweisen die neutestamentlichen Autoren (vgl. Röm 4; Jak 2,21–24). Es ist der Glaube an den „Gott, der die Toten lebendig macht und das, was nicht ist, ins Dasein ruft" (Röm 4,17).

b) In den synoptischen Evangelien erscheint Glauben als ganzheitliche Beziehung zu Gott, der sich in seinem Sohn geoffenbart hat. Wenn in Zusammenhang mit den Heilungen Jesu von Glaube die Rede ist, wird damit das vertrauende Sich-Einlassen auf den Gott des Heiles gemeint, der uns in Jesus von Nazareth begegnet (z. B.: Mk 5,34.36; 10,52). Von den Jüngern erwartet Jesus, daß sie in ihm Gottes Gegenwart wahrnehmen; aber oft sind sie „Kleingläubige" (Lk 12,28; Mt 6,30). Der Glaubende hält auch das Menschenunmögliche für möglich (vgl. Mk 9,23; 11,23f), er könnte Berge versetzen (Mt 17,20; vgl. Mt 21,21; Lk 17,6).

So vermag das Markusevangelium die Antwort auf die Verkündigung

Jesu von dem nahegekommenen Reich Gottes in der Aufforderung zusammenzufassen: „Kehrt um, und glaubt an das Evangelium" (Mk 1,15).

c) Auch für die paulinische Verkündigung ist mit Glaube allein, nicht nur gemeinsam mit Hoffnung und Liebe, das Christsein umschrieben: Die Heiden sind die „Ungläubigen" (1 Kor 6,6; 10,27; 14,23.24; 2 Kor 4,4; 6,14.15), der Christ ist daher durch die Haltung des Glaubens charakterisiert. In Abraham, dem Vater der Glaubenden (vgl. Röm 4,11f.16), ist das Ja der Bereitschaft für den heilschaffenden und unbegreiflichen Gott vorgebildet. Wir glauben „an den", „der Jesus, unsern Herrn, von den Toten auferweckt hat" (Röm 4,24). Konkret ereignet sich Glaube als Antwort auf das Evangelium und das darin bezeugte und vergegenwärtigte Heilsgeschehen (vgl. Röm 10,14–17). Das Hören der Botschaft soll zum Gehorsam werden, zur Entscheidung vordringen (vgl. Röm 1,5; 16,26, wo vom Gehorsam des Glaubens die Rede ist). Dieser Glaube schließt zugleich Zuversicht ein, Vertrauen auf den Herrn (vgl. Phil 1,14; Eph 3,12). Der Glaube hält nicht an der „eigenen Gerechtigkeit" fest (Phil 3,4–11), sondern vollzieht sich im Preisgeben des Eigenen.

So kann man für die paulinische Theologie mit Heinrich Schlier den Glaubensvollzug kennzeichnen als „hörendes Gehorchen und hingebendes Vertrauen", „Preisgabe des Zweifels und Ablösung der Selbstsucht und Selbstherrlichkeit einer ungerechten oder selbstgerechten Existenz."[51] Alles im Leben des Christen soll vom Glauben durchformt sein, der durch die Liebe „wirksam" wird (Gal 5,6).

d) Für das Johannesevangelium ist Glaube die einzige Forderung, die Jesus als der vom Vater gesandte Sohn erhebt: Wer an ihn glaubt, besitzt ewiges Leben (Joh 3,16.36; 5,24; 6,40.47; 8,51; 11,25f; 20,31). Alle Forderungen des synoptischen Jesus sind in diesem johanneischen Glauben integriert und konzentriert. Dazu kommt nur die Liebe als Erweis der Jüngerschaft (Joh 13,34f).

2.2 Zeugnisse einer Spiritualität des Glaubens

In der Zeit der Kirchenväter ist das umfassende und ganzheitliche Verständnis von Glaube noch lebendig. So antwortet z. B. Augustinus († 430) auf die Frage „Was heißt also an ihn glauben?": „Durch Glauben ihm zugetan sein, durch Glauben ihn lieben, durch Glauben sich ihm zuwenden und mit seinen Gliedern verbunden werden. Dies also ist der Glaube, welchen Gott von uns verlangt."[52] Die spätere theologi-

sche Reflexion, vor allem im Mittelalter und in der Neuzeit, hat dagegen stärker die Thematik „Erkennen und Glauben" in den Mittelpunkt gerückt.
Trotzdem ist das mit dem biblischen Glaubensbegriff Gemeinte nicht verlorengegangen. Eine Spiritualität des Glaubens ist vor allem in zwei Richtungen sichtbar geworden: Erstens in der Betonung der Dunkelheit und der Nacht des Glaubens, wobei dieser im Gegensatz zur Schau (vgl. 2 Kor 5,7) gesehen wurde, zweitens im Unterstreichen der Hingabe als voller Verwirklichung des Christseins.

a) Das Dunkel des Glaubens
In der Auseinandersetzung mit den Eunomianern, einer Richtung der Arianer, hatten die Kirchenväter des 4. Jahrhunderts die Unbegreiflichkeit und Erhabenheit Gottes sehr betont herausgestellt. Bei Gregor von Nyssa († 394) tritt dies in seiner Monographie „Leben des Moses" besonders hervor. Zuerst, so erklärt Gregor, ist „die religiöse Erkenntnis für die, denen sie zuteil wird, Licht". Je mehr aber der Geist voranschreitet, „um so mehr erkennt er, daß die göttliche Natur unsichtbar ist". „Darin liegt die eigentliche Erkenntnis des Gesuchten, darin das Sehen im Nicht-Sehen, daß der Gesuchte alle Erkenntnis übersteigt, wie durch Finsternis durch seine Unbegreiflichkeit auf allen Seiten abgeschlossen."[53] Gregor sah dies vorgebildet in der Begegnung des Mose mit Gott im Dunkel der Wolke (Ex 24,15–18f). Dies führt dazu, das geistliche Leben in einem Sich-Ausstrecken nach dem Ziel zu sehen (vgl. Phil 3,13), in einer Bewegung, die nie an ein Ende kommt. „In ihrem Verlangen läßt sie (die Seele) über das, was sie schon erlangt hat, hinaus keine noch größere Höhe aus, ihr Flug nimmt kein Ende, und aus der jeweils erreichten Höhe gewinnt sie immer wieder neuen Aufschwung."[54] Glaube wird hier verstanden als Weg im Dunkel, als unaufhörliches Unterwegssein.
Im Werk des hl. Johannes vom Kreuz († 1591) nimmt das Bild von der Nacht als Durchgang zum Licht, als Reinigung für das Licht, eine bedeutsame Rolle ein. Der Glaubende soll in allen Bereichen und Dimensionen seines Menschseins gereinigt werden; in diesem Sinn ist die Rede von einer „Nacht der Sinne" und von einer „Nacht des Geistes" zu verstehen. Diese Reinigung der Nacht ist Aufgabe des Menschen (aktive Nacht), aber zugleich Bemühen Gottes (passive Nacht). Letztlich ist aber der Glaube selbst diese dunkle Nacht. Der Glaube „spricht uns von Dingen, die wir niemals sahen, noch hörten, auch nicht vergleichsweise, da ihnen nichts vergleichbar ist". So wird der Glaube „für die Seele dunkle Nacht" und gibt ihr gerade dadurch

Licht. „Und je mehr er sie verdunkelt, um so heller leuchtet ihr sein Licht; denn indem er sie blendet, gibt er ihr Licht."[55]
Die Nacht des Glaubens hat die hl. Theresia vom Kinde Jesu († 1897) in ihrem letzten Lebensjahr erfahren. In ihren selbstbiographischen Notizen beschreibt sie – an ihre Priorin gerichtet – diese Prüfung mit eindringlichen Worten: „Es ist kein Schleier mehr für mich, es ist eine bis zum Himmel ragende Mauer, die das gestirnte Firmament verdeckt . . . Wenn ich das Glück des Himmels, den ewigen Besitz Gottes besinge, so empfinde ich dabei keinerlei Freude, denn ich besinge einfach, was ich glauben will."[56] „Er ließ zu, daß dichteste Finsternisse in meine Seele eindrangen . . . Man muß durch diesen dunklen Tunnel gewandert sein, um zu wissen, wie finster er ist."[57]
An jenen ausgewählten Autoren, die von der Dunkelheit des Glaubens sprechen, wird deutlich, daß das Ja zu Gott, der sich uns in Christus erschlossen hat, ein Ja zum Geheimnis Gottes ist, daß Glaube als dieses Ja eine lebenslange Aufgabe darstellt, mit der wir uns dem Ziel annähern, ohne es in diesem Leben je erreichen zu können. Dieses Dunkel des Glaubens kann auch die Gestalt einer „Gottverlassenheit" annehmen – in Solidarität mit jenen, die das Licht des Glaubens noch nicht erfahren haben, weil ihnen das Dunkel zu groß erscheint[58].

b) Die Hingabe des Glaubens
In der griechischen Patristik wurde aus der stoischen Philosophie der Begriff der „Apatheia" übernommen. Der vollkommene Christ, den Klemens von Alexandrien († vor 215) den wahren Gnostiker nennt, ist durch diese Haltung ausgezeichnet. Der in diesem Sinn a-pathische Mensch ist nicht „leidenschaftslos", sondern einer, der nicht mehr durch Eindrücke von außen und innen erschüttert und aus dem Gleichgewicht gebracht werden kann. So wird er bereit für die glaubende Begegnung mit Gott (Gnosis im Sinn von existentieller Erkenntnis und Erfahrung) und für die Liebe[59].
Der südgallische Mönch Johannes Cassianus († 430/435) hat diese Haltung durch den unmißverständlichen Ausdruck „Reinheit des Herzens" in die westliche Spiritualität übertragen. Im Schrifttum der „Deutschen Mystik" des 14. Jahrhunderts wurde diese Hingabe mit dem Wort „Gelassenheit" ausgedrückt.
Ignatius von Loyola († 1556) spricht davon, daß der Exerzitand allen möglichen Richtungen seines Lebensweges gegenüber indifferent sein solle, um im Gleichgewicht der Waage für Gottes Ruf und Bewegung bereit zu sein. Diese christliche Gelassenheit wird aber bei Ignatius nicht nur im Sinn eines bloßen Geschehenlassens verstanden; der

besondere Wille Gottes soll vielmehr aktiv ergriffen und durchgeführt werden[60]. In diesem Sinn spricht Hans Urs von Balthasar vom „Prinzip der aktiven Indifferenz" bei Ignatius von Loyola[61]. Das Hingabegebet, das am Schluß des Exerzitienvorganges steht, ist in diesem Zusammenhang zu sehen; es bringt die Totalität des biblischen Glaubens zum Ausdruck[62].

Diese aktive Indifferenz jeden Augenblick zu leben, war das Anliegen einer Schrift des Jesuiten Jean-Pierre de Caussade († 1751), die allerdings erst 1861 von Henri Ramière SJ († 1884) veröffentlicht wurde. „Hingabe an Gottes Vorsehung" war der Titel dieses Traktates, der im Begriff „Sakrament des gegenwärtigen Augenblicks" zusammengefaßt werden kann. Der gegenwärtige Augenblick enthüllt Gottes Willen an uns, stellt Aufgaben, ist Anruf, ist konkreter Weg für uns[63].

2.3 Glaube als Grundvollzug

a) Glaube ist die umfassende Antwort des christlichen Lebens auf Gottes Selbstmitteilung; in einem gewissen Sinn schließt sie Hoffnung und Liebe ein.

b) Glaube ist eine Grundentscheidung, die eine Grundhaltung zur Folge hat, die im Ablauf des menschlichen Lebens durchgetragen werden soll. Das ist nur möglich, wenn immer wieder Aktualisierungen, konkrete Vollzüge des Glaubens in diesem Leben geschehen.

c) In dem alles umfassenden Ja des Menschen auf den sich uns erschließenden Gott ist der gesamte geistliche Weg mit all seinen Dimensionen enthalten. Das Dunkel des Weges, aber auch die vertrauensvolle Hingabe an den sich uns mitteilenden Gott gehört gleicherweise zum Weg des Glaubens.

3. Hoffnung als Grundvollzug christlichen Lebens

Wie Glaube als das Ganze der Antwort des Menschen gesehen werden kann, wird in der Heiligen Schrift auch Hoffnung als *die* Antwort deutlich.

3.1 Hoffnung in den Zeugnissen des Neuen Testaments[64]

a) Die Menschheit und im besonderen das Volk Israel waren niemals ohne Hoffnung, ohne Ausblick auf eine Zukunft, die Gott schafft (vgl. Gen 3,15; 9,1–17; 12,1–3). Das Profil dieser Zukunft wurde im Verlauf der alttestamentlichen Heilsgeschichte immer deutlicher.

b) Jesus hat mit seiner Ankündigung, daß mit ihm das Reich Gottes nahegekommen ist (vgl. Mk 1,15), zugleich den Anspruch erhoben, daß er die Hoffnung Israels erfüllt: Die Wirklichkeit der Gottesherrschaft ist schon gegenwärtig, aber sie ist noch nicht in Macht und Herrlichkeit gekommen. Die Hoffnung der Kirche ist durch die Auferstehung Christi schon grundlegend erfüllt; der Heilige Geist ist die vom Vater verheißene Gabe (Apg 2,33–39). Die große Erwartung richtet sich nun auf das Kommen des Herrn (Apg 1,11; 3,20), auf die Parusie (Jak 5,7; 1 Thess 2,19). Dieser Tag des Herrn scheint ganz nahe (Jak 5,8; 1 Thess 4,13–18; Hebr 10,25.37; 1 Petr 4,7); nach den Spätschriften des NT bedeutet es für die Christen allerdings ein Problem, daß sich sein Kommen verzögert (2 Petr 3,8–13): Der Herr wird kommen wie der Dieb in der Nacht (1 Thess 5,1f; 2 Petr 3,10; Offb 3,3; vgl. Mt 24,43).

c) Das Leben des Christen ist wesentlich und umfassend dadurch bestimmt, daß er ein Hoffender ist; die Heiden sind solche, „die keine Hoffnung haben" (1 Thess 4,13; Eph 2,12). Wenn die Christen Rede und Antwort stehen sollen über ihren Glauben, geben sie Rechenschaft über ihre Hoffnung (1 Petr 3,15; vgl. 1,3). Am christlichen Bekenntnis hält fest, wer sich nicht von der Hoffnung des Evangeliums abbringen läßt (Kol 1,23; vgl. Hebr 10,23).

d) Hoffnung kommt dem Menschen zu aus dem Anruf Gottes (vgl. Eph 1,18; 4,4; Tit 1,2f); das unterscheidet die christliche Hoffnung von anderen Hoffnungen. Diese Hoffnung kommt durch den Geist Gottes, den Geist der Hoffnung (vgl. Röm 15,13). Das Kommen des Geistes eröffnet uns die Möglichkeit, in Christus leben zu können: „Die Tatsache, daß Christus die Welt und die Menschen auf sich genommen hat und trägt, und die Welt und die Menschen, grundlos geworden durch ihre Sünden, d. h. durch ihr Sich-Gott-versagen, wieder in ihm, in seiner grenzenlosen Liebe, Grund haben, diese Tatsache ist die verborgene Wirklichkeit des Lebens, die einmal offenbar werden wird. Sie aber eröffnet uns jetzt schon der Geist, indem er uns durch Wort und Zeichen in sie stellt als in unsere verborgene Wirklichkeit und Hoffnung." (Heinrich Schlier)[65] Eine Zusammenfassung dieser Hoffnungstheologie bietet 1 Petr 1,3–5.

e) Hoffnung und Glaube sind untrennbar miteinander verbunden: Im Glauben nimmt der Mensch die Botschaft des Evangeliums an und übergibt sich ihr und damit der darin gegebenen Hoffnung. Im Glauben kehrt sich der Mensch auch ab von allen anderen Hoffnungen, die ihn erfüllen mögen. Hoffnung geht aber in einem gewissen Sinn über das Glauben hinaus. So sagt Paulus von Abraham, daß er gegen alle

Hoffnung voll Hoffnung geglaubt hat (Röm 4,17). So vieles widerspricht der Hoffnung; sie nimmt diese ihr widrige Wirklichkeit ernst, aber sie mißtraut zugleich diesem Befund, weil das Vertrauen auf die Treue und Liebe Gottes größer ist (vgl. 1 Petr 1,13). Ein Kennzeichen der Hoffnung ist daher die Anheimgabe aller Sorge und Angst im Hören auf den Trost des Geistes (vgl. Röm 8,15; Phil 4,6; 1 Petr 5,6f; Hebr 10,34–36). Nicht nur Vertrauen, sondern auch „eilendes Entgegenwarten" (Schlier)[66] gehört zur Hoffnung. Der Ruf zur Wachsamkeit, zur gespannten Aufmerksamkeit geht durch das gesamte NT (vgl. z. B. Mk 13,35.37 par; 14,38 par; Lk 12,37; 1 Kor 16,13; 1 Petr 5,8; Offb 3,2; 16,15).

Zugleich ist die Hoffnung gekennzeichnet durch Geduld auch inmitten von Prüfung und Leid (Jak 5,7f; 1 Petr 1,5–7): Sie stürzt dem Erhofften entgegen und erwartet es zugleich gelassen. In diesem Sinn werden 2 Petr 3,12 die Christen angesprochen als solche, die „den Tag erwarten und seine Ankunft beschleunigen".

f) Die Hoffnung erweist sich in der Heiligung des Lebens: „Jeder, der dies von ihm erhofft, heiligt sich selbst, so wie Er heilig ist (1 Joh 3,3; vgl. auch 1 Petr 1,13–17). Auch in der Liebe wirkt sich Hoffnung aus; die Liebe ist getragen und erfüllt von Hoffnung (vgl. 1 Kor 13,7: „Sie hofft alles"). Schließlich ist Hoffnung verbunden mit Freude; wo keine Hoffnung, dort ist Traurigkeit (1 Thess 4,13).

3.2 Zeugnisse einer Spiritualität der Hoffnung

Verschiedene Aspekte der christlichen Hoffnung begegnen uns wiederholt in der Geschichte der christlichen Spiritualität, auch wenn sie nicht ausdrücklich mit „Hoffnung" in Zusammenhang gebracht werden. Solche Dimensionen von Hoffnung sind z. B. die Betonung des Vertrauens und der Freude, die Mahnung zur Hoffnung wider alle Hoffnung, sowie die Zukunftsorientierung christlichen Lebens.

a) Freudige Zuversicht

Der hl. Franz von Sales († 1622) kann als Personifizierung einer optimistischen, das Frohmachende betonenden Frömmigkeit gelten. Dieser Aspekt kommt nicht nur in seinen großen Werken Philothea und Theotimus zum Ausdruck, sondern auch in den Ansprachen und Konferenzen für die Schwestern der Heimsuchung sowie in seinen Briefen. In einer dieser persönlichen Weisungen schreibt er: „Seien Sie, meine liebe Tochter, ich bitte Sie darum, immer guten Mutes und bewahren Sie unserem Herrn das Vertrauen, das Sie ihm schuldig sind. Denn sehen Sie, er hat Sie von jeher geliebt, indem er Ihnen so viel Anreiz zu seinem Dienst geschenkt hat, liebt Sie immer noch, indem er mit diesem Geschenk fortfährt, und wird Sie auch fürderhin lieben, indem er Ihnen die heilige Ausdauer schenkt. Ich kann mir gar nicht vorstellen, daß die Personen, die ihr Leben dem lieben Gott geweiht haben, nicht immer fröhlich sein könnten."[67]

In diesem Zusammenhang kann von neuem auch auf die geistliche Lehre von Jean-Pierre de Caussade verwiesen werden. Im Begegnen Gottes im gegenwärtigen Augenblick liegt auch der Grund des Vertrauens und der Zuversicht[68].

Die auch im deutschen Sprachraum einst viel gelesenen Schriften des englischen Jesuiten Daniel Considine[69] haben diesen Optimismus gegenüber einem ängstlichen und bisweilen etwas kleinlich agierenden spirituellen Verhalten stark herausgestellt. Ein Grundsatz seiner geistlichen Unterweisung lautet: „Gott will nicht, daß unser geistliches Leben unter einem beständig lastenden, dunklen und angstvollen Druck stehe, sondern er liebt Friede und Freude, geistlichen Frohsinn."[70] Diese Grundeinstellung geht Hand in Hand mit der Bereitschaft für den Willen Gottes: „Gott lieben, heißt, seinen Willen tun. Sein Wille wird erkannt in den gewöhnlichen Dingen jeder Minute."[71]

b) Hoffnung wider alle Hoffnung

Der Weg der Entfaltung des spirituellen Lebens kennt die Phase der „Trockenheit", der geistlichen Unlust; daraus, daß der Betroffene darunter leidet, wird deutlich, daß sie nicht aus Schlaffheit und Interesselosigkeit stammt, sondern eine Prüfung darstellt. Über diesen Wechsel von „Trost" und „Trostlosigkeit" spricht Ignatius von Loyola († 1556) im Exerzitienbuch[72]. Im „Bericht des Pilgers" schildert er einen solchen Zustand der Trockenheit gelegentlich seines Aufenthaltes in Manresa 1522. Die Hoffnung wider alle Hoffnung formuliert er in dem Gebet: „Hilf Du mir, Herr; denn bei keinem Menschen und bei keinem Geschöpf kann ich irgendwelche Hilfe finden. Keine Mühe wäre mir zu groß, wenn ich damit erhoffen dürfte, irgendwie Hilfe zu finden. Zeige Du mir den Weg, Herr, wo ich sie finden kann. Selbst wenn ich einem Hündlein nachlaufen müßte, um von ihm Hilfe zu bekommen, würde ich es sofort tun."[73]

Die Glaubensnacht, die die hl. Theresia von Lisieux († 1897) in ihrem letzten Lebensjahr erfahren hat, ist ebenso als Hoffnung wider alle Hoffnung zu verstehen. Sie ist überzeugt, daß Gott ihr diese Prüfung erst in dem Augenblick schickte, als sie die Kraft hatte, diese zu ertragen: „Früher, glaube ich, hätte sie mich wohl zutiefst entmutigt ... Jetzt nimmt sie alles hinweg, was meinem Verlangen nach dem Himmel noch an natürlicher Befriedigung anhaften könnte ... Geliebte Mutter, es kommt mir vor, jetzt hindere mich nichts mehr daran fortzufliegen; denn ich habe keine großen Wünsche mehr außer dem einen: zu lieben, bis ich vor Liebe sterbe."[74]

c) Gott als die Zukunft

Das bewußte Leben in der Hoffnung auf die endgültige Gemeinschaft mit Gott hin wird in dem eben wiedergegebenen Zitat der hl. Theresia von Lisieux ebenso deutlich wie in der Martyriumsfrömmigkeit der ersten Jahrhunderte; die Ankunft Jesu Christi wird unter dem Gesichtspunkt der individuellen Christusbegegnung im Tod erwartet. So schreibt Ignatius von Antiochien († um 110) an die Gemeinde von Rom, unterwegs zum Martyrium: „Für mich ist es besser, in Jesus Christus zu sterben, als König über die ganze Erde zu werden. Ihn suche ich, der für uns gestorben, nach ihm verlange ich, der für uns auferstanden ist. Ich stehe vor der Geburt. Verzeiht mir, Brüder! Hindert mich nicht, zum Leben zu gelangen."[75]

Unter dem Gesichtspunkt der absoluten Zukunft für diese Welt steht die Spiritualität des Jesuiten Pierre Teilhard de Chardin († 1955). Er ist fasziniert vom Menschen als Sinngeber der Geschichte: Das „großartige Schauspiel der Entstehung des Menschen" führt ihn zu einer einheitlichen Schau einer Welt, in der Leben entsteht, die mit dem Auftreten des Menschen an die „Schwelle der Reflexion" tritt. Diese Sicht der Welt als „göttlicher Bereich", der zur Parusie Christi hinstrebt, führt Teilhard zu einer positiven Bewertung des menschlichen Handelns in dieser Welt. Er ist überzeugt, daß „das Einvernehmen möglich ist zwischen der kosmischen Liebe zur Welt und der himmlischen Liebe zu Gott"[76].

3.3 Zusammenfassung

Hoffnung ist ein Aspekt der umfassenden Antwort des Christen auf Gottes Selbstmitteilung: Das Ja des Glaubens richtet sich auf Gott, der in Jesus Christus schon endgültig gekommen ist, dem aber die Menschheit und der einzelne entgegengeht bis zur endgültigen Vereinigung und Gemeinschaft. Hoffnung meint gerade dieses Aus-Sein auf das noch Ausstehende.

Gott ist größer als alles Widerständige, das auf diesem Weg begegnen mag: Er ist es, der Tote lebendig macht und das Nichtseiende ins Sein ruft. Daher schenkt Hoffnung in aller Dunkelheit Zuversicht, in allen Sorgen Vertrauen. Christliche Hoffnung macht wach und aufmerksam für die Aufgaben, die Gott stellt.

4. Liebe als umfassende Antwort

Die Liebe (als Einheit von Gottes- und Nächstenliebe) wird sehr häufig als Inbegriff von Spiritualität angesehen, als *die* Antwort, die der Mensch auf Gottes Zuwendung gibt. Diese starke Betonung der Liebe als Grundvollzug christlichen Lebens wird schon in den neutestamentlichen Texten sichtbar, wird aber auch in der Geschichte der christlichen Spiritualität immer wieder hervorgehoben.

4.1 Die Liebe als Grundvollzug nach dem Neuen Testament[77]

Das „Neue" der Liebe in der Verkündigung des NT wird schon durch die Wortwahl deutlich: Von den griechischen Worten für „Liebe" wird „Agape" gebraucht, das im profanen Griechisch ganz selten verwendet wurde und daher am wenigsten „belastet" erschien; die für die Griechen so bedeutsamen Worte wie „Eros" (leidenschaftliche, begehrende Liebe) und „Philia" (Freundesliebe) verwendet das NT nicht, bzw. höchst selten. Die christliche Liebe ist „Agape", d. h. schenkende, sich verschenkende Liebe.

a) Die Liebe als das Hauptgebot (Synoptiker)[78]
Alle drei Synoptiker berichten von der Aussage Jesu über das Hauptgebot der Gottes- und Nächstenliebe: Bei Mk 12,28–34 ist es ein Lehrgespräch mit einem gutgesinnten und zu Gott strebenden Schriftgelehrten, bei Mt 22,34–40 will ein Gesetzeslehrer Jesus auf die Probe stellen, so daß sich die Form eines Streitgespräches ergibt, bei Lk bildet das Doppelgebot die Einleitung zur Beispielerzählung vom barmherzigen Samariter (Lk 10,25–37). Indem Jesus die beiden alttestamentlichen Texte Dt 6,5 (Gottesliebe) und Lev 19,18 (Nächstenliebe) zu *dem* Hauptgebot zusammenfaßt (Mt), als das erste Gebot erklärt (Mk), nimmt er Bezug auf das Bemühen rabbinischer Theologie, die vielen Einzelvorschriften des jüdischen Gesetzes auf einige Grundprinzipien zurückzuführen. An den beiden Geboten „hängen" das ganze Gesetz und die Propheten (Mt 22,40).
Das „Neue" in dieser Tat Jesu – im Vergleich zu anderen Versuchen einer Zusammenfassung der Tora im zeitgenössischen Judentum –

liegt, wie Rudolf Schnackenburg deutlich macht, in einem Dreifachen: in der unlösbaren Verknüpfung der beiden Gebote der Gottesliebe und der Nächstenliebe, in der klaren Zurückführung des Gesetzes auf dieses Haupt- und Doppelgebot und schließlich in der universalistischen Auslegung der Nächstenliebe.[79]
Von der Liebe zu Gott wird in den synoptischen Evangelien außerhalb des Hauptgebotes nirgends ausdrücklich gesprochen: Gott lieben meint aber zweifellos den ungeteilten Dienst Gott gegenüber (Mt 6,24), das Suchen des Reiches Gottes und seiner Gerechtigkeit (Mt 6,25–34). Die Liebe zu Gott ereignet sich dort, wo einer sich um die Erfüllung aller Forderungen bemüht, die Jesus als Einlaßbedingungen für das Reich Gottes nennt (z. B.: Mt 5,20; 7,21; 18,3; 19,23f; 21,31; 22,12; 23,13; 25,10.21.23; Mk 9,47).
Das Gebot der Liebe zum Nächsten ist durch Mt 7,12 interpretiert: „Alles, was ihr also von anderen erwartet, das tut auch ihnen. Darin besteht das Gesetz und die Propheten."

b) Liebe als wirksamer Glaube (Paulus)[80]
In der Aufzählung des für das Christsein entscheidenden Tuns 1 Kor 13,13, steht die Liebe an letzter und damit an höchster Stelle. In vielen anderen Texten wird die Liebe mit dem Glauben allein genannt, um das Leben der Christen zu umschreiben (vgl. z. B.: 1 Thess 3,6; 2 Thess 1,3; Eph 1,15; 3,17; Phlm 5). Am deutlichsten ist dieser Zusammenhang bei Gal 5,6 gegeben, wo vom Glauben die Rede ist, „der in der Liebe wirksam ist": „Die Liebe ist die Energie des Glaubens." (Heinrich Schlier)[81]
Diese Liebe hat ihren Ursprung in der ewigen Liebe, die Gott uns in Jesus Christus erwiesen hat (vgl. Eph 1,4f; 2 Kor 13, 11). Christus hat uns geliebt, als wir noch Sünder waren (vgl. Röm 5,8), daraus soll sich als Konsequenz unser „Wandel in der Liebe" ergeben (vgl. Eph 5,2). Die Liebe Gottes in Jesus Christus wird uns durch den Heiligen Geist geschenkt: Gottes Liebe ist in unsere Herzen ausgegossen durch den Heiligen Geist (Röm 5,5). Die Liebe ist „Frucht des Geistes" (Gal 5,22), vornehmste und höchste der Gaben des Geistes (1 Kor 12,31–14,1).
Ein Echo von Jesu Zusammenfassung des Gesetzes im Gebot der Liebe findet sich auch in den paulinischen Briefen: Röm 13,8–10 wird die Liebe als die Erfüllung des Gesetzes dargetan; Gal 5,13f sieht die Verwirklichung der Freiheit des Christen im gegenseitigen Dienen; wenn einer des anderen Last trägt, wird das Gesetz Christi erfüllt (Gal 6,2). Wenn auch in diesen Texten nur von der Nächstenliebe die Rede

ist, wird damit die auf Gott hin antwortende Dimension der Agape nicht ausgeschlossen. Von dieser spricht Paulus ausdrücklich z. B. in Röm 8,28; 1 Kor 2,9; 8,3; 16,22.

c) Die johanneische Theologie der Agape[82]

Gott ist die Liebe (1 Joh 4,8.16), er hat diese Welt so sehr geliebt, daß er den Sohn hingab (Joh 3,16). Gottes Liebe gilt dem Sohn (Joh 3,35; 5,20; 10,17; 15,9; 17,23–26). Durch den Sohn werden wir in die Liebesgemeinschaft mit Gott einbezogen (Joh 14,21.23; 15,9f; 16,27; 17,23–26).

Die Antwort auf diese Liebe findet in der Liebe zum Bruder ihre Bewährung (1 Joh 4,9–11); die Liebe zu Gott und den Mitmenschen ist untrennbar eine (1 Joh 4,20f). Das Gebot der Liebe zum Bruder ist ein „neues Gebot" (Joh 13,34; 15,12; 1 Joh 2,7f), weil es durch die Liebeshingabe Christi am Kreuz ermöglicht ist und darin ihr „Maß" hat.

4.2 Die Liebe als Grundvollzug im Licht der Geschichte der christlichen Spiritualität[83]

a) In der Zeit der Kirchenväter war selbstverständlich das Hauptgebot als das Um und Auf christlichen Lebens angesehen worden. Augustinus († 430) soll beispielhaft aus der Fülle möglicher Zeugnisse herausgegriffen werden: Der Aufgabe der Liebe steht die Spannung zwischen der Selbstliebe (amor sui) und der Gottesliebe (amor Dei) entgegen; die Gottesliebe muß daher zur Selbstliebe in Distanz gehen, darf nicht vom selbstbezogenen Begehren geprägt sein. Zugleich unterstreicht Augustinus sehr eindringlich die Einheit von Gottes- und Nächstenliebe: „Gegen die Liebe verstoßen heißt gegen Gott verstoßen. Keiner sage: Ich sündige nur gegen einen Menschen, wenn ich meinen Bruder nicht liebe. Wie sündigst du nicht gegen Gott, wenn du gegen die Liebe sündigst?"[84]

b) Die Frage des Verhältnisses von Liebe und Selbstliebe hat die mittelalterliche Theologie weiter beschäftigt. Man klassifizierte die verschiedenen Meinungen seit Pierre Rousselot SJ († 1915) mit den Begriffen einer „physischen" und einer „ekstatischen" Konzeption der Liebe[85]: Besteht zwischen Gottesliebe und Selbstliebe eine letzte Identität oder ist Liebe nur in dem Maß vollkommen, als sie vom Ich wegführt? Diese Frage hat die französische Spiritualität des 16. und 17. Jahrhunderts neuerlich beschäftigt: Es ging um die „wahre Liebe" (amour

vrai), um die „interesse-lose“ Liebe (amour désinteressé). Einige gewagte Thesen Fénelons, daß die Hoffnung aus der reinen Liebe auszuschließen sei, hat Innozenz XII. 1699 verurteilt[86].
c) Der große geistliche Traktat „Über die Gottesliebe“ (Theotimus) des hl. Franz von Sales († 1622) ist ein lebendiger Beweis für die zentrale Stellung der Liebe in der Spiritualität. Der hl. Vinzenz von Paul († 1661), der als der Heilige der Nächstenliebe bezeichnet werden kann, hat die Zusammengehörigkeit und Untrennbarkeit von Gottes- und Nächstenliebe in die Aufforderung formuliert: „Lieben wir Gott, meine Brüder, aber auf Kosten unserer Arme und im Schweiße unseres Angesichts!“[87]

4.3 Die eine Liebe als Grundvollzug

a) Das Gebot der Gottesliebe ist nicht ein Gebot neben anderen, sondern die ganze Antwort des Menschen. „Sie ist im letzten kein Inhalt eines einzelnen Gebotes, sondern sowohl Grund als auch Ziel aller einzelnen Gebote. Und sie ist das, was sie sein muß, nur dann, wenn Gott um seiner selbst willen geliebt wird, wenn also Liebe nicht gelebt wird, damit sich der Mensch innerhalb der Erfüllung von Einzelleistungen, die er sich abverlangt, selber behauptet und in sich vollendet, sondern wenn in dieser Liebe der Mensch aus sich herausgeht, sich über Gott vergißt, sich wirklich selber in dem unsagbaren Geheimnis verliert, dem er sich willig ergibt.“ (Karl Rahner)[88]
b) Diese totale Antwort des Menschen auf Gott hin kann nicht ohne den Bereich des Mitseins mit anderen, der wesentlich zum Menschen gehört, geschehen: Einheit von Gottes- und Nächstenliebe ist daher, wie gezeigt wurde, ein wesentliches Anliegen der neutestamentlichen Verkündigung. Diese Einheit von Gottes- und Nächstenliebe hat Karl Rahner 1965 in einem Aufsatz sehr pointiert herausgestellt.[89] Seine Überlegungen gehen von der These aus, daß in unserer säkularisierten Welt „nur dort, wo und insoweit der Mensch ein echtes, liebendes, aus dem innersten Herzen kommendes Verhältnis zum Mitmenschen hat, er Gott findet und die anderen Menschen davon überzeugen kann, daß es diese Wirklichkeit gibt, die wir Gott nennen“[90]. Gestützt auf die Aussagen der neutestamentlichen Autoren, im besonderen auf Mt 25,40.45, formuliert Rahner schließlich: „Ich möchte sagen, daß dort, wo der Mensch wirklich sich selber losläßt und den Nächsten in einer absoluten Selbstlosigkeit liebt, er schon wirklich an das schweigende, unsagbare Geheimnis Gottes geraten ist, und daß ein solcher Akt schon getragen ist von jener göttlichen Selbstmitteilung, die wir Gnade

nennen und die dem Akt, den sie trägt, ihre Heilsbedeutung und Ewigkeitsbedeutung verleiht."[91]

Das Anliegen Karl Rahners war es, herauszustellen, daß überall dort, wo wirkliche Nächstenliebe gelebt wird, auch die Liebe zu Gott schon einschlußweise vorhanden ist. Damit ist aber keineswegs gemeint, daß sich der Christ auf Nächstenliebe in dem Sinn beschränken dürfte, daß er einer ausdrücklichen Bezugnahme auf Gott in Gebet und Gottesdienst sich enthält, um nur mehr im Nächsten und durch den Nächsten Gott zu lieben. „In einer Offenbarungsreligion hat die Stille mit Gott einen Wert für sich und nicht nur als Funktion unseres Umgangs mit dem Mitmenschen: eben weil Gott Gott ist. Das einfache ‚nichtstuende' Zusammensein mit Gott als dem Geliebten verkennen, heißt, den Kern des Christentums aushöhlen." (Edward Schillebeeckx)[92]

3. ABSCHNITT: GEISTLICHES LEBEN ALS UNTERWEGSSEIN[93]

In den beiden vorangegangenen Abschnitten wurde die Grundgestalt des geistlichen Lebens als Geschehen von Gott her und auch vom antwortenden Menschen her bedacht. Dieses geistliche Leben steht unter der Grundbedingtheit menschlichen Lebens überhaupt: Der Mensch ist wesentlich homo viator: ein Werdender, einer, der unterwegs ist.

1. Anthropologische Vorüberlegungen

a) Der Mensch ist ein zeithaftes Wesen: Er kann nicht alle seine Möglichkeiten gleichzeitig verwirklichen, sondern nur in einem Nacheinander. Schon allein die Lebensalter und Lebensphasen (Kindheit, Jugend, Erwachsensein und Altern) zeigen dies auf; dazu kommt noch, daß der Mensch diesen Weg als Mann oder Frau geht. Keine Lebensphase oder geschlechtsspezifische Verwirklichung des Menschseins kann zugleich mit einer anderen gelebt werden.

Diese Zeithaftigkeit gilt auch für das geistliche Leben. Das antwortende Sich-Hinwenden auf Gott kann daher nur in einem Nacheinander geschehen, in jeder neuen Phase menschlichen Lebens stellt sich die Aufgabe geistlichen Lebens von neuem. Der Mensch kommt jeweils aus einer ihn prägenden Vergangenheit und greift aus in eine vor ihm liegende Zukunft im gegenwärtigen Augenblick, der ihm aufgegeben ist.

b) Der Mensch ist ein geschichtliches Wesen: Das Moment der Geschichtlichkeit fügt der Zeitlichkeit noch einen Umstand hinzu: Dieses Unterwegssein steht unter der Spannung von Freiheit und Verfügtheit. Der Mensch steht in einer ihm schon vorgegebenen und ihn bestimmenden, fortwirkenden Vergangenheit, die ihm zugleich entzogen ist; er ist auf dem Weg in eine noch ausständige und ihn fordernde Zukunft. Auch die Verwirklichung der Spiritualität steht unter der Verfügtheit durch die Vergangenheit einer Epoche, aber auch des eigenen Lebens. In dieser Bedingtheit ist Zukunft geistlichen Lebens aufgegeben.

2. *Die Dynamik des geistlichen Lebens nach den biblischen Schriften*

Die Bibel umschreibt das Leben des Glaubenden in seiner heilsgeschichtlichen Situation mit dem Bild „Weg", spricht aber auch von „Wachstum" und „Reifwerden".

2.1 Das geistliche Leben als Weg

a) Andeutungen im Alten Testament
Die Entscheidung für Gott ist vergleichbar einer Situation an einem Scheideweg: „Hiermit lege ich dir heute das Leben und das Glück, den Tod und das Unglück vor. Wenn du auf die Gebote des Herrn, deines Gottes, auf die ich dich heute verpflichte, hörst, indem du den Herrn, deinen Gott, liebst, auf seinen Wegen gehst und auf seine Gebote achtest, dann wirst du leben!" (Dtn 30,15f). Der Weg des Sünders führt in den Abgrund (vgl. Spr 21,8; Ps 1,6), der Weg des Gerechten ist gerade (vgl. 1 Sam 12,23; 1 Kön 8,36; Ps 101,2.6), er besteht im Einsatz für Gerechtigkeit, Treue und Friede (Spr 8,20; 12,28; Ps 119,30; Jes 59,8), er führt zum Leben (Spr 2,19; 6,23; Jer 21,8). Was der Herr vom Gerechten erwartet, faßt Micha (6,8) klassisch zusammen: „Recht tun, Güte und Treue lieben, und in Ehrfurcht den Weg gehen mit deinem Gott."
Die unbegreiflichen Wege Gottes, die wie der Himmel so hoch über unseren Gedanken liegen (vgl. Jes 55,8–9), führen den Menschen immer von neuem zum Aufbruch, zum Auszug, zum Exodus: Das ist in der Berufung Abrahams beispielhaft verwirklicht (Gen 12,1–5); die Herausführung aus Ägypten, die das Volk Israel als Befreiung erfuhr, folgte nicht der kürzesten Route, sie war zugleich ein spiritueller Läuterungsprozeß (Ex 13,17–18; Dtn 8,2). Das Volk Israel im babyloni-

schen Exil schließlich hoffte auf einen neuen Exodus, auf eine Erneuerung der Befreiungstat Gottes (vgl. Jes 40–55).

b) Christsein als Weg im Neuen Testament

Das Bild vom Weg erscheint in den Schriften des NT in verschiedener Akzentuierung: als Ausdruck für das konkrete Leben mit Gott nach seinem Willen, als Christustitel, sowie unter dem Aspekt des Laufens und Pilgerns.

– Christliches Leben als Weg: Die Sprechweise von den beiden Wegen, dem Weg des Lebens und dem Weg des Verderbens, findet sich in einem Wort Jesu wieder (Mt 7,13f). Bisweilen wird die christliche Lebensform in der Apg einfachhin „Weg“ genannt (Apg 9,2; 19,9.23; 22,4; 24,14.22). Die „Einlaßsprüche“, jene Worte der Evangelienüberlieferung, die Bedingungen für den Eintritt in das Gottesreich nennen, konkretisieren diesen Weg (Mt 5,20; 7,21; 18,3; 19,23–24; 21,31; 22,12; 23,13; 25,10. 21.23; Mk 9,47; Joh 3,5).

Der entscheidende erste Schritt auf diesem Weg ist die Bekehrung, die Umkehr, das Aufgeben der verkehrten Richtung (vgl. Mk 1,15). Das Weitergehen auf diesem Weg wird im Ruf in die Nachfolge sichtbar.

– Jesus als der Weg: Diese Weg-Aussagen erhalten in der Ich-bin-Aussage des Johannes-Evangeliums ihre letzte Tiefe: „Ich bin der Weg“ (Joh 14,6). *Der* Weg zu Gott ist der Sohn, der Fleisch geworden ist; niemand kommt zum Vater, außer auf diesem Weg (vgl. Joh 14,6–9). Der Hebräerbrief nimmt diesen Gedanken ebenfalls auf, wenn er Jesus als „Urheber des Heiles“ (Hebr 2,10), als „Vorläufer“ (Hebr 6,20), als „Vollender des Glaubens“ (Hebr 12,2) bezeichnet. Er hat uns den „neuen und lebendigen Weg“ erschlossen (Hebr 10,19–22). Er unterstützt den Weg der Gläubigen zum himmlischen Jerusalem (Hebr 12,22), indem er für uns eintritt (Hebr 7,25).

– Laufen – Pilgern: In den bisher behandelten Aspekten der Weg-Thematik war Weg Ausdruck des Heils-Weges, den Gott selbst eröffnet. Die beiden Momente des Laufens und des Pilgerns ziehen daraus Folgerungen für das konkrete geistliche Leben.

Paulus vergleicht die Anstrengung und Bemühung, die für das christliche Leben nötig ist, mit einem Wettkampf (1 Kor 9,24–27): Die Enthaltung des Athleten ist Vorbild für das Verhalten des Christen, der Läufer „vergißt, was hinter ihm liegt“, er konzentriert sich auf das Ziel (Phil 3,13–14). In diesem Sinn mahnt auch der Hebräerbrief: „Laßt uns mit Ausdauer in dem Wettkampf laufen, der uns aufgetragen ist, und dabei auf Jesus blicken, den Urheber und Vollender des Glaubens“ (Hebr 12,2).

Das Gottesvolk des NT ist wie das Volk Israel eine Wandergemeinschaft: Wir sind „Fremde und Gäste auf Erden“ (Hebr 11,13) „wir haben hier keine Stadt, die bestehen bleibt, sondern wir suchen die künftige“ (Hebr 13,14). Als „Fremde und Gäste“ in dieser Welt (1 Petr 2,11; vgl. 1,1) sollen wir nicht den irdischen Begierden nachgeben. „Unsere Heimat ist im Himmel. Von dorther erwarten wir auch Jesus Christus, den Herrn, als Retter“ (Phil 3,20).

2.2 Das geistliche Leben als Reifwerden und als Wachstum

Neben dem Bild vom Weg spricht das NT auch vom Wachstum und vom Reifwerden des Christen; der Beginn des geistlichen Lebens in der Taufe birgt Impulse, die zur Entfaltung drängen.

a) Die Taufe als Gabe und Aufgabe
Das Christsein hat in der Taufe seinen Ursprung, im „Bad der Wiedergeburt und der Erneuerung im Heiligen Geist“ (Tit 3,5). Darin tritt der Glaubende ein in die Lebensgemeinschaft mit dem gekreuzigten und auferstandenen Herrn (vgl. Röm 6,3–5; Gal 2,20; Phil 1,20f), er wird Kind Gottes (vgl. Joh 1,12–13; 3,1–5) und Glied der Kirche (vgl. Apg 2,38–41; 1 Kor 12,13; Eph 5,25f). Die Heilsgabe schenkt mit der neuen Nähe zu Gott Vergebung der Sünden (vgl. Apg 2,38). Schließlich ist die Taufe Besiegelung durch den Heiligen Geist (2 Kor 1,22; Eph 1,13; 4,30). Die Gabe der Taufe setzt beim Erwachsenen Glaube und Umkehr voraus (vgl. Apg 2,38; 16,30–33), wobei der rufende und berufende Herr diese Bereitschaft und diese Antwort ermöglicht und trägt.
Die Gabe der Taufe ist zugleich Aufgabe: Wir sollen als neue Menschen leben (Röm 6,4). Das Aufgegebensein der Gabe der Taufe wird in der paulinischen Literatur besonders dadurch unterstrichen, daß aus dem Heilsindikativ der Taufe der Imperativ des christlichen Lebens folgt: Wir sind vom Sklaven- oder Kriegsdienst der Sünde in den Dienst Gottes hinübergewechselt (Röm 6,12–14.16–23). Wir *sind* durch Christus mit Gott versöhnt, aber wir *sollen* uns auch mit Gott versöhnen lassen (vgl. 2 Kor 5,19.20). Der Geist Gottes wohnt in uns und treibt uns an, aber wir *sollen* uns auch antreiben lassen und die Werke des Fleisches töten (vgl. Röm 8,11.13); wir leben im Geiste, *sollen* nun aber auch dem Geist folgen (vgl. Gal 5,25). Wir *sind* mit Christus gestorben und *sollen* nun töten, was an uns irdisch ist (vgl. Kol 3,3.5). Unser alter Mensch wurde gekreuzigt (vgl. Röm 6,6), aber wir *sollen* wiederum den alten Menschen ablegen und den neuen anziehen (vgl. Eph 4,22–24; vgl. Kol 3,9f).

Im Getauftsein wird schon die Dynamik des christlichen Lebens sichtbar, die Vorgabe Gottes fordert die Entsprechung des Menschen heraus, um die er sich in kleinen Schritten ein Leben lang bemühen muß, bis er zur Fülle der Christusgemeinschaft gelangt. Der Geist ist Angeld und Erstlingsgabe der künftigen Herrlichkeit (vgl. 2 Kor 1,22; 5,5; Röm 8,23).

b) Reifen – Voranschreiten – Wachsen

Diese dem Getauften aufgegebene Bemühung um Entfaltung des Lebens im Geiste wird durch eine Reihe von Begriffspaaren verdeutlicht, die aus der menschlichen Entwicklung genommen sind:

– Kinder/Erwachsene: Die Korinther sind als in Christus Neugeborene noch nicht fähig, feste Nahrung zu sich zu nehmen (1 Kor 3,1–3; vgl. Hebr 5,11–14): Sie stehen noch nicht fest im Guten, sie sind noch „irdisch" eingestellt. Sie werden vom Widerstreit der Meinungen „hin und hergetrieben" (vgl. Eph 4,14).

– Unvollkommene/Vollkommene: Die Christen sollten „Vollkommene" sein (1 Kor 2,6; 14,20; Phil 3,15; Kol 4,12; Hebr 5,14). Durch Ausdauer sollen die Gläubigen dorthin gelangen (vgl. Jak 1,4).

– Unwissende/Meister: „Verständige" sollten die Christen sein (2 Kor 10,14); sie sollen wachsen in der Erkenntnis Christi (Kol 1,10; vgl. Hebr 5,11–14).

– Fleischliche/Geistliche: Der „Wandel im Fleisch", in der sündigen Verflochtenheit, wird Gal 5,16–26 dem Wandel im Geist gegenübergestellt; dem entsprechend kann man von einem „irdisch gesinnten Menschen" und von einem „geisterfüllten Menschen" sprechen (1 Kor 2,10–16).

Letztlich ist Christus das Leben (Joh 14,6; Phil 1,21; Kol 3,4). Intensivierung der Beziehung mit Christus, dem Leben, bedeutet Reifwerden und Wachsen – hin zur Vollendung. Es geht um die Gleichgestaltung mit dem Bild Gottes, das Christus ist (vgl. Röm 8,29; 2 Kor 3,18). Es geht um das Wachstum in Christus hinein. „So sollen wir alle zur Einheit im Glauben und in der Erkenntnis des Sohnes Gottes gelangen, damit wir zum vollkommenen Menschen werden und Christus in seiner vollendeten Gestalt darstellen" (Eph 4,13; vgl. V. 15f).

2.3 Zusammenfassung

Christsein bedeutet Unterwegssein, Leben, Wachstum. Gott ist es, der uns auf den Weg setzt, der uns das Leben schenkt. Das Ziel, die Gottesgemeinschaft, steht in einem gewissen Sinn schon am Beginn.

Der Rufende ermöglicht und begleitet das Gehen auf dem Weg, das Wachsen und Reifen, das allerdings nicht ungefährdet ist, denn der Schatz wird in zerbrechlichen Gefäßen getragen (vgl. 2 Kor 4,17).

3. Modelle des geistlichen Weges in der Geschichte der christlichen Spiritualität

Während die neutestamentlichen Schriften das Unterwegssein des Christen allgemein als wesentliches Element seiner Berufung darstellen, wurden in der Geschichte der christlichen Spiritualität immer wieder detailliertere Weg-Skizzen versucht; das grundlegende Unterwegssein wird zu einem Weg-Plan konkretisiert. Damit sind bisweilen auch Engführungen gegeben, denn der betreffende Autor hat in diese Weg-Beschreibung nicht nur seine eigene Lebensform und Berufung miteinfließen lassen, er hat auch den kultur- und zeitgeschichtlichen Kontext einbezogen. Nicht wenige der Wegmodelle waren auf eine kontemplative Lebensform zugeschnitten; nicht wenige bedienten sich eines Aufstiegsschemas, das sehr stark von der neuplatonischen Philosophie beeinflußt war.

3.1 Die beiden Wege

Diese in Mt 7,13f anklingende Thematik wird in der Didaché („Lehre der Apostel", 1. Hälfte des 2. Jahrhunderts) als Grundform einer Unterweisung über das christliche Leben verwendet: „Zwei Wege gibt es. Der eine ist der Weg des Lebens, der andere der des Todes. Zwischen beiden Wegen aber besteht ein großer Unterschied"[94]. Auch der Barnabasbrief (um 130) spricht in ähnlichem Sinn vom Weg des Lichtes und der Finsternis[95].

3.2 Das Ideal des „wahren Gnostikers"

a) Klemens von Alexandrien († vor 215) sieht das geistliche Leben als Aufstieg zur „Gnosis", zur vollkommenen Erkenntnis Gottes, in der auch die mystische Gotteserfahrung der Kontemplation enthalten ist. Diese Gnosis ist verbunden mit dem „Halten der Gebote", mit der Liebe der Agape und mit der Apatheia (jenem Zustand, der dem Menschen die Herrschaft über seine widerstrebenden und auseinanderstrebenden Empfindungen und Affekte gestattet, ihn „unerschütterlich" macht). Wenn auch bei Klemens „Gnosis" nicht im Sinn des Gnosti-

zismus, sondern als „Erkennen“ im biblischen, vollpersonalen Sinn zu verstehen ist, so haften doch dieser Theologie noch die Eierschalen antiker Philosophie sehr merklich an, besonders hinsichtlich der sehr stoisch konzipierten „Apatheia“.[96]
b) Origenes († 253/54) sieht ebenfalls das Ziel der Vollkommenheit in der „Gnosis“. Eine konkretere Aussage findet sich z. B. in einer seiner Homilien zum Buch Numeri, wo er den „Lagerkatalog“ (Num 33) als Beschreibung der einzelnen Etappen des Weges der Christen von der Knechtschaft der Sünde (Ägypten) in das Gelobte Land der Vollkommenheit interpretiert[97].

3.3 Fortschritt in der Liebe

a) Augustinus († 430), der die Liebe in das Zentrum des geistlichen Lebens stellt, versteht den spirituellen Fortschritt als Wachstum der Liebe: „Je mehr du liebst, um so höher steigst du!“[98] Daher spricht er von der anfangenden, fortschreitenden, großen und vollkommenen Liebe. Auf diesem Weg zur vollkommenen Liebe gibt es kein Stehenbleiben: „Immer mißfalle dir, was du bist, willst du zu dem gelangen, was du noch nicht bist. Denn wo du dir wohlgefielst, dort bliebst du schon hängen. Und sagst du gar: ‚Es genügt‘, so gingst du auch schon zugrunde. Immer füge hinzu, immer wandre, immer schreite voran: bleibe nicht stehn auf dem Weg, kehre nicht um, weiche nicht ab. Zurück bleibt, wer nicht fortschreitet; rückwärts geht, wer dorthin zurückkommt, von wo er schon wegschritt; vom Wege weicht, wer vom Glauben weicht. Besser ein Hinkender auf dem Weg, als ein Renner außer dem Weg.“[99]
b) Diesen augustinischen Gedanken vom Wachstum der Liebe hat im besonderen Bernhard von Clairvaux († 1153) aufgenommen. Er hat die Stufen der Liebe deutlich markiert, die aus dem „Bereich der Unähnlichkeit“ (regio dissimilitudinis) zur Vereinigung mit Gott führen: Von der irdischen Liebe (amor carnalis) und von der Liebe des Knechtes (amor servilis) geht es zur Liebe des Kindes (amor filialis), die in der mystischen Vereinigung ihre Vollendung findet.[100]

3.4 Der dreifache Weg

a) Eine Dreiteilung des geistlichen Weges, die bei den bisher behandelten Autoren schon anklang, wird im Osten besonders durch Evagrius Ponticus († 399) ausdrücklich gemacht: Auf das „aktive“ Leben der Aszese (als Reinigung der Seele und Einübung der Tugenden) folgt das

„gnostische" Leben, das sich wieder in zwei Stufen gliedert: in die „physische" Kontemplation (eine auf die Geschöpfe bezogene Beschauung) und in die „Theologia", die mystische Kontemplation im eigentlichen Sinn.

b) Diese Theorie ist ebenso stark von platonischem Denken beeinflußt wie der Dreischritt des geistlichen Lebens, der in den Schriften begegnet, die dem (Pseudo-)Dionysius Areopagita (vgl. Apg 17,34) zugeschrieben werden (entstanden Ende des 5. Jh.s): Darin ist die Rede von Reinigung, Erleuchtung und Einigung.

c) Der hl. Thomas von Aquin († 1274) griff sowohl die augustinischen Stufen der Liebe als auch das dionysische Schema auf und formulierte eine Synthese dieser Skizzen des geistlichen Weges. Dazu fügte er noch einen anthropologischen Gesichtspunkt: Der geistliche Weg wird analog dem Wachstum und der Entwicklung eines Menschen gesehen: „Zunächst muß der Mensch sich hauptsächlich bemühen, von der Sünde zu lassen und seinen Begierden zu widerstehen, die ihn zum Gegenpol der Gottesliebe treiben. Das ist Sache der Anfangenden . . .

Dann folgt die zweite Bemühung, daß der Mensch hauptsächlich danach trachte, wie er im Guten voranschreiten könne. Und dieses Bemühen ist Sache der Fortschreitenden . . .

Die dritte Bemühung liegt darin, daß der Mensch hauptsächlich danach trachte, Gott gänzlich anzuhangen und in ihm selig zu sein. Und das ist Sache der Vollendeten."[101]

3.5 „Pilgerweg der Seele zu Gott"

Unter den Schriften des Mittelalters, die vom Weg des Menschen sprechen, ist das Werk des hl. Bonaventura († 1274) Itinerarium mentis in Deum (Pilgerweg der Seele zu Gott) besonders bedeutungsvoll, weil sich darin die augustinische Tradition und die franziskanische Mystik vereint. Im Vergleich zu den bisher behandelten Schemata zeichnet sich das von Bonaventura Gebotene durch größere Breite aus:

„Für uns Menschen im Pilgerstande ist nämlich die Gesamtheit der Dinge eine Leiter, die uns zu Gott emporführt. Von den Geschöpfen sind nun aber die einen Spur, die anderen Bild, die einen körperlich, die anderen geistig, die einen zeitlich, die anderen von ewiger Dauer; und somit die einen außer uns, die anderen in uns. Um nun zur Betrachtung des Urgrundes zu gelangen, der ganz geistig, ewig und über uns erhaben ist, müssen wir der Spur nachgehen, die körperlich, zeitlich und außer uns ist; und das heißt: *geführt werden auf dem*

Wege Gottes. Wir müssen in unsere Seele eintreten, die ein Bild Gottes ist, von ewiger Dauer, geistig und in uns; und das heißt: *wandeln in der Wahrheit Gottes*. Wir müssen endlich zum Ewigen, ganz Geistigen hinaufsteigen; und das heißt: *sich freuen in der Erkenntnis Gottes* und der Ehrfurcht vor seiner Majestät."[102]

3.6 Der Weg zur Vollkommenheit

Die hl. Teresa von Avila († 1582) schildert in ihren Schriften im Grunde immer ihren eigenen Weg, den Gott sie geführt hat. In dem wohl bekanntesten Werk, der „Inneren Burg", wird der geistliche Weg als Durchschreiten von sieben Wohnungen geschildert, die zugleich Stufen des Gebetes darstellen. Auch in den anderen Schriften wird von Stufen des Gebetes gesprochen, so z. B. in der „Vida"[103], wo vom betrachtenden Gebet (der Meditation), sodann vom Gebet der Ruhe, von dem der Trunkenheit der Liebe und schließlich vom Gebet der Vereinigung die Rede ist.

3.7 Aufstieg zum Berge Karmel

Der hl. Johannes vom Kreuz († 1591) bedient sich des Bildes vom Bergaufstieg und des Bildes von der Nacht, um die Etappen des geistlichen Lebens darzustellen. Die Nacht, die zugleich Reinigung und Begegnung mit dem unbegreiflichen Gott darstellt, betrifft den ganzen Menschen, in seiner sinnenhaften und in seiner geistigen Dimension; deshalb ist die Rede von einer Nacht der Sinne und einer Nacht des Geistes. Da die Reinigung und Läuterung dem Menschen aufgegeben ist, spricht der Kirchenlehrer von einer aktiven Nacht; dem entspricht ein reinigendes Tun Gottes (passive Nacht).[104]

3.8 Der „kleine Weg"

Bei den geistlichen Autoren der Neuzeit wird wiederholt der Anspruch erhoben, einen „einfachen" Weg zu Gott zu zeigen. Die Formel vom „kleinen Weg" wurde von der hl. Theresia von Lisieux († 1897) geprägt: Sie stellt ihn als Emporgehobenwerden durch den Lift dar – im Gegensatz zum mühsamen Steigen über Treppen. Diesen Weg beschreibt sie als „Weg der geistigen Kindheit", als „Weg des Vertrauens und der vollkommenen Hingabe". Diese Haltung soll sich gerade in den alltäglichen und geringsten Dingen artikulieren[105].

4. Der geistliche Weg des Christen heute

Die Aussagen der Heiligen Schrift von der Dynamik des geistlichen Lebens sprechen allgemein vom Weg und vom sich entfaltenden Leben. Geistliches Leben braucht „Zeit", ist unterwegs, kein Zustand darf absolut gesetzt werden. Die konkreten Modelle des geistlichen Weges, die aus der Geschichte der christlichen Spiritualität vorgestellt wurden, waren aber teilweise sehr eng an einem kontemplativen Lebensideal orientiert und manche dieser Weg-Skizzen waren auch sehr stark von Denkkategorien platonischer Philosophie bestimmt. Daher stellt sich die Aufgabe, den geistlichen Weg des Christen von der theologischen Anthropologie aus zu entfalten; er soll auch in einer solchen Breite beschrieben werden, daß der Christ heute, in welcher konkreten Lebensform er sich auch befinden mag, darin eine Weg-Weisung sehen kann.

4.1 Der geistliche Weg als Wachstum der Gnade

Die Thematik des geistlichen Weges darf sich nicht nur in einer Beschreibung nacheinander liegender Zustände und Stufen erschöpfen. Es ist ja das von Gott erweckte und geschenkte Leben, um dessen Wachstum es geht. Der geistliche Weg kann theologisch nur innerhalb des dialogischen Charakters des geistlichen Lebens gesehen werden.

a) Wenn das Wachstum des geistlichen Lebens als „Vermehrung der heiligmachenden Gnade" verstanden wird, ist darauf zu achten, daß dies nicht in einem quantitativen Sinn mißverstanden wird. Wenn aber Gnade mit personalen und nicht mit dinghaften Kategorien dargestellt und interpretiert wird, dann bedeutet der geistliche Weg, daß die Lebensgemeinschaft mit Gott immer intensiver wird.
Quell dieser Lebensbewegung ist jene Lebensgemeinschaft mit dem Vater, die uns durch Christus eröffnet und im Heiligen Geist geschenkt ist, in die wir antwortend durch Glaube, Hoffnung und Liebe eintreten. Wachstum ist dann gegeben, wenn diese Vollzüge intensiver werden. Dies ist nicht so sehr hinsichtlich des Erlebens, das absorbierend und das Bewußtsein in Beschlag nehmend wirkt, gemeint, sondern hinsichtlich der größeren personalen Tiefe: Von einem Wachstum des geistlichen Lebens kann man dann sprechen, wenn es dem Menschen gelingt, „durch personal immer tiefere Akte immer totaler über sich selbst zu verfügen. Die Unmöglichkeit, in jedem Augenblick total über sich selbst verfügen zu können, die

Unmöglichkeit, durch jeden Akt in jedem Augenblick sich selbst total zu dem zu machen, was man sein will, ist nun nichts anderes als das, was Konkupiszenz im streng theologischen Sinn des Wortes heißt (im Gegensatz zur landläufigen moralischen Deutung des Wortes). Das Wachsen in dieser Möglichkeit ist also nichts anderes als das Wachsen in der Überwindung der Konkupiszenz.“ (Karl Rahner)[106]

b) Die konkrete Gestalt des geistlichen Weges ist geprägt von der Individualität des einzelnen und seinen verschiedenen Lebensräumen; ein Schema des geistlichen Wachstums heute wird daher eine größere Offenheit als Weg-Skizzen der Tradition aufweisen müssen. Zu diesen Bezügen, die zu berücksichtigen sind, gehört:

– Die individuelle Situation mit ihrer Veranlagung, mit der biographischen Komponente, die durch die Etappen des Kindseins, der Jugend, des Erwachsenen und schließlich des alternden Menschen bestimmt wird. Dazu kommt, daß der einzelne auch durch Ereignisse seines Lebens oder seiner Mitwelt und Umwelt, die seiner freien Entscheidung entzogen sind, wesentlich bestimmt wird. Schließlich ist jeder auch durch seine eigene Geschichte bestimmt, denn jedes Geschehen im Geistig-Personalen wird auch durch das geprägt, was dieser Gegebenheit unmittelbar vorausging.

– Das Bedenken des geistlichen Weges darf nicht die soziale und gesellschaftliche Dimension jedes Menschenlebens und jeder individuellen Entfaltung außer acht lassen.

– Weiters ist der geistliche Entwicklungsgang bestimmt durch das Kirche-Sein, das Zur-Kirche-Gehören. Das Leben mit Christus wird genährt durch die Christusbegegnung der Sakramente.

4.2 Die Etappen des geistlichen Weges

Die eben genannten Voraussetzungen und Bedingungsfaktoren sind bei der nun folgenden Beschreibung der Entwicklungslinien des geistlichen Lebens immer mitzudenken.

a) Die christliche Initiation

Der Erwachsene tritt in die Christusgemeinschaft und damit in die Gemeinschaft der Kirche durch Glaube und Taufe ein. Auch jener, der als Kleinkind die Taufe empfing, soll die allem menschlichen Mühen zuvorkommende Gnade Gottes im Ja des Glaubens annehmen und in sein Leben integrieren:

Glaube und Umkehr stellen die Grundantwort auf Gottes Zuwendung dar (vgl. Mk 1,15). Es geht dabei um eine Trennung und eine Abkehr von anderen Orientierungen, es geht um eine entschiedene Hinkehr zu Gott, der in Jesus Christus unser endgültiges Heil ist. Für das geistliche Leben ist daher die ständige Orientierung an der Heiligen Schrift von großer Wichtigkeit; Lesung und Meditation werden immer wesentliche Elemente geistlichen Wachstums sein.

Die Lebensgemeinschaft mit Gott durch Christus im Heiligen Geist, die in der Taufe eröffnet wird, ist zugleich eine ständige Herausforderung. Christsein bedeutet, die Taufe leben.

Da die Taufe zugleich Eingliederung in die Kirche bedeutet, darf der geistliche Weg nicht individualistisch gesehen werden; echtes Wachstum geschieht nur im Teilnehmen am Leben der Gemeinschaft der Kirche. Dieses Mitleben hat in der Feier der Eucharistie seinen Höhepunkt, im Wahrnehmen von Aufgaben und Diensten seine Bewährung.

Schließlich zielt die Initiation in das Christsein auf das Einswerden des alltäglichen Lebens mit dem Leben in Christus hin.

Bei all diesen Aufgaben ist der Christ immer von neuem durch Schwierigkeiten bedroht; die Versuchung des Exodus kann ihn befallen, das Heimweh nach den Fleischtöpfen Ägyptens (Ex 16,3).

b) Die geistliche Reifung

Die Überwindung der Versuchung zur Rückkehr, zum Widerruf der Umkehr und des Glaubens, die intensive Bemühung um das Gebet in der Gemeinschaft der Kirche (Liturgie), aber auch im persönlichen Bereich, die Offenheit für die Anforderungen des Lebens und für die Aufgaben, die sich stellen, die fortschreitende Bemühung um Nachfolge Christi führen zur geistlichen Reife, die durch eine tiefere Harmonie der Persönlichkeit, durch das bewußtere Stehen in der Wahrheit des Evangeliums, durch sich hingebende Liebe zu Gott und den Mitmenschen und durch eine vertiefte Verantwortlichkeit in der Kirche und in der Gesellschaft gekennzeichnet ist.

Die spirituelle Tradition spricht in diesem Zusammenhang von einer „zweiten Bekehrung"[107]. Nach Andeutungen bei Johannes Tauler († 1361), Heinrich Seuse († 1366) und Katharina von Siena († 1380) hat im besonderen der Jesuit Louis Lallemant († 1635) diesen Begriff geprägt: „Die meisten Heiligen und auch Ordensleute, die zur Vollkommenheit gelangen wollen, erleben für gewöhnlich zwei Bekehrungen: die erste, bei der sie sich dem Dienste Gottes weihen, eine weitere, wenn sie sich endgültig zur Vollkommenheit entschließen."[108]

Heinz Schürmann beschreibt die zweite Bekehrung im Anschluß daran als die „Tat aller Taten", die sich vor allem in der liebenden

Auslieferung an den liebenden Gott im gegenwärtigen Augenblick und damit auch im Aufgeben des letzten Widerstandes, im Darbieten des letzten Opfers artikuliert[109].

Ausgehend von Andeutungen der paulinischen Briefe ließe sich der Impuls der geistlichen Reifung in folgende Richtungen konkretisieren:

– „Freiheit der Kinder Gottes" (vgl. Gal 4,1–11): Der Christ sollte frei werden „von den Göttern, die in Wirklichkeit keine sind" (Gal 4,8), von den „Elementarmächten dieser Welt" (Gal 4,3). Dieses Freisein des einzelnen schließt eine Bemühung um Befreiung anderer aus dem „Teufelskreis des Todes" ein, den Jürgen Moltmann im Teufelskreis der Armut, der Gewalt, der rassischen und kulturellen Entfremdung, der Naturzerstörung sowie der Sinnlosigkeit und Gottverlassenheit gegeben sieht.[110]

– Fester und personaler Glaube: Der reife Glaube ist konzentriert auf Jesus Christus, in dem Gott sich uns erschlossen hat. Die allzu große Faszination bald von diesem, bald von jenem Phänomen geistlicher Erfahrung ist ein Zeichen eines noch „kindhaften" Glaubens (vgl. Eph 4,14). Modell dieses unverrückbaren Feststehens ist Abraham (vgl. Röm 4,1–22; Hebr 11,8–19) und die Gottesmutter Maria (vgl. Lk 1,38.45), die uns auf dem Weg des Glaubens vorangeht.[111]

– Geistliche Unterscheidung: Die Intensität der Lebensgemeinschaft mit Christus führt zur Fähigkeit, zu prüfen und zu erkennen, „was der Wille Gottes ist: was ihm gefällt, was gut und vollkommen ist" (Röm 12,2). Das tiefere Eindringen in das Geheimnis Christi (vgl. Eph 1,15–17; Kol 1,9–11) führt auch zu einem tieferen Erkennen der eigenen Berufung, des eigenen Weges.

– Liebe und Offenheit: Während der „Anfänger" des geistlichen Lebens noch sehr stark „das Seine" sucht, ist es ein Zeichen geistlicher Reife, wenn die selbstlose Liebe zum Nächsten als Mitte des Christseins gelebt wird.

c) Die Vereinigung mit Gott

„Vereinigung" darf nicht in dem Sinn verstanden werden, daß die zuvor beschriebenen Etappen eine Trennung von Gott beinhaltet hätten. Die Vereinigung mit Gott steht grundlegend schon am Beginn des geistlichen Weges. Aber der volle Einklang des menschlichen Lebens mit dieser Lebensgemeinschaft mit Gott braucht Zeit, muß den Weg des Anfangs und die Phasen des Reifwerdens hinter sich bringen. Allerdings darf diese Phase der Vereinigung mit Gott nicht als Zustand gesehen werden, der keiner Steigerung mehr fähig wäre; im Gegenteil:

unsere irdische Gemeinschaft mit Gott ist nie am Ende, so daß man sich zur Ruhe setzen könnte.
Diese Vereinigung mit Gott als Ziel des geistlichen Lebens ist dann gegeben, wenn der Christ von der Gemeinschaft mit dem dreifaltigen Gott ganz durchformt ist, wenn Glaube, Hoffnung und Liebe zur vollen Entfaltung, zu *der* Grundrichtung des Lebens geworden sind.
Eine wesentliche Komponente dieser Vereinigung ist die Intensität des Gebetes, das Gebet der Ruhe, das Gebet der Einfachheit, das auch Kontemplation und Beschauung genannt werden kann. Aber auch die anderen Dimensionen des geistlichen Lebens: das Leben mit anderen, das Leben in der Gemeinschaft der Kirche, das Leben in den Aufgaben dieser Welt wird ein Höchstmaß an Integration erfahren.
Vereinigung mit Gott muß nicht enthusiastische Formen annehmen, im Gegenteil: sie wird durch „nüchterne Trunkenheit“ gekennzeichnet sein.[112]

4. ABSCHNITT: DIE GEMEINSCHAFTSBEZOGENHEIT DES GEISTLICHEN LEBENS

Die bisher behandelten Aspekte der Grundgestalt des geistlichen Lebens haben schon sichtbar gemacht, daß geistliches Leben nicht in Vereinzelung existieren kann, sondern nur in der Gemeinschaft des Volkes Gottes. Diese grundlegende Gemeinschaftsbezogenheit der christlichen Spiritualität soll im folgenden näher bedacht werden.

1. Der Kirchenbezug der christlichen Spiritualität[113]

1.1 Die Beziehung des Christen zum Sakrament Kirche

a) In den Schriften des NT ist die Berufung des einzelnen Christen immer vom Gerufensein des Gottesvolkes insgesamt umfangen. Der Getaufte tritt in eine Gemeinschaft ein, wird dieser „hinzugefügt“: Diese hält fest „an der Lehre der Apostel und an der Gemeinschaft, am Brechen des Brotes und an den Geboten“ (vgl. Apg 2,41–42).
b) In der Geschichte der christlichen Spiritualität erfuhr diese selbstverständliche Gegebenheit nicht in jeder Epoche die gleiche Aufmerksamkeit. Wo dieses Eingebettetsein des einzelnen in die Kirche nicht in

Frage gestellt wurde, konnte diese Wirklichkeit im gegebenen, aber nicht ausdrücklich gemachten Hintergrund bleiben.
Beispielhaft sollen für diese ausdrückliche Beziehung zur Kirche als Raum des spirituellen Lebens einige Autoren genannt werden:
– In den Briefen des hl. Ignatius von Antiochien († um 110) findet sich, wohl gegenüber Tendenzen zur Abspaltung, die ständige Mahnung zur Einheit mit dem Bischof und damit zum ausdrücklichen Bejahen der größeren Gemeinschaft und zum Leben in der Kirche.
– Auch für das Mönchtum der Alten Kirche war der Bezug zur Kirche eine Selbstverständlichkeit. Abgesehen vom Engagement der Mönche am Leben der Kirche, z. B. in den christologischen Diskussionen zur Zeit der großen Konzilien, waren sie schon durch die sonntägliche Eucharistiefeier an die Kirche verwiesen.
– Die Eingliederung in die Kirche ist für Franz von Assisi († 1226) und seine Gemeinschaft der Minderbrüder von entscheidender Bedeutung. Er wollte diese Gemeinschaft – entgegen den Tendenzen anderer Armutsbewegungen – in der katholischen Kirche ansiedeln.
– Ignatius von Loyola († 1556) hat in sein Exerzitienbuch „Regeln für das rechte Gespür, das wir in der Kirche haben sollen" aufgenommen.[114] Die „Gesellschaft Jesu" hat sich ja in besonderer Weise der Kirche, konkret dem Papst zur Verfügung gestellt, um dort eingesetzt zu werden, wo es der Dienst des Evangeliums verlangt.[115]
– Die hl. Theresia von Lisieux († 1897) hat auch das kontemplative Leben als Dienst für die Kirche verstanden: Sie wollte im Herzen der Kirche für die Kirche die Berufung der Liebe leben, in der alle besonderen Berufungen in eins zusammenkommen.[116]
c) Jede echte christliche Spiritualität hat eine kirchliche Dimension: In den Leib Christi eingegliedert, haben wir teil an Jesu Tod und Auferstehung und damit am neuen Leben in seinem Heiligen Geist. Geistliches Leben darf daher nie individualistisch gesehen werden. Die Devise „Gott und die Seele" darf nie ohne das Umfeld Kirche verstanden werden.
Aus diesem kirchlichen Bezug jedes Christseins folgt aber auch die Verpflichtung, sich in der konkreten Kirche zu engagieren. Darauf hat das Zweite Vatikanische Konzil sehr deutlich hingewiesen.

1.2 Die Beziehung des Christen zu den Sakramenten der Kirche[117]

Mit dem Ursakrament Kirche tritt der einzelne Christ vor allem durch die Sakramente der Kirche in Beziehung. In den einzelnen Sakramenten verwirklicht sich Kirche als bleibendes Gegenwärtigsein der Heilswirklichkeit Christi in dieser Welt und für diese Welt: In einem zeichenhaften Tun der Kirche erfährt der einzelne in den Sakramenten die heilshafte Begegnung mit Christus, dem Erlöser, bezogen auf eine Grundsituation seines Lebens.

a) Die Wirklichkeit des geistlichen Lebens als Gemeinschaft mit Gott durch Christus im Heiligen Geist wird dem einzelnen in der Taufe eröffnet. Darin erfährt er auch die Befähigung zur Antwort des Glaubens, der Hoffnung und der Liebe. In der Firmung wird diese Wirklichkeit als Gabe und Aufgabe, als Lebensvollzug im Heiligen Geist gegeben und damit die Taufe vollendet.
b) Die Gemeinschaft mit Christus und die Gemeinschaft mit allen, die in Christus sind und zur Kirche gehören, wird in der Eucharistie gefeiert und verwirklicht. Das Herrenmahl orientiert zugleich auf den zur Vollendung kommenden Herrn.
c) Der Christ ist in seinem Unterwegssein immer von neuem bedroht und versucht, er trägt den Schatz in zerbrechlichen Gefäßen. Der Herr ist immer zur Vergebung für den Umkehrenden bereit. Dem Sünder wird Vergebung geschenkt im Sakrament der Buße: Versöhnung mit Gott und mit der Kirche.
d) Dem Christen, der durch eine schwere Krankheit bedroht ist, begegnet der Herr durch die Krankensalbung, um ihn aufzurichten und um ihm die Sünden zu vergeben.
e) Schließlich ist die Lebensform der Ehe für den Christen Sakrament, Ausdruck der Liebe Christi zu seiner Kirche. Ebenso gründet die Lebensform des Bischofs, Priesters und Diakons in der sakramentalen Weihe, in einem dauernden In-Dienst-Genommensein durch Christus für die Kirche.

2. Der Christ in der Gemeinschaft der Heiligen

Das geistliche Leben des Christen ist nicht nur durch den Bezug zur Gemeinschaft der Glaubenden auf Erden geprägt, sondern auch durch die umfassende Gemeinschaft mit allen, die „in Christus" sind, die das Ziel der unverlierbaren Gemeinschaft mit Christus schon erreicht haben.

2.1 Communio sanctorum – Gemeinschaft der Heiligen[118]

a) Seit dem 5. Jahrhundert ist im Glaubensbekenntnis der Römischen Kirche (im „Apostolischen" Glaubensbekenntnis) der Glaubensarti-

kel „communio sanctorum“ bezeugt; damit ist wohl primär Kirche als Gemeinschaft an den Heilsgütern gemeint. „Die Communio gründet sowohl auf dem Sakramentalen (vor allem der Eucharistie) wie auf dem Juristischen: der Vollmacht des Bischofs, der die Gemeinde leitet und sie auch nach außen repräsentiert; nur wer mit ihm Eucharistie feiert, also auch die Communio zwischen Gemeinde und Bischof anerkennt, gehört zur Catholica.“ (Hans Urs von Balthasar)[119]. Die Kirche ist also Gemeinschaft mit dem Heiligen: geistgewirkte Gemeinschaft mit Christus und durch ihn mit dem Vater, sichtbar in der konkreten Gemeinschaft der Gemeinden und Ortskirchen.
b) Der Ausdruck „Gemeinschaft der Heiligen“ als Gemeinschaft an den „sancta“ (Heilsgütern) hatte schon in der Zeit der Väter eine zweite Dimension: die Gemeinschaft der „sancti“, der heiligen Menschen. So erklärt z. B. der Bischof Faustus von Riez († 490/500): „Laßt uns glauben an die Gemeinschaft der Heiligen, aber laßt uns die Heiligen verehren nicht so sehr anstelle Gottes, als zu Gottes Ehre und Herrlichkeit.“[120]

2.2 Die Verehrung der Heiligen

a) Geschichtliche Entwicklungslinien[121]
Die ganze Gemeinschaft der Getauften ist ein heiliges, Gott gehöriges, priesterliches Gottesvolk (vgl. 1 Petr 2,9f), die Hervorhebung einzelner Glieder dieses Gottesvolkes kannte man zu Anfang noch nicht. Allerdings versammelte man sich schon sehr früh am Todestag beim Grab des Verstorbenen, um Eucharistie zu feiern. Den Todestag der Märtyrer beging die ganze Gemeinde. Der erste dieser Zeugen des Glaubens, dem kultische Verehrung zuteil wurde, war wohl der hl. Polykarp von Smyrna († 156). Neben den Märtyrern wurden schon früh die Apostel verehrt als die von Christus unmittelbar berufenen Zeugen, nach dem Ende der Verfolgungen auch bedeutende Bischöfe: z. B. im Osten Gregor der Wundertäter († um 270) und in der Westkirche Martin von Tours († 397).
Im Mittelalter läßt sich eine sehr intensive Hinwendung zu den Heiligen beobachten, die teilweise nicht unbedenkliche Auswüchse zeigte (wie z. B. übersteigerte Reliquienverehrung und Wundersucht). In dieser Zeit wurden den Heiligen auch gewisse Zuständigkeiten zugewiesen.
Um einer unkontrollierten Ausweitung der Heiligenverehrung entgegenzuwirken, bildete sich ein kirchliches Verfahren der Heiligspre-

chung heraus. Ausgangspunkt dafür war wohl die Heiligsprechung des Bischofs Ulrich von Augsburg († 973) durch Papst Johannes XV. auf einer römischen Synode 993. Im 12./13. Jahrhundert beanspruchten die Päpste das alleinige Recht der Kanonisation. Um den immer zahlreicher werdenden Anträgen begegnen zu können, wurde die Prüfungsordnung mehrmals verschärft. Die heutigen Bestimmungen gehen im wesentlichen auf Benedikt XIV. (1740–1758) zurück: Noch als Kardinal Prosper Lambertini verfaßte er eine vierbändige Abhandlung „De servorum Dei beatificatione et beatorum canonisatione" (Bologna 1734–1738).

b) Theologische Reflexion[122]

Die Verehrung der Heiligen darf nicht anstelle Gottes, sondern zu Gottes Ehre und Herrlichkeit geschehen, so hat Bischof Faustus von Riez († 490/500) erklärt. Diese Gefahr der Übertreibung ist besonders im Mittelalter akut gewesen. Gegenüber der Bestreitung der Heiligenverehrung durch die Reformatoren hat das Konzil von Trient deren grundsätzliche Berechtigung herausgestellt: In der 25. Sitzung des Konzils am 3. Dezember 1563 wurde ein diesbezügliches Dekret verabschiedet[123].

Für die theologische Sinngebung der Heiligenverehrung in der Gegenwart kann auf die 1964 verkündete Kirchenkonstitution des 2. Vatikanischen Konzils verwiesen werden; das Dokument nimmt zu diesen Fragen im 7. Kapitel (Der endzeitliche Charakter der pilgernden Kirche und ihre Einheit mit der himmlischen Kirche) Stellung.[124]

Die Einheit mit den in Christus Verstorbenen wird sehr eindringlich betont: „Wir alle haben, wenn auch in verschiedenem Grad und auf verschiedene Weise, Gemeinschaft in derselben Gottes- und Nächstenliebe und singen unserem Gott denselben Lobgesang der Herrlichkeit."[125]

Als Ausdruck dieser Gemeinschaft wird auf die bleibende Gebetsverbundenheit hingewiesen: „Denn in die Heimat aufgenommen und dem Herrn gegenwärtig (vgl. 2 Kor 5,8), hören sie nicht auf, durch ihn, mit ihm und in ihm beim Vater für uns Fürbitte einzulegen."[126]

Das Beispiel der Heiligen ist ein weiterer Beweggrund unserer Zuwendung zu ihnen: „Wenn wir nämlich auf das Leben der treuen Nachfolger Christi schauen, erhalten wir neuen Antrieb, die künftige Stadt zu suchen (vgl. Hebr 13,14 und 11,10). Zugleich werden wir einen ganz sicheren Weg gewiesen, wie wir, jeder nach seinem Stand, durch die irdischen Wechselfälle hindurch zur vollkommenen Vereinigung mit Christus, nämlich zur Heiligkeit kommen können."[127]

„Aber nicht bloß um des Beispiels willen begehen wir das Gedächtnis

der Heiligen, sondern mehr noch, damit die Einheit der ganzen Kirche durch die Übung der brüderlichen Liebe im Geiste gestärkt werde (vgl. Eph 4,1–6)."[128] Der tiefste Grund dafür ist die Christozentrik echter Heiligenverehrung, auf die das Konzil so stark hinweist: „Jedes echte Zeugnis unserer Liebe zu den Heiligen zielt nämlich seiner Natur nach letztlich auf Christus, der ‚die Krone aller Heiligen' ist, und durch ihn auf Gott, der wunderbar in seinen Heiligen ist und in ihnen verherrlicht wird."[129]
Schließlich warnt das Konzil ebenso vor Mißbräuchen und Übertreibungen wie vor Unterlassungen[130].

2.3 Die Verehrung der Gottesmutter Maria[131]

Unter den Heiligen hat die Kirche und haben die einzelnen Christen die Jungfrau Maria immer in besonderer Weise verehrt.
a) Wenn für die Verehrung der Heiligen gilt, daß diese nicht an Stelle Gottes treten dürfen, daß vielmehr echte Heiligenverehrung letztlich zu Christus hinführt, dann gilt das auch für die Gottesmutter Maria: Das 2. Vatikanische Konzil hat in der 1964 verabschiedeten Kirchenkonstitution im 8. Kapitel über „Maria im Geheimnis Christi und der Kirche" gesprochen.[132] Diese Überschrift zeigt schon das Umfeld, in dem echte Marienverehrung ihren Platz hat: hingeordnet auf Christus, dessen Mutter sie war und ist, und bezogen auf die Kirche, deren Urbild und Anfang sie war und ist.
b) In der Nr. 60 der Kirchenkonstitution[133] wird ausdrücklich auf die eine und einzige Mittlerschaft Jesu Christi hingewiesen (vgl. 1 Tim 2,5–6), die durch die mütterliche Aufgabe Mariens gegenüber den Menschen nicht verdunkelt wird. Ausdrücklich betont dabei das Konzil, daß jeglicher heilsame Einfluß der seligen Jungfrau auf die Menschen sich auf die Mittlerschaft Christi stützt, von dieser völlig abhängt und aus ihr seine ganze Wirkkraft schöpft.
c) Über die „Verehrung der seligen Jungfrau in der Kirche" wird in den Nr. 66 und 67 ausführlich gesprochen[134]: Es wird auf die Berechtigung dieser Verehrung hingewiesen, zugleich aber gewarnt vor Übertreibungen wie vor zu großer Enge.

3. Die geistliche Führung[135]

Der Christ steht in seinem spirituellen Leben nicht allein, sondern in einer großen Gemeinschaft: im Volk Gottes und in der großen Communio aller, die „in Christus“ sind. Dieses geistliche Miteinander kann sehr konkret werden, wenn einer dem anderen auf seinem geistlichen Weg Unterstützung gewährt. Zu dieser Hilfe gehört die geistliche Führung (früher auch Seelenführung genannt). Mit diesem anspruchsvollen Wort ist nicht nur der begleitende Dienst des Priesters im Rahmen der Einzelbeichte gemeint. Vielmehr kann jedwedes Gespräch, das zu einem Bedenken des geistlichen Weges führt, das zu einer Hilfe wird für den Weg des anderen zu Gott, als geistliche Führung bezeichnet werden.

3.1 Die geistliche Führung in der Geschichte der Spiritualität

a) Das Mönchtum der Alten Kirche war sehr eng mit dem Institut der geistlichen Führung verbunden. Der Eremit in den Wüsten Ägyptens erwählte einen erfahrenen Mönch als geistlichen Vater (Abba), den er um Wegweisung bat. „Sag mir ein Wort, durch das ich Heil und Rettung erlange“ – so lautet fast stereotyp das Ersuchen um die geistliche Wegbegleitung.
Die Gemeinschaftsformen des Mönchtums haben im Suchen des Weges zur Heiligkeit in dieser Gemeinschaft ihren Grund und ihre Zielsetzung. So finden wir gerade in den Mönchsgemeinschaften die Gewissensrechenschaft dem Abt oder einem beauftragten Mönch gegenüber. Darin sollen die Antriebe und Motive für das Verhalten des einzelnen geklärt, ans Licht gebracht werden, um eine Täuschung und ein In-die-Irre-Gehen zu vermeiden.
b) Die Zurückhaltung, die einem geistlichen Begleiter ziemt, wird in besonderer Weise im Exerzitienbuch des hl. Ignatius von Loyola († 1556) deutlich: In den Anweisungen, die er dem Exerzitienbegleiter gibt, wird die Rolle und Aufgabe des geistlichen Führers deutlich. Er soll den Exerzitanden nicht von sich aus zu einem bestimmten Entschluß, zu einer bestimmten Entscheidung drängen, sondern „in der Mitte stehend wie eine Waage unmittelbar den Schöpfer mit dem Geschöpf wirken lassen und das Geschöpf mit seinem Schöpfer und Herrn“.[136] Der Exerzitienbegleiter – und damit der geistliche Führer – hat also nach Ignatius die Aufgabe, diese unmittelbare Kommunikation mit Gott zu erleichtern, indem er „Störsender“ ausschalten hilft und indem er als „Verstärker“ den direkten „Empfang“ erleichtert.
c) Das Institut der geistlichen Führung darf aber nicht verabsolutiert werden, denn es hat auch viele Heilige gegeben, die ihre Heiligkeit ohne einen „Meister“ gefunden haben. Josef Sudbrack SJ zählt dazu: Benedikt von Nursia, Bernhard von Clairvaux, Franz von Assisi,

Ignatius von Loyola, Theresia von Lisieux, Charles de Foucauld, Carlo Caretto, Mutter Teresa usw.[137]
Interessant ist die Stellungnahme der hl. Teresa von Avila († 1582), die meinte, vor die Wahl gestellt zwischen einem frommen, aber nicht sehr theologisch gebildeten, und einem gebildeten, aber nicht sehr frommen Beichtvater, würde sie den klugen und theologisch Gebildeten vorziehen.[138]

3.2 Die geistliche Führung – Führung durch den Heiligen Geist

a) Die geistliche Führung gründet in der Tatsache, daß der Mensch nie allein Mensch sein kann, daß der Christ nicht für sich allein Christ sein kann. Diese mitmenschliche Verflochtenheit im Guten und im Bösen ist eine Grundgegebenheit. Dadurch, daß der Sohn Gottes in dieses unser Menschsein eingetreten ist, als Mensch der Mittler zu Gott hin ist (vgl. 1 Tim 2,5), wurde diese mitmenschliche Verwiesenheit Instrument des Heils. Geistliche Beratung und Führung ist Ausdruck dieser menschlichen und christlichen Grunddimension.
b) Der geistliche Führer hat aber eine dienende Rolle, er muß wissen, „daß seine Grundaufgabe das Hinweisen ist auf den einen, der allein den Namen ‚Meister' verdient und der in dieser Weltzeit nur in ‚Bruchstücken', im ‚Spiegel' erkannt und erfahren wird." (Josef Sudbrack)[139]
Die geistliche Führung hat ihre Berechtigung darin, die Führung durch den Heiligen Geist zu ermöglichen und zu unterstützen. Wo aber eine Abhängigkeit zwischen Führer und Geführtem entstünde, wo spirituelle Unmündigkeit dabei kultiviert würde, dort wäre geistliche Führung in ihrem Sinn pervertiert.
c) Wie schon zuvor angedeutet, darf die Rolle eines geistlichen Führers nicht zu eng gesehen werden. Auch die Heilige Schrift, das geistliche Buch, menschliche Begegnungen und andere Umstände des Lebens können in einem entscheidenden Moment jene vermittelnden Elemente sein, deren sich der Geist Gottes bedient, um sich Gehör zu verschaffen.

Anmerkungen

1 Eine Zusammenfassung der biblischen, theologischen und spirituellen Aspekte dieses Topos bieten: R. Moretti, Inabitatione, in: DES I 970–986; R. Moretti – G.-M. Bertrand, Inhabitation, in: DSp VII/2, 1735–1767; M. Flick – Z. Alszeghy, Fundamenti di una antropologia teologica, Florenz 1970, 254–270

2 DS 3814f; NR 889

3 Z. B.: Kirchenkonstitution Nr. 4 u. 7; Offenbarungskonstitution Nr. 2 u. 6

4 Teresa von Avila, Die innere Burg. Herausgegeben u. übersetzt von F. Vogelsang, Zürich ²1979, 22.191

5 M. Philipon, Die Herrlichkeit des Ewigen. Die geistliche Lehre Schwester Elisabeths von der Heiligsten Dreifaltigkeit, Wien ³1966, 333

6 Ebda 332

7 Einen Überblick über die biblischen, theologischen und spirituellen Aspekte dieses Topos bieten: L. Scheffczyk (Hrsg.), Der Mensch als Bild Gottes, Darmstadt 1969; P. Lamarche – A. Solignac u. a., Image et ressemblance, in: DSp VII/2, 1402–1472; M. Flick – Z. Alszeghy, Fondamenti di una antropologia teologica, Florenz 1970, 62–73

8 Vgl. auch zu den Anm. 7 Genannten: J. Kirchmeyer, Grecque (Eglise), in: DSp VI 808–872 (s. bes. 812–822)

9 Vgl. R.-L. Oechslin, Image et ressemblance. V. Des mystiques rhénans au Carmel réformé, in: DSp VII/2, 1451–1463 (s. bes. 1451–1455)

10 Einen Überblick über die Aspekte dieses Topos bietet: E. des Places – I.-H. Dalmais u. a., Divinisation, in: DSp III 1371–1459

11 Brief an die Epheser 4,2; 11,9; Brief an die Magnesier 14,1

12 Protreptikos 1,8 (GCS XII 9)

13 De incarnatione Verbi 54,3 (SCh 199, 458)

14 Predigt am Weihnachtstag (hochdeutsche Übersetzung: Johannes Tauler, Predigten. Übertragen v. G. Hofmann, Einsiedeln ²1979, 13)

15 Vgl. F.-M. Catherinet, Conformité à la volonté de Dieu, in: DSp II/2, 1442–1469

16 Vgl. Exerzitienbuch Nr. 1 die Umschreibung der „geistlichen Übungen"

17 Ejercicio de Perfección y virtudes cristianas I 8,1 (deutsche Übersetzung: Bd. 2, Wien 1836, 239)

18 Einen Überblick über die biblischen und spirituellen Dimensionen dieses Topos bietet: E. Cothenet – E. Ledeur u. a., Imitation du Christ, in: DSp II/2, 1536–1601

19 Zu „Nachfolge Christi" im NT vgl. A. Schulz, Nachfolgen und Nachahmen. Studien über das Verhältnis der neutestamentlichen Jüngerschaft zur urchristlichen Vorbildethik, München 1962; ders., Jünger des Herrn. Nachfolge Christi nach dem Neuen Testament, München 1964; R. Schnackenburg, Nachfolge Christi, in: Christliche Existenz nach dem Neuen Testament. Abhandlungen und Vorträge Bd. I, München 1967, 87–108 (wieder veröffentlicht in: Nachfolge Christi – heute. Antworten und Weisungen aus dem Neuen Testament, Freiburg 1976, 34–51); M. Hengel, Nachfolge und Charisma. Eine exegetisch-religionswissenschaftliche Studie zu Mt 8,21f und Jesu Ruf in die Nachfolge, Berlin 1968

20 M. Hengel, a.a.O. 90

21 H. Schürmann, Der Jüngerkreis Jesu als Zeichen für Israel (und als Urbild des kirchlichen Rätestandes), in: Ursprung und Gestalt. Erörterungen und Besinnungen zum Neuen Testament, Düsseldorf 1970, 45–60 (s. bes. 51–54: „Aufnahmebedingungen")

22 K. H. Schelkle, Jüngerschaft und Apostelamt. Eine biblische Auslegung des priesterlichen Dienstes, Freiburg ²1961, 27

23 Vgl. R. Strunk, Nachfolge Christi. Erinnerungen an eine evangelische Provokation, München 1981; L. Scheffczyk (Hrsg.), Christusglaube und Christusverehrung. Neue Zugänge zur Christusfrömmigkeit, Aschaffenburg 1982

24 Einen Überblick über die Martyriumsspiritualität der ersten Jahrhunderte bieten: W. Rordorf – A. Solignac, Martyre, in: DSp X 718–737; vgl. auch die deutschen Übersetzungen frühchristlicher Martyrerakten: H. Rahner,

Die Märtyrerakten des 2. Jahrhunderts, Freiburg [2]1954; O. Hagemeyer, Ich bin ein Christ. Frühchristliche Martyrerakten, Düsseldorf 1961; dies., Sie gaben ihr Leben hin. Frühchristliche Märtyrer, Mainz 1981

25 Vgl. J. Hourlier – A. Rayez, Humanité du Christ. 2. Chez les spirituels médiévaux – 3. Age d'or de la dévotion médiévale (XIVe–XVe siècles), in: DSp VII/1 1053–1096; I. Frank, Franz von Assisi. Frage auf eine Antwort, Düsseldorf 1982, 76–100

26 Franz von Assisi, Testament Nr. 14 (deutsche Übersetzung in: L. Hardick – E. Grau [Hrsg.], Die Schriften des heiligen Franziskus von Assisi, Werl/Westfalen 1981, 143)

27 Einen knappen Überblick über die Bérulle'sche Spiritualität bietet: F. Antolin Rodriguez, Bérulle Pietro, in: DES I 243–248

28 Zur geistlichen Gestalt von Charles de Foucauld vgl. J.-F. Six, Charles de Foucauld. Der geistliche Werdegang, München 1978

29 Eine gute Zusammenfassung dieser Tradition bietet: L. Holtz, Die Mitte des Menschen. Herz-Jesu-Meditation in Geschichte und Gegenwart, Trier 1981

30 Vgl. Cl. Heitmann – H. Mühlen (Hrsg.), Erfahrung und Theologie des Heiligen Geistes, Hamburg–München 1974; Y. Congar, Je crois en l'Esprit Saint, 3 Bd., Paris 1979–1980

31 Vgl. Kapitel 1, Anm. 6 (S. 19)

32 R. Schnackenburg, Geisterfahrung im Leben des Christen, a.a.O. 181

33 Ebda 201

34 Das Wirken des Geistes in den Charismen kommt im 3. Kapitel, 2. Abschnitt (S. 126–136) zur Sprache

35 Vgl. G. Bardy – F. Vandenbroucke u. a., Dons du Saint-Esprit, in: DSp III 1579–1641; J. Weismayer, Gaben des Heiligen Geistes, in: K. Hörmann (Hrsg.), Lexikon der christlichen Moral, Innsbruck [2]1976, 517–520

36 Adversus haereses III 17,3 (SCh 211,334.336)

37 Vgl. L. Lallemant, Geistliche Lehre, Einsiedeln 1960, 119–170

38 Vgl. K. Rahner, Die „geistlichen Sinne" nach Origenes, in: Schriften zur Theologie XII, Zürich 1975, 111–136 (Erstveröffentlichung in: Revue d'ascétique et de mystique 13 [1932] 113–145); ders., Die Lehre von den „geistlichen Sinnen" im Mittelalter, in: a.a.O. 137–172 (Erstveröffentlichung in: Revue d'ascétique et de mystique 14 [1933] 263–299); F. Marxer: Die inneren geistlichen Sinne. Ein Beitrag zur Deutung ignatianischer Mystik, Freiburg 1963

39 Exerzitienbuch Nr. 2

40 Vgl. K. Rahner, Die ignatianische Logik der existentiellen Erkenntnis. Über einige theologische Probleme in den Wahlregeln der Exerzitien des hl. Ignatius, in: F. Wulf (Hrsg.), Ignatius von Loyola. Seine geistliche Gestalt und sein Vermächtnis 1556–1956, Würzburg 1956, 345–405 (wieder veröffentlicht in: Das Dynamische in der Kirche, Freiburg [2]1960, 74–148)

41 Über dieses Thema wird im 3. Kapitel, 2. Abschnitt, ausführlich gehandelt. Einen ersten Überblick über diesen Topos bietet: G. Switek, Unterscheidung der Geister – biblische Grundlage und geschichtliche Entwicklung, in: Ordenskorrespondenz 18 (1977) 59–70

42 Vgl. Ph. Delhaye – K. Rahner, Theologische Tugenden, in: LThK X, 76–80

43 Vgl. H. Schlier, Nun aber bleiben diese Drei. Grundriß des christlichen Lebensvollzuges, Einsiedeln 1971

44 Ebda 9

45 Ebda 12

46 Stromata IV 7, 54, 1 (GCS VII [XV] 273)

47 Vgl. Enchiridion ad Laurentium seu de fide, spe et caritate I 2f (CCL

46,49)

48 K. Rahner, in: Ph. Delhaye – K. Rahner, a.a.O. 80

49 Vgl. R. Schnackenburg, Glauben im Verständnis der Bibel, in: Christliche Existenz nach dem Neuen Testament. Abhandlungen und Vorträge Bd. I, München 1967, 61–85 (wieder veröffentlicht in: Nachfolge Christi – heute. Antworten und Weisungen aus dem Neuen Testament, Freiburg 1976, 13–33); J. Duplacy, Foi, in: VTB 475–486

50 a.a.O. 64 (bzw. 15)

51 a.a.O. 38

52 Tractatus in Joannis evangelium XXIX 6 (CCL 36, 287); deutsche Übersetzung nach BKV 11,74

53 De vita Moysis 162f (SCh 1,210); deutsche Übersetzung: Gregor von Nyssa. Der Aufstieg des Moses. Übersetzt v. M. Blum, Freiburg 1963, 92

54 Ebda 226 (SCh 1,262); deutsche Übersetzung: a.a.O. 111, vgl. zur Thematik P. Deseille, Epectase, in: DSp IV/1, 785–788

55 Subida II 3,3f; deutsche Übersetzung: Empor den Karmelberg. Übersetzt von O. Schneider, Einsiedeln 1964, 66f

56 Handschrift C (An Mutter Maria de Gonzague); deutsche Übersetzung: Selbstbiographische Schriften, Einsiedeln [8]1978, 222f

57 Ebda 219

58 Diese Zusammenhänge zeigt auf: J. Sudbrack, Abwesenheit Gottes, Zürich 1971

59 Zur Verwendung dieses Begriffes in der griechischen Patristik vgl. Th. Špidlík, La Spiritualité de l'Orient chrétien. Manuel systématique, Rom 1978, 262–270

60 Vgl. z. B. das „Prinzip und Fundament" des Exerzitienbuches (Nr. 23)

61 Herrlichkeit. Eine theologische Ästhetik, Bd. III/1/2, Einsiedeln [2]1965, 455–466

62 Exerzitienbuch Nr. 234; Text auch im Gotteslob Nr. 5/6

63 Vgl. die Auswahl: Jean-Pierre Caussade, Hingabe an Gottes Vorsehung, Zürich [2]1981

64 Vgl. H. Schlier, Über die Hoffnung, in: Besinnung auf das Neue Testament. Exegetische Aufsätze und Vorträge II, Freiburg 1964, 135–145; J. Duplacy, Espérance, in: VTB 381–388

65 a.a.O. 137

66 Ebda 142

67 Brief an Frau de Granieu vom Sept./Okt. 1617; deutsche Übersetzung: Franz von Sales. Gnade und Maß, Einsiedeln 1957, 207

68 Vgl. S. 45

69 z. B. Frohes Gehen zu Gott, München 1928

70 Ebda 37

71 Ebda 39

72 z. B. Exerzitienbuch Nr. 6, 316ff

73 Bericht des Pilgers Nr. 23; deutsche Übersetzung: B. Schneider, Freiburg [3]1977, 59

74 Handschrift C; deutsche Übersetzung: Selbstbiographische Schriften, Einsiedeln [8]1978, 223

75 Brief an die Römer 6,1–2; deutsche Übersetzung nach BKV 35, 139

76 Vgl. im besonderen den spirituellen Entwurf: Le milieu divin, Paris 1957; deutsche Übersetzung: Der göttliche Bereich. Ein Entwurf des inneren Lebens, Olten–Freiburg i. Br. 1962

77 Vgl. G. Schneider, Agape, in: EWNT I 19–29; C. Wiéner, Amour, in: VTB 46–56; J. Weismayer, Liebe, christliche, in: Lexikon der Pastoraltheologie, Freiburg 1972, 306–310

78 Vgl. auch R. Schnackenburg, Die sittliche Botschaft des Neuen Testamentes, München [2]1962, 65–81

79 Vgl. ebda 67–70
80 Vgl. ebda 172f
81 H. Schlier, Nun aber bleiben diese Drei (s.o. Anm. 43) 67f
82 Vgl. H. Schlier, Die Bruderliebe nach dem Evangelium und den Briefen des Johannes, in: Das Ende der Zeit. Exegetische Aufsätze und Vorträge III, Freiburg 1971, 124–135
83 Vgl. den reich dokumentierten Überblick: F. Prat – J. Farges – M. Viller u. a., Charité, in: DSp II/1, 508–691; J. Ratzinger, Liebe. III. Geschichte der Theologie der Liebe, in: LThK VI 1032–1036
84 Tractatus in epistolam Joannis I VII 5 (SCh 75,320.322); deutsche Übersetzung: H. U. v. Balthasar, Augustinus. Das Antlitz der Kirche, Einsiedeln 1955, 281
85 Pour l'histoire du Problème d'amour au Moyen-Age, Münster 1908 (Paris [2]1933)
86 DS 2351–2374
87 O. Schnelle (Hrsg.), Vinzenz von Paul. Worte des Erbarmens, Freiburg 1980, 61
88 Wer ist dein Bruder? Freiburg 1981, 14f; vgl. auch K. Rahner, Das „Gebot" der Liebe unter den anderen Geboten, in: Schriften zur Theologie V, 494–517
89 Über die Einheit von Nächsten- und Gottesliebe, in: Schriften zur Theologie VI, 277–298
90 Der neue Auftrag der einen Liebe, in: Glaube, der die Erde liebt, Freiburg 1966, 85–95 (Zitat: 85)
91 Ebda 89
92 Personale Begegnung mit Gott, Mainz 1964, 83
93 Vgl. zum gesamten Abschnitt: S. De Fiores, Itinerario spirituale, NDS 787–807; K. Rahner, Über das Problem des Stufenweges zur christlichen Vollendung, in: Schriften zur Theologie III 11–34; J. Sudbrack, Christliches Leben: Ständiger Aufstieg oder stets neue Bewegung, in: Geist und Leben 42 (1969) 263–279
94 Didache 1,1 (SCh 248, 140); vgl. den gesamten Abschnitt 1,1–6,1
95 Barnabasbrief 18,1–21,1 (SCh 172, 194–214)
96 Vgl. zu diesem Begriff S. 44
97 Homilien zu Numeri 27,4–12 (GCS XXX, 260–279)
98 Ennaratio in Ps 83,10 (CCL 39,1155); deutsche Übersetzung: H. U. v. Balthasar, Augustinus. Über die Psalmen, Leipzig 1936, 169
99 Sermo 169,18 (PL 38,926); deutsche Übersetzung: H. U. v. Balthasar, Augustinus. Das Antlitz der Kirche, Einsiedeln 1955, 259f
100 Vgl. die diesbezügliche Textauswahl bei B. Schellenberger (Hrsg.), Bernhard von Clairvaux, Olten–Freiburg 1982, 171–206
101 Summa theologica II–II q. 24, a. 9 c.; deutsche Übersetzung: Deutsche Thomas-Ausgabe Bd. 17A, Heidelberg–Graz 1959, 63
102 Itinerarium mentis in Deum I,2; deutsche Übersetzung: J. Kaup (Hrsg.), Bonaventura. Itinerarium mentis in Deum. De reductione artium ad theologiam. Lateinisch und Deutsch, München 1961, 55.57
103 Vida, Kap. 11–21
104 Subida I 1; deutsche Übersetzung: Empor den Karmelberg. Übersetzt von O. Schneider, Einsiedeln 1964, 11–13
105 Handschrift C (An Mutter Maria de Gonzague); deutsche Übersetzung: Selbstbiographische Schriften, Einsiedeln [8]1978, 214f
106 Über das Problem des Stufenweges, a.a.O. 32f
107 Vgl. den kurzen Überblick über diesen Topos bei: H. Pinard de la Boullaye, Conversion. 11. Secondes conversions, in: DSp II/2, 2259–2265
108 Geistliche Lehre, Einsiedeln 1960, 62
109 Geistliches Tun, Freiburg 1965, 11–28

110 Der gekreuzigte Gott. Das Kreuz Christi als Grund und Kritik christlicher Theologie, München 1972, 306–308
111 Vgl. 2. Vatikanisches Konzil, Kirchenkonstitution Nr. 58
112 Vgl. als Überblick über diesen Topos spiritueller Literatur: H. J. Sieben – A. Solignac, Ivresse spirituelle, in: DSp VII/2, 2312–2337
113 Vgl. J. Daniélou – H. Vorgrimler (Hrsg.), Sentire Ecclesiam. Das Bewußtsein von der Kirche als gestaltende Kraft der Frömmigkeit, Freiburg 1961; J. Ratzinger – K. Lehmann, Mit der Kirche leben, Freiburg 1977; K. Lehmann, Neuer Mut zum Kirchesein, Freiburg 1982
114 Exerzitienbuch Nr. 352–370
115 Vgl. z. B. die „Formula Instituti", in: H. U. v. Balthasar (Hrsg.), Die großen Ordensregeln, Einsiedeln ^{3}1974, 338f
116 Handschrift B (Brief an Schwester Marie du Sacré-Coeur), deutsche Übersetzung: Selbstbiographische Schriften, Einsiedeln ^{8}1978, 199ff
117 Vgl. dazu A. Gerken, Die sakramentalen Grundlagen christlicher Spiritualität, in: A. Rotzetter (Hrsg.), Seminar Spiritualität I: Geist wird Leib, Zürich 1979, 63–96
118 Vgl. dazu J. N. D. Kelly, Altchristliche Glaubensbekenntnisse. Geschichte und Theologie, Göttingen 1972, 381–390
119 Katholisch. Aspekte des Mysteriums, Einsiedeln 1975, 57
120 Zitiert bei Kelly, a.a.O. 384
121 Vgl. als Überblick A. Adam – R. Berger, Pastoralliturgisches Handlexikon, Freiburg 1980, 196–199 (Artikel „Heiligenverehrung, -feste") und 200f (Artikel „Heiligsprechung, Seligsprechung")
122 Vgl. K. Rahner, Warum und wie können wir die Heiligen verehren?, in: Schriften zur Theologie VII 283–303; ders., Gebet zu den Heiligen, in: J. B. Metz – K. Rahner, Ermutigung zum Gebet, Freiburg 1977, 41–110
123 Nr. 474–476
124 Nr. 488f
125 Kirchenkonstitution Nr. 49
126 Nr. 49
127 Nr. 50
128 Nr. 50
129 Nr. 50
130 Nr. 51
131 Vgl. P. Grelot – D. Fernandez u. a., Marie (Vierge), in: DSp X 409–482; J. Ratzinger, Die Tochter Sion. Betrachtungen über den Marienglauben der Kirche, Einsiedeln 1977; J. Ratzinger – H. U. v. Balthasar, Maria – Kirche im Ursprung, Freiburg 1980
132 Nr. 490–497
133 Nr. 483
134 Nr. 496–497
135 Vgl. den umfassenden Überblick E. de Places – I. Hausherr u. a., Direction spirituelle, in: DSp III 1002–1214; J. Beutler, Geistliche Führung nach dem Neuen Testament, in: Geist und Leben 49 (1976) 435–445; C. Bamberg, Geistliche Führung im frühen Mönchtum, in: Geist und Leben 54 (1981) 276–290; J. Sudbrack, Geistliche Führung. Zur Frage nach dem Meister, dem geistlichen Begleiter und Gottes Geist, Freiburg 1981
136 Exerzitienbuch Nr. 15
137 Vgl. J. Sudbrack, a.a.O. 17
138 z. B. Vida 5,3
139 a.a.O. 21

3. Kapitel: Die Dimensionen geistlichen Lebens

Die Grundgestalt des geistlichen Lebens, die im vorangegangenen Kapitel in Umrissen gezeigt wurde, bedarf einer Konkretisierung in den verschiedenen Dimensionen, in denen Menschsein und Christsein gelebt wird. Dazu gehört das Leben vor Gott und mit Gott in einem ausdrücklichen Sinn (1. Abschnitt), das Leben in der Gemeinschaft der Kirche, das Leben mit anderen (2. Abschnitt), das Leben mitten in dieser Welt (3. Abschnitt) und schließlich das Leben in der Spannung des Unterwegsseins (4. Abschnitt). Die Grundgestalt des geistlichen Lebens bleibt bestimmend, wenn der Mensch in diesen Dimensionen seine Berufung lebt.

1. ABSCHNITT: DAS LEBEN VOR GOTT – DAS LEBEN MIT GOTT

Geistliches Leben ist wesentlich Leben in der Gemeinschaft mit Gott durch Christus im Heiligen Geist; auch die Antwort des Glaubens, der Hoffnung und der Liebe zielt auf Gott, der uns berufen und mit seiner Gegenwart beschenkt hat. Dieses Leben vor Gott wird auch im Tun der Nächstenliebe, in der Erfüllung der Berufsaufgaben verwirklicht. Die Christen machen aber die darin vorgegebene Hinwendung zu Gott ausdrücklich, wenn sie immer von neuem auf Gottes Wort hören und in dieses einzudringen versuchen, wenn sie das Gebet pflegen – bis zum einfachen Verweilen vor dem Gott der Liebe in der Kontemplation. Damit sind schon die wesentlichen Formen des ausdrücklichen Lebens vor Gott und mit Gott angedeutet, die nun bedacht werden sollen: die Lesung der Heiligen Schrift, die Meditation, das Gebet und schließlich die Kontemplation und damit der Bereich der Mystik. Diese Viererreihe hat schon im 12. Jahrhundert der Kartäuserprior Guigo II. († 1188 oder 1193) formuliert. Er spricht von vier Stufen des geistlichen Lebens: lectio – meditatio – oratio – contemplatio[1].

1. Die Lesung: lectio divina – lectio spiritualis[2]

1.1 Die „lectio divina" in der Geschichte der christlichen Spiritualität

Mit dem Ausdruck „lectio divina" wollte man diese Lesung von jeder anderen unterscheiden; es ist eine „göttliche" Lesung, die Lesung des Wortes Gottes.

a) Die besondere Bemühung um das Wort Gottes in den ersten Generationen der Kirche ist gewiß auch inspiriert von der jüdischen Tradition. Der Synagogengottesdienst hatte ja seinen Schwerpunkt im Hören und Antworten auf das Wort Gottes. Dies versuchte man im Alltag weiterzuführen, indem man bestrebt war, die Worte der Schrift im Gedächtnis zu behalten und durch Memorieren innerlich aufzunehmen. Die Meditationspraxis der Alten Kirche hat hier ihre Wurzeln[3].

b) Schon früh haben die Christen die Lesung der Heiligen Schriften als wesentliches Element ihrer christlichen Lebensgestaltung angesehen. Ein dazu mahnendes Wort des hl. Cyprian († 258) wurde das ganze Mittelalter hindurch immer wieder zitiert: „Deine beständige Beschäftigung sei das Gebet oder das Lesen (der Heiligen Schrift)! Rede du bald selbst mit Gott, bald laß Gott zu dir reden"[4]. In besonderer Weise betrachtet Origenes († 253/54) die sorgfältige Beschäftigung mit dem Wort Gottes als Fundament allen geistlichen Lebens: Täglich muß man, wie Rebekka, zu diesem Brunnen kommen, das Lesen soll ins Gebet münden; das Gelesene soll ausgeführt werden[5].

Daraus werden von den Kirchenvätern sehr sorgfältig Ratschläge geformt: Mit Eifer soll man jeden Tag in der Schrift lesen, nach einem bestimmten Leseplan, am besten zu einer bestimmten Tageszeit, wofür von manchen Autoren die Morgenstunde empfohlen wurde. „Die Schrift nicht kennen, heißt Christus nicht kennen", erklärt Hieronymus († 419/20) und verweist damit auf die Notwendigkeit der Lesung[6]. Er selbst, von dem ein Zeitgenosse sagt, er sei immer ganz in der Lesung, ganz in den Büchern (totus semper in lectione, totus in libris) gewesen, war dafür ein lebendiges Beispiel[7].

c) Die Liturgie war für die Christen eine Schule des geistlichen Umgangs mit der Schrift: Auf die Lesungen folgte jeweils mit dem Antwortpsalm die Meditation des Gehörten. Was die Gemeinde insgesamt tat, sollte jeder einzelne tun. Die Bischöfe ermahnten jene, die über entsprechende Geldmittel verfügten, zum Kauf der Bibel; sie wiesen den Einwurf zurück, die Lesung der Bibel sei ausschließlich eine Angelegenheit der Mönche. Trotz dieser Bemühungen wurde die lectio divina bald nur mehr in den Klöstern gepflegt.

d) Die Heilige Schrift nahm im Tagesablauf der Mönche einen bedeutenden Platz ein. Vor allem wurden die Psalmen gebetet und auch auswendig gelernt; aber auch die anderen Teile der Heiligen Schrift wurden mit bereitem Herzen immer wieder gelesen. Für die Mönche war die lectio divina ein wesentliches Element in ihrem Bemühen um eine Antwort auf den Ruf Gottes. Dem entsprechend wurde auch in den Mönchsregeln der Alten Kirche der Lesung im täglichen Tagesablauf ein breiter Raum gewidmet.[8]
e) Im Mittelalter blieb diese dominierende Stellung der Lesung spürbar, besonders im Schrifttum der Benediktiner, der Zisterzienser, der Chorherren und der Kartäuser. Hugo von St. Viktor († 1141) sieht die Lesung als erste Stufe einer Leiter, die weiterführt zur Meditation, zum Gebet, zum Tun und zur Kontemplation[9]. Die vier Stufen, die Guigo II. der Kartäuser († 1188 oder 1193) aufführt, betonen ebenso die fundamentale Wichtigkeit der Lesung.

1.2 Von der „lectio divina“ zur geistlichen Lesung

a) Im Spätmittelalter erfährt diese Tradition eine Veränderung in zwei Richtungen: Einmal ist die geistliche Lesung nicht mehr der einzige Zugang zur Schrift, man unterscheidet eine Lesung, die Wissen vermittelt, von einer, die zum geistlichen Fortschritt führt. Weiters wird für die geistliche Lesung ein immer weiterer Kreis von Schriften außerhalb und neben der Bibel empfohlen. Dies ist im Ansatz schon in der monastischen Tradition gegeben, wird aber bei den Autoren der Mendikantenorden erstmals breiter entfaltet. Der spätmittelalterliche Theologe Johannes Gerson († 1429) zählt unter den für die Lesung empfohlenen Werken auf: die Viten der Väter, die Schriften des hl. Bernhard, die Moralia des Papstes Gregor, die Schriften des Hugo und Richard von St. Viktor und die Werke Bonaventuras[10].
b) Eine entwickelte Methodik der geistlichen Lesung findet sich erstmals in der „Devotio moderna“: Johannes Mombaer († 1501) stellt in seinem Werk „Rosetum exercitiorum spiritualium“[11] eine umfangreiche Liste von geistlicher Literatur auf. Er legt die Motive für die Lesung dar und gibt methodische Hinweise. Die Lesung „des Wortes Gottes, das an uns gerichtet ist“, wird dabei nicht mehr als eine Vorbereitung für die Meditation und das Gebet gesehen, sondern als eine eigenständige „geistliche Übung“.
c) Diese Tradition wurde besonders in der Gesellschaft Jesu aufgegriffen und weitergeführt. In diesem Schrifttum begegnet auch zum ersten

Mal der Ausdruck „lectio spiritualis"[12]. Einen sehr umfangreichen Traktat über die geistliche Lesung als tägliche Übung der Frömmigkeit bietet der Jesuit Giulio Negrone († 1625)[13]. Er beschließt seine Ausführungen mit der Mahnung eines „alten unbekannten Autors" (Pelagius) an Demetrias: „Lies die Heilige Schrift immer in dem Bewußtsein, daß es Worte Gottes sind, der will, daß sein Gesetz nicht nur gewußt, sondern auch getan wird."[14] Damit greift die lectio spiritualis wieder auf die Tradition der lectio divina zurück.

1.3 Die geistliche Lesung heute

a) Das 2. Vatikanische Konzil hat den Stellenwert der Heiligen Schrift für die Theologie und für das geistliche Leben deutlich herausgestellt[15]. Die religiösen Impulse der Bibelbewegung, die schon Jahrzehnte zuvor feststellbar waren, sind so aufgegriffen und vertieft worden.

Bisweilen scheint aber heute eine Spannung zu bestehen zwischen der wissenschaftlich-exegetischen Arbeit mit der Bibel und dem spirituellen Umgang mit der Heiligen Schrift. Im geschichtlichen Überblick wurde darauf hingewiesen, daß in der Zeit der Kirchenväter und in der Zeit des monastischen Mittelalters diese Gezweiung nicht bestand, daß sie sich aber im Spätmittelalter schon anzeigte. Ausdrücklich wurde diese Spannung aber seit dem Einzug der historisch-kritischen Methode in die Bibelauslegung.

Welche Wege sind für die geistliche Lesung gangbar? Die Bemühung um ein Hören auf das Wort, das Gott an mich richtet, vermag abzusehen von wissenschaftlichen Theorien und Hypothesen, denn im geistlichen Hören ist die Distanz der Geschichte überbrückt, stellt sich der Leser dem „heute" sprechenden Gott. In dieser Begegnung geht es ja nicht so sehr um Fragen der historischen Verifikation, nicht so sehr um die Details theologischer Deutung und Interpretation, sondern darum, „Frucht zu finden". Zudem wurden in den letzten Jahren verschiedene Wege eröffnet für einen „einfachen", nichtwissenschaftlichen Zugang zur Heiligen Schrift.[16] Anderseits aber vermag für den nach Rechenschaft über seinen Glauben fragenden Menschen die wissenschaftlich-exegetische Arbeit mit der Bibel das Terrain freizumachen, auf dem er der eigentlichen Aussage, dem Wort Gottes in der historischen Situation und so der Botschaft Gottes für das Heute begegnen kann.

Die geistliche Lesung ist aber auch durch die Liturgie herausgefordert: Die Reform des Gottesdienstes der Kirche, die durch das 2. Vatikani-

sche Konzil initiiert wurde, hat dem „Tisch des Wortes“ besonderes Augenmerk geschenkt.[17] Eine im Vergleich zur Vergangenheit ungleich größere Zahl von Texten aus dem Alten und Neuen Testament findet in der Liturgie Verwendung, wird dem Volk Gottes als Botschaft Gottes an uns verkündet; zugleich wird in der Liturgie die meditative Verarbeitung des Gehörten vorbereitet. Der Christ sollte für seine Schriftlesung Maß nehmen an dem für die Eucharistiefeier und für das Stundengebet Dargebotenen, um Gottes Wort immer von neuem zu begegnen.
b) Neben der Heiligen Schrift und ohne deren absoluten Vorrang zu schmälern, wird sich aber die geistliche Lesung auch der klassischen Werke der geistlichen Tradition bedienen. Gewiß ist kein geistlicher Autor *das* Evangelium, jeder stellt einen Aspekt heraus, nicht immer werden Einseitigkeiten vermieden, bisweilen kann es schwierig sein, diesen oder jenen Text aus dem zeitlichen Kontext der Abfassung ins Heute zu übersetzen, aber jede aus einem echten Engagement für Christus hervorgegangene Schrift vermag einen Impuls zu intensiverer Gemeinschaft mit dem Herrn zu vermitteln.

2. *Die Meditation*[18]

Die christliche Form der Meditation ist eng mit der Lesung der Heiligen Schrift verknüpft. Die Begegnung der christlichen und der fernöstlichen Meditation stellt neue Fragen. Überlegungen zu einer „Theorie“ der Meditation sind daher erforderlich.

2.1 Die Tradition der christlichen Meditation

a) Meditation in der Alten Kirche und im Mittelalter[19]
Ein erster Zugang zur Meditationspraxis erschließt sich von der Sprache[20]: Dem lateinischen Wort „meditari – meditatio“ entspricht im Griechischen das Wort „meletân – meléte“ und im Hebräischen die Wurzel „haga“. Die Übersetzungen des Alten Testaments in das Griechische und das Lateinische zeigen diese Entsprechungen. Die genannte hebräische Wurzel bedeutet: etwas halblaut murmeln. Meditieren umfaßt also in der Antike ein akustisches Moment – und zugleich ein spirituelles Moment, denn es wird das Gesetz des Herrn meditiert (vgl. Jos 1,8; Ps 1,2). Die Meditation des Wortes Gottes soll dazu führen, daß das ganze Leben davon durchdrungen wird (vgl. auch Ps 119!). Das griechische Wort „meletáo“, das zumeist das

hebräische Wort haga wiedergibt, bringt das innerliche Aufnehmen des Gotteswortes zum Ausdruck, es soll „beherzigt" werden. Das lateinische Wort bringt stärker das Moment der Einübung, des Lernens in diesen Zusammenhang ein.

Die neutestamentlichen Texte verwenden die eben beschriebene Terminologie selten. Die einzige einschlägige Verwendung des griechischen Wortes findet sich bei 1 Tim 4,15, wo dem Paulusschüler Timotheus die Sorge um die Schriftlesung, um die Ermahnung, um die Lehre und um das Charisma, das er empfangen hat, eingeschärft wird: „Dafür sollst du sorgen, darin sollst du leben". Der Sache nach ist mit dem Ausdruck „im Herzen bewahren", der von der Jungfrau Maria Lk 2,19 u. 51 gebraucht wird, das gleiche gemeint: Das Heilsgeschehen im Herzen bewahren, sich darum bemühen, das bedeutet meditieren.

Die christliche Meditation lebt vom Wort Gottes, das für den Menschen die wahre Nahrung ist (vgl. Dtn 8,3; Mt 4,4). Die Erinnerung und das ständige Wiederholen des Gotteswortes der Heiligen Schrift stellt ein wesentliches Element der Meditation dar. Der Zusammenhang mit der Lesung der Schrift ist dabei sehr deutlich. Das Wort Gottes ist ein Tisch, von dem man essen soll (mensa verbi). Das meditierende Wiederholen des gelesenen Gotteswortes wird sehr gern als „Wiederkäuen" (ruminatio, masticatio) bezeichnet.[21] Augustinus zeigt diese Zusammenhänge in einer Predigt auf: „Wenn du hörst oder liest, dann ißt du; wenn du meditierst, dann kaust du wieder, was du eben gehört oder gelesen hast".[22]

Im Mönchtum des Ostens wird die Meditation in der Weise geübt, daß Psalmverse oder kurze Bibeltexte halblaut wiederholt werden. Das, was bei der Lesung den Mönch in besonderer Weise beeindruckt hat, wird in der Meditation wieder aufgenommen, verinnerlicht. Dieses Tun ist nicht an eine bestimmte Tageszeit gebunden, sondern soll den ganzen Tag über geschehen, besonders bei der Handarbeit und bei anderen Diensten im Kloster. So sollte eine große Vertrautheit mit dem Wort Gottes erreicht werden, wobei dem Tun des Mundes ein Geschehen des Herzens entsprechen sollte.[23]

Im Zug der weiteren Entwicklung tritt das verstandesmäßige Moment des Bedenkens stärker hervor; das halblaute Sprechen tritt dagegen vor allem im abendländischen Mönchtum zurück.

Eine erste Theoriebildung zur Praxis der Meditation findet sich bei mittelalterlichen Autoren; beim Chorherrn Hugo von St. Viktor († 1141)[24] und beim Kartäuserprior Guigo II. († 1188 oder 1193)[25]. In einer Stufenleiter wird die Zugehörigkeit der Meditation zu Lesung und Gebet deutlich. Meditation wird als Besinnung auf das Gelesene verstanden, hingeordnet sowohl auf das Tun des Bedachten als auch auf die Kontemplation.

b) Meditation im Spätmittelalter und in der Neuzeit

Das Neue an der Meditationspraxis des Spätmittelalters im Vergleich zur altkirchlichen, monastischen Tradition liegt vor allem in zwei Punkten: Für das Bedenken des Meditationsgegenstandes wird eine besondere Methodik entwickelt und zweitens wird die Meditation zu einer geistlichen Übung, die zu einer bestimmten Tageszeit in einem umschriebenen Zeitablauf geschieht. Über dem Neuen darf aber die Kontinuität nicht übersehen werden: Es wird das gleiche Vokabular verwendet (z. B. „Wiederkäuen" – ruminatio, masticatio), es wird die Ausrichtung auf das Gebet, auf die Reinigung und die Kontemplation sehr betont.

Der Initiator der geistlichen Bewegung der Devotio moderna Gert Groote († 1383) und sein Gefährte Florentius Radewijns († 1400) stellen den Übergang dar: Gert Groote betonte, daß die Mysterien des Lebens Jesu die vornehmlichsten Meditationsthemen sein sollten. Florentius spricht viel von den geistlichen Gedanken, die den Christen den Tag über beschäftigen sollen. Gerhard Zerbolt von Zutphen († 1398) definiert Meditation als Geschehen, in dem das, was man gelesen oder gehört hat, im Herzen aufmerksam verarbeitet wird (studiosa ruminatione!); als Ziel wird die Entflammung des Willens und die Erleuchtung des Verstandes genannt. Den entscheidenden Wendepunkt stellt die Schrift „Rosetum exercitiorum spiritualium" des Johannes Mombaer († 1501) dar. Im Abschnitt „Meditatorium" wird die Stufenleiter (Scala meditationis) des Wessel Gansfort († 1489) aufgegriffen, der eine Reihe von 23 Stufen bietet, auf denen sich die drei Seelenkräfte: Gedächtnis (memoria), Verstand (intellectus) und Wille (affectus) zum Gebet erheben können. Johannes Mombaer gliedert den Vorgang der Meditation in vorbereitende Akte, in den Kernvorgang der Anwendung der drei Seelenkräfte auf den Meditationsgegenstand und schließlich in die abschließenden Vollzüge wie Danksagung und Bereitschaft zum Tun des Willens Gottes.[26]

Zu Beginn der Neuzeit finden wir diese Grundgestalt der Meditation in allen Schulen der Spiritualität, jeweils versehen mit Akzenten, die der jeweiligen spirituellen Richtung entsprechen. Besonderen Wert legen alle diese Modelle auf die Vorbereitung, im Rahmen derer das Bewußtmachen der Gegenwart Gottes eine wichtige Funktion einnimmt; schließlich zielen alle Methoden auf eine größere Vereinigung

mit Gott hin, die im Tun des Willens Gottes im Alltag durchgehalten wird. Alle Methoden der Meditation unterstreichen die Wichtigkeit der Heiligen Schrift.
Im besonderen soll auf Ignatius von Loyola († 1556) hingewiesen werden, der in seinem Exerzitienbuch mehrere Methoden anbietet: die Übung mit den drei Seelenkräften[27] und die Kontemplation der Mysterien Jesu[28], wobei diese Übungen jeweils in ein Gespräch (colloquium), in ein ausdrückliches Gebet einmünden. Zu diesen Methoden gehören auch die „Drei Weisen zu beten“[29].
Franz von Sales († 1622) skizzierte in seiner „Anleitung zu einem frommen Leben“, genannt Philothea, eine Methode, die mit einem „bouquet spirituel“ abschloß: Aus der Meditation sollte der Christ einen Blumenstrauß, ein Andenken, eine Erinnerung in den Alltag mitnehmen.[30]
In der französischen Spiritualität des 17. Jahrhunderts wurde die Methode von Saint-Sulpice bestimmend, erstmals formuliert von Jean-Jacques Olier († 1657): Der Meditierende soll zuerst „Jesus vor den Augen“ haben, ihn anbetend betrachten, sodann geht es darum, „Jesus im Herzen“ zu haben, mit ihm in Kommunikation zu treten, schließlich soll man „Jesus in den Händen“ haben, wollen, daß sich der göttliche Wille in uns erfüllt[31].
Für die Meditation wurde gerade in ihrer Verbindung mit dem Gebet schon im Mittelalter (erstmals bei David von Augsburg, † 1272) der Ausdruck „oratio mentalis“, inneres Gebet verwendet. In der Neuzeit wurde dieser Begriff oratio mentalis mit der „Betrachtung“ (wie man die Meditation häufig nannte) so sehr zu einer Einheit verschmolzen, daß die Begriffe austauschbar wurden. Zu Ende des 16. Jahrhunderts zeigte sich aber gegenüber einer sehr intellektuell akzentuierten Meditation eine Gegenströmung, zu der besonders die Jesuiten Balthasar Alvarez († 1580), einer der Beichtväter der hl. Teresa von Avila († 1582), und Antonio Cordeses († 1601) gehörten. Letzterer sprach im Gegensatz zum diskursiven inneren Gebet erstmals vom „affektiven Gebet“.[32]

2.2 Die Begegnung mit den fernöstlichen Meditationsmethoden

Die Situation der christlichen Meditation in der Gegenwart ist nicht nur durch die im 19. und in der ersten Hälfte des 20. Jahrhunderts eingetretene Erstarrung der herkömmlichen Betrachtungsmethode bestimmt, sondern auch durch den Erfolg fernöstlicher Methoden im christlichen Raum.

a) Die konkreten Angebote

Aus dem Bereich des Hinduismus wird *Yoga* angeboten.[33] „Yoga heißt anjochen, anspannen und bezeichnet ursprünglich die Zauberkraft, durch die das heilige Denken, das heilige Wort, die heilige Handlung als Opfer an Gott ‚angejocht' werden. Dieses strenge ‚Zügeln' der Gedanken und Sinne, also die Konzentration, erscheint damit ebenso grundlegend für die Yoga-Übungen wie die religiöse Opferhaltung des Gebetes" (Klaus Thomas)[34]. Die Atemtechnik, die Sitzhaltungen und Wortwiederholungen (besonders bedeutsam ist die Lautsilbe OM) sind bezeichnend für das Yoga.

Das im Westen als Meditationsmethode angebotene Hatha-Yoga ist einer von acht Wegen, die die Verbindung des Menschen zum Göttlichen bewerkstelligen sollen: Dazu zählen das Karma-Yoga (der Weg zu Gott durch Arbeit und Dienst), das Bhakti-Yoga (Frömmigkeitsweg), das Raja-Yoga (Weg der Askese) und das Jnana-Yoga (Weg der Erkenntnis).

Der Weg des Hatha-Yoga weist acht Glieder auf: Die erste und die zweite Stufe beinhalten charakterliche Forderungen: Ausschalten ungeordneter Neigungen und Bemühung um positive Haltungen (wie Reinheit, Zufriedenheit usw.). Die dritte bis fünfte Stufe umfassen die körperlichen Vorbedingungen: das Einüben der Sitzweisen, die Regelung des Atmens, das Zurückziehen der Sinne. Erst die sechste bis achte Stufe dienen der Versenkung: Durch Konzentration und Ausschaltung jeden Interesses kann samadhi, die Versenkung, erreicht werden.

Aus dem Bereich des Buddhismus wird im besonderen die *Zen-Meditation* angeboten.[35] Auch für den Bereich des Buddhismus gilt, daß er über eine vielfältige Tradition der Meditation verfügt. Erwähnt sei in diesem Zusammenhang die im Mahayana-Buddhismus entstandene und im buddhistischen Tantrismus geübte Bildmeditation des Mandala.[36]

Die Meditationsschule des Zen entstand in China unter Beeinflussung durch den bodenständigen Taoismus und hat sich in ganz Ostasien verbreitet. Heute gilt Japan als besondere Hochburg. Für die Methode sind drei Elemente entscheidend: erstens das „Zazen", das Sitzen im Lotussitz, zweitens die paradoxe Meditationsaufgabe (koan), welche die Konzentration steigern soll, und drittens die Erleuchtung (satori), die als Durchbruchserlebnis das Ziel der Bemühung darstellt.

b) Fernöstliche Methoden für den Christen?

Die verschiedenen Formen der östlichen Meditation gehen von der

Grunderfahrung aus, daß die Erscheinungswelt, die uns umgibt, nicht die letzte Wirklichkeit sein kann. Wir sind durch eine Kluft vom Urgrund des Seins getrennt. Die Sehnsucht nach deren Überwindung bricht auf. Das Ziel des Weges ist das Eintreten in die Sphäre des Absoluten, des Ursprungs, der Nichtfremde, die Aufhebung der Zweiheit. Dieses Absolute trägt aber auf den letzten Stufen der Begegnung keine personalen Züge.

Die Meditation steht im Dienst dieser „Befreiungs"-Bewegung. Von daher wird auch als erster Unterschied zum christlichen Denken sichtbar, daß diese Meditation ungegenständlich ist, daß sie das Leerwerden zum Ziel hat, daß sie auf ein Aufhören des Selbstseins und auf das Einswerden mit dem Absoluten zielt.

Demgegenüber liegt im christlichen Denken der Schwerpunkt auf Begegnung: Der lebendige Gott begegnet dem verlorenen Menschen in seiner Welt, er ergreift die Initiative. Das Ziel ist die Gemeinschaft mit dem sich in Liebe verschenkenden Gott. Einswerden bedeutet in diesem Zusammenhang nicht Aufhören, als Einzelwesen zu sein, sondern höchste Entfaltung personaler Gemeinschaft.[37]

Daher wird christliche Meditation nicht im Leerwerden ihr letztes Ziel sehen können, sondern im immer neuen Bedenken und Sichversenken in das Heilswirken Gottes an uns.

Im einzelnen werden bezüglich der Verwendbarkeit der fernöstlichen Methoden durch die Christen die verschiedensten Standpunkte vertreten. Dabei ist das Zeugnis christlicher Theologen und Priester nicht zu übersehen, die lange Zeit im Fernen Osten lebten und durch Übung die Methoden in der Tiefe erfahren und als Hilfe für ihr Christsein empfunden haben; in diesem Zusammenhang ist besonders der deutsche Jesuit Hugo M. Enomiya-Lassalle (geb. 1898) zu nennen, der durch viele Bücher und Kurse die Zen-Meditation in Europa bekanntgemacht hat.[38].

Auf Grund der Unterschiede zwischen den fernöstlichen Religionen und dem christlichen Denken beziehen manche Autoren auch ablehnende bzw. sehr zurückhaltende Positionen in dieser Frage, wie z. B. Hans Urs von Balthasar und Josef Sudbrack SJ.[39] Der neuralgische Punkt liegt in der Frage, ob die Methode auch Metaphysik ist, ob die Methode ablösbar vom religiösen Hintergrund ist, ob sie als weltanschaulich neutral angesehen werden kann.

Abschließend kann man darauf hinweisen, daß die fernöstlichen Methoden gerade durch ihre somatische Komponente einen wesentlichen Beitrag zur Selbstfindung des Menschen heute, der unter seiner Zerstreuung leidet, leisten können. Auch ist nicht zu übersehen, daß

die Bemühung um Sammlung und Konzentration ein wichtiges Anliegen der christlichen Meditation war und ist – als notwendige Voraussetzung für die Zuwendung zum Meditationsgegenstand.
Mir scheint es nicht möglich zu sein, sich als Christ in einem ausschließlichen Sinn den fernöstlichen Methoden auszuliefern. Sie haben ihren Platz in jenem Bereich, den Philipp Dessauer († 1966) als „naturale Meditation" bezeichnete.[40] Wenn „das Innewerden und Da-sein und das Verharren in diesem Inne-werden eine Grundlage vollmenschlichen Lebens"[41] darstellt, dann vermag die Anwendung fernöstlicher Methoden dazu einen großen Beitrag zu liefern.

2.3 Grundzüge einer „Theorie" der Meditation[42]

a) Der Begriff der Meditation heute

Das traditionelle christliche Meditationsverständnis zielte primär auf die geoffenbarte Wahrheit, die durchdrungen, die verinnerlicht werden sollte. Gegenwärtig steht ein eher indifferenter Meditationsbegriff im Vordergrund, der die anthropologische Dimension sehr betont. Johannes B. Lotz z. B. bietet eine solche Umschreibung, die sowohl die christliche als auch die fernöstliche Meditation umgreift: Meditation ist „ein Tiefengeschehen, das im Menschen durch Erfahren des letzten ihn übersteigenden Geheimnisses oder durch die existentielle Begegnung mit dem in Christus sich mitteilenden göttlichen Du die große Wandlung in Gang bringt."[43] Zwischen diesem und dem herkömmlichen Verständnis darf man aber bei aller Verschiedenheit die Gemeinsamkeiten nicht übersehen: Meditation ist in beiden Verstehensweisen ein Sinnerfahren, eine Übung und eine Methode, und schließlich ein Übersteigen des Vordergründigen, um zur eigentlichen Wirklichkeit zu kommen: für den Christen zum geistlichen Verständnis der Schrift, zur Begegnung mit dem Du Gottes, das uns in Jesus Christus offenbar wurde.

b) Philosophische Zugänge zum Phänomen der Meditation

Von der psychologischen Betrachtungsweise[44] aus wäre Meditation mit Klaus Thomas als „außerwacher physiologischer Bewußtseinszustand" zu beschreiben[45], wobei die Abgrenzung zu anderen Zuständen (wie Hypnose und autogenes Training) zu erarbeiten wäre. Von der philosophischen Betrachtungsweise aus vermögen einige einfache Überlegungen einen Zugang zum Meditationsgeschehen zu bieten:
Johannes B. Lotz erläutert dies an zwei Bildern[46]: Meditation ist vergleichbar mit dem Schlagen eines artesischen Brunnens: die Verbin-

dung zwischen der Oberfläche unseres Daseins und der Tiefe unseres Wesens wird hergestellt. – Wenn man das Leben als Rad versteht, geht es darum, sich nicht nur im äußeren Umfang aufzuhalten, sondern den Standort (in der Meditation) in die Mitte zu verlegen. Meditation soll also vom Vielen in das Eine führen, vom Komplizierten in das Einfache, vom Abgeleiteten zum Ursprünglichen, von der Armut zum Reichtum.[47]

Josef Sudbrack sucht ein Verstehen des Meditationsvorganges von der personalen Begegnung aus.[48] „Jeder Liebende ist wohl im Letzten ein Meditierender." Im Meditationsgeschehen geht es wie in der menschlichen Begegnung um das Erfahren des Geheimnisses des andern und um die Dialektik von Sich-Loslassen und Sich-Finden.

c) Theologische Gesichtspunkte zur Meditation

Die christliche Meditation ist in ihrem Stellenwert von der Grundgestalt des geistlichen Lebens bestimmt: Sie ist Innerung des Heilsgeschehens durch Christus im Heiligen Geist, vornehmlich im Zeugnis der Heiligen Schrift.[49]

Zugleich kommt in der christlichen Meditation auch das Antwortgeschehen des geistlichen Lebens in Glaube, Hoffnung und Liebe zum Ausdruck: Meditation ist *eine* Ausdrucksform dessen, aber nicht die einzige. Meditation kann im christlichen Sinn nicht als Höchstwert betrachtet werden – wie vielleicht in fernöstlichen Systemen. Meditation ist eine Dimension von Glaube, Hoffnung und Liebe, die aber auch in anderen Dimensionen des Christseins zum Ausdruck kommen müssen.

In diesem Sinn verdient eine Bemerkung von Albert Görres Aufmerksamkeit, wenn er gegenüber einer Überbewertung der Methoden erklärt: „Christliche Meditation geht am Anfang ‚zu Fuß'; sie verzichtet auf außerordentliche Beförderungsmittel. Ihre Instrumente sind die alltägliche Lebenspraxis: die fünf Sinne, Gedächtnis und Phantasie, besinnliches Fragen und Nachdenken, fühlendes und wollendes Eingehen auf Motive, Zustimmen und Verwerfen. Aus diesem Stoff ist alles gebaut, worauf es ankommt: Glaube, Hoffnung und Liebe, Gebet, Sinnesumkehr und Dienstbereitschaft."[50]

d) Hinweise zur Praxis der christlichen Meditation heute

Der Christ muß sich der Hindernisse und Schwierigkeiten bewußt werden, denen die Bemühung um Meditation gerade heute begegnet:
– „Wir sind von Haus aus in unserer kulturellen und psychologischen Gesamtsituation zwanghaft an Interessen und Triebe, Ängste und

Besorgnisse, auch an echte oder scheinbare Verpflichtungen so fixiert, daß wir zwar meist noch Zeit für Zeitung, Fernsehen und Gerede aufbringen, auch mit Interesse auf das erregende Neue uns konzentrieren, aber nicht mehr die schwebende, gesammelte Aufmerksamkeit finden, in der sich das vom Glanz der Oberflächen geblendete Auge in Geduld auf das Hell-Dunkel des Geistes einstellt." (Albert Görres)[51]
– Im Zusammenhang damit spricht der gleiche Autor auch von einer Gefühls- und Gemütsverödung, die eine Unfähigkeit zur Sammlung bedingen kann[52].
Um diesen Schwierigkeiten zu begegnen, können die Methoden der naturalen Meditation eine große Hilfe leisten, z. B. verschiedene Entspannungsübungen, die es dem Menschen ermöglichen, zu sich selbst zu kommen.
Die christliche Meditation kann heute durch die alte Tradition der Verinnerlichung der Schriftlesung neue Antriebe empfangen. Das Entscheidende ist die Bemühung, das Wort Gottes als Wort an mich und für mich zu verstehen und zu leben. Weiters kann auch die Bildbetrachtung einen Weg zum Eindringen in das Heilsgeschehen darstellen; die mittelalterliche Tradition der „Biblia pauperum" zeigt die tiefen Wurzeln dieser Methode auf.[53]

3. Gebet

Die Übergänge von Gebet und Meditation sind in der christlichen Tradition fließend. Aus der Lesung der Heiligen Schrift soll die Meditation ihre Nahrung ziehen, die wieder auf das ausdrückliche Gebet orientiert ist.

3.1 Das Gebet in der Bibel[54]

3.1.1 Das betende Gottesvolk Israel[55]

Das Beten in Israel steht in einem direkten Bezug zu den Ereignissen im Leben des einzelnen und der Gemeinschaft. Große Gestalten der alttestamentlichen Heilsgeschichte werden zugleich als große Beter dargestellt: Mose, König David und die Propheten.

a) Die „Geschichte" des Gebetes im Alten Testament
Mit Claus Westermann kann man das „Entstehen" des Betens im AT in drei Stadien gliedern[56]:
Das Frühstadium ist gekennzeichnet durch kurze Gebetsrufe, die

unmittelbar aus der Situation erwachsen, die Bestandteil des erzählten Vorgangs sind.

So finden wir Klagen des einzelnen, die aus menschlicher Not erwachsen (Ri 15,18; Jer 20,18). Aus der Volksnot erhebt sich die Klage im Mund des einzelnen (Jos 7,7–9; Ri 6,13) oder als Klage vieler (Ri 21,3; Dtn 1,27).

Dazu gehört auch die einfache Bitte, der Stoßseufzer „Ach, Herr, hilf doch!" (vgl. Ps 118,25; Nm 12,13; 2 Sam 15,31) und der Wunsch (z. B. Gen 43,13f; Ri 13,8; vgl. auch Ri 16,28; Gen 24,12).

Das Gotteslob ist der Gegenpol des Klagens und Bittens: Der Ruf „Gepriesen sei Gott" ist bisweilen verbunden mit einer Begründung, mit dem Hinweis auf die Tat Gottes, die diesen Lobruf auslöste (z. B. Gen 9,26; 24,27; Ex 15,1; 18,10; 1 Sam 25,32.39).

Zu erwähnen wären noch die Ausrufe des Gelübdes, des Vertrauens, des Staunens, des Aufatmens des Geretteten, des Siegesjubels usw.

Hinter dieser Gebetspraxis steht die Überzeugung, daß man sich in jeder Situation an Jahwe wenden kann, daß er nicht nur im Kult, sondern mitten im Leben der Gegenwärtige und Ansprechbare ist, der „Ich-bin-da" (Jahwe).

Das zweite Stadium des Betens in Israel ist dadurch gekennzeichnet, daß diese kurzen Rufe zu Gott zusammengefügt, zu einem Psalm komponiert werden. Der im Gottesdienst gesungene Psalm steht also in der Mitte zwischen den vielen Erfahrungen, aus denen er einmal in seinen Elementen erwachsen ist, und der Bewährung in neuen Erfahrungen, in die hinein er aus dem Gottesdienst mitgeht.

Das dritte Stadium alttestamentlichen Betens ist in der nachexilischen Zeit gegeben. Die Einheit der Gottesdienstgemeinde mit der im Staat gegebenen Volksgemeinde ist nach dem Verlust der politischen Selbständigkeit zerbrochen. So entstehen lange Prosagebete, die ein großes Maß an Reflexion mit dem einfachen Rufen zu Gott verbinden. In diese Kategorie gehört das Tempelweihegebet Salomos (1 Kön 8,22–53), das Bußgebet des Esra (Esra 9,5–15) und das Bußgebet bei Neh 9,6–37.

b) Gebetbuch des Psalters[57]

Die Psalmen sind aus dem Gottesdienst Israels erwachsen; sie wurden schon lange gesungen und gebetet, bevor sie aufgeschrieben wurden. So trägt jeder dieser Texte die Gebetserfahrung vieler Menschen mit sich – und seit der schriftlichen Fixierung und der Aufnahme des Psalters in den Kanon haben unzählbar viele, Christen und Juden, sich dieser Gebete bedient, um sich an den lebendigen Gott zu wenden.

Im folgenden geht es um eine kurze Reflexion über das Gebetsverständnis, das in den Psalmen zum Ausdruck kommt. Deshalb sollen auch nur die Hauptgattungen, die Lob- und Klagepsalmen bedacht werden.

Die *Klage* steht mit dem rettenden Tun Gottes in engstem Zusammenhang; auf das Rufen aus der Not folgt das helfende Eingreifen Gottes (vgl. Dtn 26,7f). „Klage" hat allerdings für den Menschen heute oft einen negativen Akzent, wohl deshalb, weil es als Sich-Beklagen, als Jammern verstanden wird. Aber die alttestamentliche Klage war kein Sich-Beklagen, sondern ein Ruf an Gott, ein Appell an ihn; die abwertende Betrachtung der Klage ist eine Folge ihrer Loslösung aus dem Gebetszusammenhang[58].

Das Rufen aus der Not begleitet die ganze Geschichte Israels. Die Klagelieder des Volkes, die im Psalter vertreten sind (z. B.: Ps 44; 74; 79; 80; 83; 89), geben davon Zeugnis. Daneben steht der Klagepsalm des einzelnen, der sich ebenfalls durch das ganze Alte Testament hindurch verfolgen läßt. Diese Gattung begegnet am häufigsten im Psalter (z. B. Ps 13; 102; 142).

Nach einer einleitenden Anrede Gottes nimmt in diesen Gebeten die Klage einen bedeutenden Raum ein. Man kann drei Aspekte der Klage unterscheiden: die „Gottklage" (diese an Gott gerichtete Klage kann bis zur Anklage Gottes gehen) – die Feindklage (denn Feinde verursachen dem Beter Leid und Verfolgung) – die Ich-Klage (die den eigenen beklagenswerten Zustand ausdrückt und artikuliert). „Die Dreigliederung der Klage zeigt ein Menschenverständnis, in dem der einzelne Mensch ohne die Gemeinschaft, zu der er gehört, und ohne das Gottesverhältnis noch gar nicht denkbar ist, die existentielle noch nicht ohne die soziale und theologische Relation." (Claus Westermann)[59]

Im Psalm schließt sich an die Klage die ausdrückliche Hinwendung zu Gott mit dem Ausdruck der Zuversicht, die wieder zur ausdrücklichen Bitte führt. Klage ist in diesem Kontext keine Selbstbemitleidung, sondern Appell an den, der das Leid wenden kann. Schließlich enden viele Klagepsalmen in einem Lobgelübde im Hinblick auf das kommende Eingreifen Gottes (z. B.: Ps 13,6; 79,13), oder der Psalm geht unmittelbar in ein Gotteslob über (z. B.: Ps 22,23–32).

Das *Lob Gottes* durchzieht ebenfalls das ganze Leben des Israeliten: als Glied des Volkes, aber auch in seiner persönlichen Situation weiß er sich abhängig vom Heilshandeln Gottes. Neben den Lobpsalmen des Volkes (z. B. Ps 124; vgl. Ex 15,1.21), die allerdings nicht in großer Zahl erhalten sind, stellen die Lobpsalmen des einzelnen ein wesentliches Element der Gebetspraxis Israels dar. Näherhin kann man zwei

Arten unterscheiden: Wo das Lob Reaktion auf eine bestimmte, einmalige Erfahrung der Errettung darstellt, spricht Westermann von berichtendem Gotteslob (auch Dankpsalm genannt); wo aber Gott gelobt wird in allem, was er ist und was er tut, spricht Westermann von einem beschreibenden Gotteslob (auch Hymnus genannt)[60].
Der berichtende Lobpsalm (z. B. Ps 18; 30; 40) hat nach einer einleitenden Ankündigung seinen Schwerpunkt im Bericht von Not und Errettung, daran schließt sich das Lob Gottes und der Dank. Der beschreibende Lobpsalm (z. B. Ps 33; 136) konzentriert sich auf eine Grundaussage, die die Mitte dieses Gotteslobes bildet (z. B. Ps 113,5.6).

3.1.2 Der betende Christus[61]

Der betende Jesus von Nazareth bringt durch seinen betenden Umgang mit Gott das zur Vollendung, was das Judentum über die Größe und Macht des Gebetes wußte; zugleich kommt in seinem Beten zum Ausdruck, daß er als *der* Sohn in einer einmaligen Beziehung zum Vater stand.
Jesus stand in der alttestamentlich-jüdischen Gebetsordnung. Daß er wie ein frommer Jude betete, können wir daraus erschließen, daß er am Sabbat „wie gewohnt in die Synagoge ging“ (Lk 4,16), eine Tatsache, die wiederholt in den Evangelien erwähnt wird (Mk 1,21; 3,1–2; 6,2; Mt 12,9–10; Lk 4,31; 6,6–7; 13,10; Joh 6,59). Das „Lehren“ in der Synagoge erfolgte ja, wie Lk 4,16ff zeigt, im Rahmen des Wortgottesdienstes. Ein weiterer Hinweis dafür, daß Jesus in der Gebetsordnung Israels stand, liegt darin, daß er den Tempel ausdrücklich als „Haus des Gebetes“ bezeichnete (Mk 11,17; Mt 21,13; Lk 19,46); das galt doch wohl auch für ihn selbst. Manche Exegeten wollten auch Anklänge an die täglichen Gebete des frommen Juden, an das „Achtzehngebet“ und das „Schema“, finden[62].
Der Jüngerkreis Jesu stellte auch eine Gebetsgemeinschaft dar. Besonders beim Mahl hatte Jesus die Rolle des Hausvaters inne, der Lob und Dank an Gott richtete (vgl. die Brotvermehrungsberichte: Mk 6,41 par.; Mk 8,7 par.; das Mahl mit den Emmausjüngern: Lk 24,30; das Letzte Abendmahl: Mk 14,22f par.; Lk 22,19f par.).
Neben den Andeutungen über das Beten in der Gebetsgemeinschaft Israels und inmitten des Jüngerkreises wird von den Evangelisten ausdrücklich darauf verwiesen, daß Jesus allein betete.[63] Markus erwähnt dies bei seinem Bericht über den Tag in Kapharnaum (Mk 1,35), nach der Speisung der Fünftausend (Mk 6,46) sowie im Garten Gethsemani (Mk 14,32–39). Zusätzlich erwähnt Matthäus noch ein Gebet für die

Kinder, die man zu ihm brachte, damit er ihnen die Hände auflege (Mt 19,13). Mit besonderer Betonung spricht das Lukasevangelium vom betenden Jesus (Lk 3,21; 5,16; 6,12; 9,18.28f; 11,1; 22,32; 22,41–45). In diesem Beten ereignet sich ein Gespräch mit dem Vater, das einzigartig ist, das nicht auf der gleichen Ebene steht wie das Beten der anderen, das Gebet Israels oder der Jüngergemeinschaft. Das wird vor allem dort deutlich, wo uns formulierte Gebete Jesu begegnen.[64] Dazu gehört die vertrauensvolle Bitte in Gethsemani: „Abba, Vater, alles ist dir möglich. Nimm diesen Kelch von mir! Aber nicht was ich will, sondern was du willst (soll geschehen)" (Mk 14,36; vgl. Mt 26,39; Lk 22,42), der Ruf in der Todesnot mit den Worten des Ps 22,2 (Mk 15,34; Mt 27,46), die Lebenshingabe mit Ps 31,6 (Lk 23,46) sowie der Jubelruf bei Mt 11,25f und Lk 10,21f. Das Johannesevangelium stellt ebenfalls die Einzigartigkeit des betenden Jesus heraus; das zeigt das Gebet angesichts des Grabes des Lazarus (Joh 11,41–42), beim Einzug in Jerusalem (Joh 12,26–27; vgl. dazu Mk 14,32–42 par.) sowie das „Hohepriesterliche Gebet" (Joh 17).

Das Spezifische des Betens Jesu liegt darin, daß das Sprechen Jesu mit dem Vater Ausdruck seines Sohn-Seins, seiner Sendung und Berufung ist.[65] Dies ist im besonderen durch die „Abba"-Anrede zum Ausdruck gebracht, die wohl nur in Mk 14,36 erwähnt wird, die aber auch in den anderen Gebeten mit der „Vater"-Anrede gemeint sein dürfte (Mt 11,25f; Lk 23,46; Joh 11,41; 12,28; 17,1.5.11.21.24.25)[66]. Zugleich verweisen aber Röm 8,15 und Gal 4,6 darauf, daß die Berufung des Christen gerade darin ihre einzigartige Qualität hat, daß wir geschenkhaft in dieses Gespräch Jesu mit dem Vater eintreten dürfen, denn im Heiligen Geist darf auch der Getaufte zu Gott „Abba" sagen! „Das christliche Gebet ist daher nichts anderes als das Gebet Jesu Christi in seinen Gliedern." (J. Tillard OP)[67]

3.1.3 Die Gebetsweisung Jesu

An erster Stelle ist bei der Gebetsweisung Jesu vom „Vater-unser" zu sprechen, welches *das* christliche Gebet geworden ist. Die übrigen überlieferten Logien Jesu über das Gebet lassen sich auf drei Schwerpunkte verteilen: Jesus spricht über die Ernsthaftigkeit des Betens, über die Notwendigkeit der Versöhnung mit dem Mitmenschen und schließlich über die Bitte mit der Zusicherung der Erhörung, eine Thematik, die auch im johanneischen Schrifttum berührt wird.

a) Das Vater-unser als Leitgebet[68]

Das „Gebet des Herrn" ist zweifach in den synoptischen Evangelien

überliefert: Mt 6,9–13 im Rahmen der matthäischen Komposition der Bergpredigt und Lk 11,2–4 als Episode im Rahmen des lukanischen Reiseberichtes. Der Unterschied beider Fassungen liegt nicht nur im verschiedenen Kontext, sondern auch im unterschiedlichen Umfang: Lukas hat fünf „Bitten", Matthäus sieben.
Der Text stellt eine geschlossene Gestalt dar: Auf die Vater-Anrede (mit dem Eröffnungswunsche der Heiligung des Namens Gottes) folgt der zentrale Gebetswunsch nach dem Kommen des Reiches Gottes (bei Mt zusätzlich konkretisiert im Wunsch nach dem Geschehen des Willens Gottes). Daraus ergeben sich drei Bitten im engeren Sinn: um die irdische Grundlage für ein Leben auf das Reich Gottes hin und um die Sicherung der ewigen Existenz derer, die in der Erwartung leben, nämlich die Bitten um Vergebung der Schuld und Bewahrung vor dem Abfall. „Was könnte es daneben gleichberechtigt noch für Bitten geben? Jesus sagt uns erschöpfend, was wir wünschen und erbitten sollen." (Heinz Schürmann)[69]
Schon in der Zeit der Kirchenväter wurde dieses Gebet als Inbegriff christlichen Betens angesehen; in allen Abhandlungen über das Gebet findet sich eine Auslegung des Vater-unser. Tertullian († nach 220) z. B. nennt es eine „Kurzformel des ganzen Evangeliums"[70], Cyprian († 258) „ein großes Kompendium der Weisungen des Herrn"[71].
Heinz Schürmann umschreibt die Aufgabe des Vater-unser mit den Begriffen „Leitgebet" (das für das Beten nicht nur inhaltliche Anweisungen geben will, sondern auch formale Anleitung und Hilfe) und „Kerngebet" (das bei Wahrung seiner Formgesetze und seines Inhaltes so oder so variiert und ausgebaut werden darf).[72]

b) Der Beter soll nur Gott im Auge haben!

Bei Mt 6,1–6.16–18[73] findet sich eine Unterweisung, die unter dem Leitmotiv von Mt 6,1 davor warnt, „die Gerechtigkeit vor den Menschen zur Schau zu stellen". Dieser Grundsatz wird in drei Strophen für die klassische Trias der guten Werke (vgl. Tob 12,8): Almosen (v. 2–4), Beten (v. 5–6) und Fasten (v. 16–18) angewendet. Getadelt wird dabei ein Gebetsverhalten, das auf das Gesehenwerden aus ist; diesem Beten wird das Gebet in der Kammer (Mt 6,6) gegenübergestellt. Damit wird aber keinesfalls ein Gebet in Gemeinschaft oder in der Öffentlichkeit verurteilt, sondern eindringlich auf die Reinheit der Absicht, auf die Ernsthaftigkeit des Betenden hingewiesen: Dem Beter soll es bei seinem Tun einzig um das Gespräch mit Gott gehen, nicht darum, von den Menschen gesehen zu werden.
Ähnlich wird auch bei Mk 12,38–40 (vgl. Lk 20,46f) von den Schrift-

gelehrten gesagt, daß sie es lieben, in ihrer Frömmigkeit bewundert zu werden, daß aber ihr Beten nicht mit ihrer Lebensführung in Einklang steht. Die Warnung von Jes 29,13 wird bei Mk 7,6 (und Mt 15,8) ebenfalls auf die „Heuchler" angewendet: Das Gebet der Lippen steht nicht in Einklang mit dem Herzen.
Sehr eindringlich wird diese Warnung vor dem Verhalten der „Heuchler", diese Mahnung zur Ernsthaftigkeit des Betens in der Beispielerzählung vom Pharisäer und Zöllner (Lk 18,9–14): Die rechte Haltung vor Gott ist entscheidend (v. 13f); der Mensch ist immer Schuldner vor Gott (vgl. Lk 17,10).

c) Der Beter soll sich um Versöhnung mit dem Mitmenschen bemühen!
Schon die Vater-unser-Bitte um Vergebung der Schuld nennt als Voraussetzung, „wie auch wir unseren Schuldnern erlassen haben" (Mt 6,12; Lk 11,4). Um diese Forderung noch zu unterstreichen, fügt Matthäus an das Vater-unser noch das Logion an: „Denn wenn ihr den Menschen ihre Verfehlungen vergebt, dann wird euer himmlischer Vater auch euch vergeben. Wenn ihr aber den Menschen nicht vergebt, dann wird euch euer Vater eure Verfehlungen auch nicht vergeben" (Mt 6,14f). Ähnliche Texte bieten auch Mk 11,25 und Lk 6,37.
Der Gottesdienst ist nur dann Gott wohlgefällig, wenn er Hand in Hand geht mit der Versöhnung dem Bruder gegenüber; nur dann darf die Gabe zum Altar gebracht werden (Mt 5,23f). Nur wenn Eintracht unter den Jüngern herrscht, geschieht ein Gott wohlgefälliges Werk: „Alles, was zwei von euch auf Erden gemeinsam erbitten, werden sie von meinem himmlischen Vater erhalten." (Mt 18,19; vgl. v. 20)

d) Der Bittende darf auf Erhörung hoffen![74]
In der Gebetsparänese der Bergpredigt bietet Matthäus auch Worte Jesu über heidnisches Fehlverhalten beim Beten (Mt 6,7–8)[75]: Man soll beim Beten nicht viel Worte machen, man soll nicht plappern wie die Heiden. Damit ist nichts Negatives über ein länger dauerndes Gebet gesagt, denn hinter dem Brauch der vielen Worte steht die Überzeugung, daß die Gottheit durch die vielen Worte erst zu Aufmerksamkeit auf den Beter und zum Interesse für seine Anliegen bewogen werden muß. Jesus stellt in der Antwort dem wortreichen Gebet nicht die Mahnung zu einem kurzen Gebet gegenüber, sondern verweist auf die falsche Gottesvorstellung, die hinter diesem Fehlverhalten steht: „Euer Vater weiß, was ihr braucht, noch ehe ihr ihn bittet." (Mt 6,8) Der Bittende darf davon ausgehen, daß er sich an den liebenden Vater und an den wissenden Gott wendet.

Die beiden Parabeln vom bittenden Freund (Lk 11,5–8) und vom gottlosen Richter (Lk 18,1–8) weisen in die gleiche Richtung[76]. Die Hauptperson ist im einen Fall der Freund, der sich im Innern befindet und der öffnet, im zweiten Fall der Richter. Wie die Schlußbemerkung des Gleichnisses andeutet (Lk 11,8 und 18,7–8a), wird jeweils eine mißliche Situation dargestellt, in der einer trotz aller widrigen Umstände erhört wird; um wieviel mehr wird dann der liebende Vater-Gott „seine Auserwählten, die Tag und Nacht zu ihm schreien", erhören!
In diese Richtung zielt auch die „Bettlerweisheit" (Joachim Jeremias)[77], die bei Mt 7,7–11 und Lk 11,9–13 überliefert ist: Der Bittende wird Erfüllung finden. Wenn schon wir Menschen, die wir böse sind, uns so verhalten, um wieviel mehr wird Gott uns das Gute, den Heiligen Geist, geben!
Solch vertrauensvolles Gebet begegnet in der Bitte der Syro-Phönizierin (Mk 7,24–30; Mt 15,21–28) und des Hauptmanns von Kapharnaum (Mt 8,5–13; Lk 7,1–10). So ermahnt Jesus die Jünger zum Gebet vor seiner Passion (Mk 14,38; Mt 26,41; Lk 22,40.46) sowie angesichts der Prüfung der Endzeit (Mk 13,18; Mt 24,20). Gott wird dem Gebet für die Verfolger (Mt 5,44; Lk 6,28) und der Bitte um Arbeiter für die Ernte (Mt 9,38; Lk 10,2) Gehör schenken.
Entscheidend ist der Glaube an den allmächtigen und liebenden Vater, denn alles vermag jener, der glaubt (Mk 9,23): Das „Versetzen von Bergen" und das „Verpflanzen von Feigenbäumen" ist dem Glaubenden, der nicht zweifelt, möglich. „Darum sage ich euch: Alles, worum ihr betet und bittet – glaubt nur, daß ihr es schon erhalten habt, dann wird es euch zuteil!" (Mk 11,23f; Mt 21,21f)
In den johanneischen Abschiedsreden finden sich ähnliche Mahnungen zum Bittgebet, verbunden mit der Zusicherung: „Alles, um was ihr in meinem Namen bittet, werde ich tun, damit der Vater im Sohn verherrlicht wird." (Joh 14,13)
Die johanneische Formulierung vom „Beten im Namen Jesu" (Joh 14,13f; 15,7.16; 16,23f.26; vgl. auch 1 Joh 3,22) verweist auf die tiefe Verbundenheit der Jünger mit Jesus. „Der Vater gewährt das Erbetene den Jüngern, weil er sie um ihrer Liebe zu Jesus willen selbst liebt (16,26f)." (Rudolf Schnackenburg)[78]

3.1.4 Die Gebetspraxis in der apostolischen Kirche

a) Lukas wird zu Recht als Evangelist des Gebetes bezeichnet; das gilt nicht nur für sein Evangelium, sondern auch für sein zweites Werk, die Apostelgeschichte.[79] Die Urgemeinde wird als betende Gemein-

schaft dargestellt (Apg 1,14; 2,42.46f). Entscheidende Momente werden durch gemeinsames Gebet vorbereitet, wie z. B. die Ersatzwahl für Judas (Apg 1,24–26) und die Einsetzung der Sieben (Apg 6,6). Man betet nach der Freilassung des Petrus und Johannes (Apg 4,24–30), für die von Philippus in Samaria Getauften (Apg 8,15). Die großen Gestalten werden als Betende gezeigt, so Petrus (z. B. Apg 9,40; 10,9) und Paulus (z. B. 9,11; 13,3; 14,23; 20,36; 21,5).
b) Die Offenbarung des Johannes trägt sehr deutlich gottesdienstliches Gepräge, die Lobgebete und Hymnen spiegeln das Beten der Urkirche wider. Im besonderen sind in diesem Zusammenhang zu erwähnen: die himmlische Liturgie in Offb 4 und 5 (s. bes. 4,8–11; 5,9–10.11–14), der Gesang vor dem Lamm (Offb 7,10f), das Lied zu Ehren des Lammes (Offb 15,3f), das Siegeslied (Offb 19,1–10) und schließlich das Gebet der Erwartung (Offb 22,17.20.21).

3.1.5 Das Gebet in den paulinischen Briefen[80]

a) Der betende Apostel
Paulus spricht des öfteren von einem unablässigen, inständigen Gebet für die Gemeinde, von einem Beten zu jeder Zeit (Röm 1,10; 1 Thess 5,17; 2 Thess 1,3.11; Eph 6,18; Kol 1,9; Phm 4), bei Tag und Nacht (1 Thess 3,10; 1 Tim 5,5).
Beten wird zugleich als intensive Bemühung, als Kampf beschrieben (Röm 15,30; vgl. Kol 4,12), hingeordnet auf den Dienst des Apostels (1 Thess 3,10; vgl. Kol 2,1).
Mit Ausnahme der Bitte 2 Kor 12,8 betreffen alle Gebete des Apostels die Gemeinde, die Verwirklichung des Heilsplanes Gottes und seine Berufung. Die apostolische Dimension christlichen Betens, die Fürbitte, kommt vor allem Röm 15,30–32; 2 Kor 1,11; Phil 1,19; 1 Thess 5,25 zum Ausdruck.
Das Beten des Apostels ist durch Bitte und Dank in gleicher Weise geprägt (Phil 4,6; 1 Thess 5,17f; 1 Tim 2,1).

b) Grundzüge einer Theologie des Gebetes
Das Gebet des Christen ist für Paulus ein Sprechen zum Vater durch Christus, in Christus. Dieses Beten in Christus ist ermöglicht durch die Wirklichkeit des Heiligen Geistes. Das wird deutlich an zwei Texten: Gal 4,6 („Weil ihr aber Söhne seid, sandte Gott den Geist seines Sohnes in unser Herz, den Geist, der ruft: Abba, Vater.“) und Röm 8,15 („Denn ihr habt nicht einen Geist empfangen, der euch zu Sklaven macht, so daß ihr euch immer noch fürchten müßtet, sondern ihr

habt den Geist empfangen, der euch zu Söhnen macht, den Geist, in dem wir rufen: Abba, Vater!"). Der Christ darf durch den Geist als Gabe des Auferstandenen eintreten in die Gottesbeziehung Jesu; wie dieser darf er Gott mit dem vertrauten Wort Abba ansprechen. Das christliche Gebet ist daher nicht vollständig beschrieben, wenn man es nur mit dialogischen Begriffen darstellt, es ist vielmehr ein „trinitarisch umgriffenes" Gebet (Hans-Martin Barth)[81].

Die Ermöglichung allen christlichen Betens durch den Geist wird auch an dem in der Geschichte christlicher Gebetsreflexion immer wieder zitierten Wort Röm 8,26f offenkundig: „So nimmt sich der Geist unserer Schwachheit an, denn wir wissen nicht, worum wir in rechter Weise beten sollen; der Geist selber tritt jedoch für uns ein mit Seufzen, das wir nicht in Worte fassen können. Und Gott, der die Herzen erforscht, weiß, was die Absicht des Geistes ist: Er tritt so, wie Gott es will, für die Heiligen ein."[82]

Wir Christen beten zum Vater durch Christus im Heiligen Geist.

3.2 Gebetspraxis und Gebetsverständnis in der Geschichte der christlichen Spiritualität[83]

Der Christ ist in seinem Beten immer eingebettet in die Wirklichkeit der Kirche, sein Beten als einzelner ist getragen und geformt vom Beten der Gemeinschaft in der Liturgie. Wenn im folgenden das Beten des einzelnen aus dieser komplexen Wirklichkeit herausgegriffen wird, dann geschieht dies im vollen Bewußtsein der Unvollständigkeit.

3.2.1 Das Gebet in der Zeit der Patristik[84]

a) Kennzeichnend für die frühchristliche Gebetspraxis ist eine zeitliche Gebetsordnung: „Dreimal am Tag sollt ihr beten!" erklärt die Didaché (1. H. d. 2. Jh.s)[85]. Zu dieser wohl aus der jüdischen Überlieferung kommenden Rahmenordnung[86] kommen noch das Gebet zu Beginn des Tages, vor Tisch und beim Einbruch der Nacht. Diese Gebetszeiten werden häufig mit einzelnen Ereignissen aus der Leidensgeschichte Christi oder dem Leben der jungen Kirche in Beziehung gesetzt. Aus diesen Gebetszeiten entwickelten sich die Tagzeiten des Stundengebetes.[87]

Die ersten Christen waren offenkundig davon überzeugt, daß das Beten nicht dem Zufall und der Beliebigkeit anheimgegeben werden könne, sondern daß es eines zeitlichen Rahmens bedürfe.

b) Auffällig ist außerdem, daß schon in der frühen Väterzeit eine Anzahl von Monographien über das Gebet erarbeitet wurden; besondere Aufmerksamkeit verdienen dabei die Schriften von Tertullian († nach 220)[88], Cyprian († 258)[89] und Origenes († 253/54)[90]. Aus der Hochpatristik soll als Beispiel die Abhandlung des hl. Augustinus († 430) über das Gebet im Brief an die Witwe Proba (aus dem Jahre 412) erwähnt werden.[91] In all diesen Schriften über das Gebet findet sich immer eine eingehende Auslegung des Vater-unser als Inbegriff christlichen Betens.

c) Einige Definitionen oder besser Umschreibungen des Gebetes aus der Väterzeit sind klassisch geworden und werden bis in unsere Zeit weitertradiert.
– Johannes von Damaskus († vor 754) hat jene Formel geprägt, die seither unzählige Male wiederholt wurde: „Das Gebet ist die Erhebung unseres Geistes zu Gott."[92] Ähnlich hat auch Augustinus das Beten umschrieben[93].
– Augustinus nennt das Beten auch ein Sprechen zu Gott hin (locutio ad Deum)[94], Johannes Klimakus († um 649) nennt es im gleichen Sinn ein „Zusammensein von Mensch und Gott"[95].
Diese Definitionen müßten in das Gesamt geistlichen Lebens integriert verstanden werden: Das Sich-Erheben des Menschen zu Gott ist ermöglicht durch ein Sich-Mitteilen Gottes an uns in Jesus Christus; insofern ist jedes Beten schon Antwort. Auch die Definition des Sprechens mit Gott darf nicht übersehen lassen, daß der im Gebet Angesprochene uns schon zuvor angesprochen hat, daß andererseits dieser Gesprächspartner sich erheblich von einem menschlichen Gesprächspartner unterscheidet, weil er größer ist als alles, was gedacht werden kann.

d) Schließlich besteht für die patristische Theologie bezüglich des Bittgebets manches Problem:
– Schon Origenes sucht Einwände gegen die Sinnhaftigkeit des Bittgebetes auf Grund der Allwissenheit Gottes und seiner Unveränderlichkeit zu entkräften.[96]
– Ein weiteres Problem ergibt sich durch die Frage, ob man um alles beten dürfe, im besonderen: ob man um zeitliche Dinge bitten dürfe. Origenes beantwortet diese Frage mit dem Hinweis, daß man um die großen und himmlischen Güter bitten solle, das Irdische würde dann dazugelegt werden (vgl. Mt 6,33).[97] Augustinus erklärt, daß man um die zeitlichen Güter nur bedingt bitten solle, weil wir nicht wissen, was uns frommt[98].

3.2.2 Aspekte des Betens im Mittelalter und in der Neuzeit

Während auf der theologischen Ebene im wesentlichen die Fragen und Antworten der patristischen Zeit – auch hinsichtlich des Bittgebetes – weitergegeben werden, ist in der Orientierung der Frömmigkeit und damit der Gebetspraxis eine Wende zwischen dem elften und zwölften Jahrhundert festzustellen: „Während bis dahin immer das Werk der Erlösung als solches im Vordergrund stand: das Kreuz als Überwindung der Sünde, der Auferstandene als Beginn der neuen Schöpfung, erwacht nun auf einmal der Sinn für das Konkrete. Das Interesse richtet sich auf die Person dessen, der die Erlösung wirkt, und auf die äußeren Gegebenheiten seiner Erscheinung und seines Weges, wie sie in den Evangelien berichtet werden . . . Es ist nicht mehr eine österliche Frömmigkeit, sondern eine weihnachtliche und Passions-Frömmigkeit." (J. A. Jungmann)[99]
Im Zusammenhang mit dieser Hinwendung zu den Einzelheiten des irdischen Lebens Jesu erfährt die Verehrung der Gottesmutter Maria eine besondere Entfaltung in dieser Epoche.
Im folgenden sollen aus der Fülle einer Geschichte des Gebetes vor allem zwei Gebetsformen näher beschrieben werden: das Jesusgebet der Ostkirche und das Rosenkranzgebet, das Rainer Scherschel treffend als Jesusgebet des Westens bezeichnet hat.

a) Das Jesusgebet der Ostkirche[100]

Das immerwährende Jesusgebet ist eine vor allem den byzantinischen und slawischen Christen vertraute Gebetsform, die im wesentlichen in einer kurzen Anrufung des Jesusnamens besteht, verbunden mit einer Anrufung seiner Barmherzigkeit: „Herr Jesus Christus, erbarme dich meiner!" – „Herr Jesus Christus, Sohn Gottes, erbarme dich unser!"[101]
In dieser Formel sind biblische Jesusprädikate (vgl. z. B.: Mt 14,33; 16,16; 26,63; Apg 16,31) mit der Bitte um Erbarmen verbunden, wofür z. B. auf Mk 10,4f; Mt 15,22; Lk 17,13; 18,13.38 verwiesen werden kann.
Die Ursprünge des Jesusgebetes liegen in der Zeit der Anfänge des Mönchtums, näherhin im „Hesychasmus", für den die Vollkommenheit des Menschen in der Verbindung des Menschen mit Gott im immerwährenden Gebet (vgl. Lk 18,1; Eph 6,18; 1 Thess 5,17) beschlossen liegt. Diesem Ziel diente die ständige Wiederholung kurzer Gebete. So empfahl z. B. Johannes Cassian († 430/35) die Wiederholung von Ps 70,2: „Gott, komm mir zu Hilfe; Herr, eile mir zu hel-

fen!"[102] Augustinus nannte diese Praxis der ägyptischen Mönche „Pfeil-Gebete", „Stoß-Gebete"[103]; die orientalische Tradition sprach vom monologischen Gebet, weil es ein Wort, einen Gedanken beinhaltete, den man aber immer wiederholte.

In der weiteren Entwicklung vom 5. bis zum 13. Jahrhundert erhielt unter diesen kurzen Gebeten die Anrufung des Jesus-Namens eine besondere Bedeutung, es wurde dieser Übung eine besondere Kraft zugeschrieben.

Im 13. und 14. Jahrhundert wurde am Athos die Anrufung des Jesus-Namens sehr intensiv geübt und mit einer psychosomatischen Technik verbunden, die durch die äußeren Bedingungen des Sitzens, vor allem durch die Verlangsamung und Kontrolle des Atmens gekennzeichnet ist. Das Aussprechen der Formel „Herr Jesus Christus, Sohn Gottes, erbarme dich meiner!" wurde mit dem Ein- und Ausatmen synchronisiert.

Zu Ende des 18. Jahrhunderts versuchten Bischof Makarius von Korinth († 1805) und der Athosmönch Nikodemus von Naxos († 1809) eine Wiederbelebung des kontemplativen Gebetes. Die Frucht dieser Bemühung war eine Sammlung von Texten aus der hesychastischen Tradition, beginnend mit den Wüstenvätern bis zu den Theoretikern des Jesusgebetes im 13. und 14. Jahrhundert; das Buch erschien unter dem Titel „Philokalie" 1782 in Venedig.[104]

Nachdem schon in der zweiten Hälfte des 15. Jahrhunderts die Praxis des Jesusgebetes vom Athos nach Rußland gelangt war, erhielt diese Tradition vor allem durch die Übersetzung der Philokalie großen Auftrieb und prägte die russische Spiritualität des 19. Jahrhunderts entscheidend. Diese Übersetzung erfolgte durch den russischen Mönch Paissij Welitschkowskij († 1794) und erschien 1793 in St. Petersburg unter dem Titel „Dobrotoljubie".

Die „Aufrichtigen Erzählungen eines russischen Pilgers", deren Ursprünge im dunkeln liegen (wahrscheinlich erstmals 1870 in Kasan erschienen), wurden in viele Sprachen übersetzt[105] und machten die Praxis des Jesusgebetes als Verwirklichung des immerwährenden Betens (im Sinn des Hesychasmus) im Westen bekannt.

Die neueren Kommentatoren des Jesusgebetes[106] unterscheiden das Gebet von der psychosomatischen Technik, die besonders in der Athos-Tradition entwickelt wurde. Doch liegt gerade im Zusammen des leibhaftigen Elementes und des Betens mit Mund und Herz das Einheitschaffende: das Zur-Ruhe-Kommen des Menschen wird zum Ausdruck zugleich des Glaubens und der demütigen Hingabe gegenüber dem Gott der Liebe, der in Jesus Christus sich geoffenbart hat.

b) Das Rosenkranzgebet[107]

Wenn Rainer Scherschel in seiner wissenschaftlichen Untersuchung über die Entstehung des Rosenkranzgebetes dieses als „Jesusgebet des Westens“ bezeichnet hat, dann ist damit schon der Einstieg in das Verständnis angedeutet.

Am Beginn der Entwicklung steht ein Wiederholungsgebet, vergleichbar den entsprechenden Übungen im ostkirchlichen Mönchtum: Der Engelsgruß an Maria (Lk 1,28), dem im Gebetsgebrauch der Kirche der Name „Maria“ hinzugefügt wurde, und das Segenswort Elisabeths über Maria (Lk 1,42) bildeten den Text des früh- und hochmittelalterlichen Ave Maria. Diese Worte stellten ein christozentrisches Wiederholungsgebet dar, das seit dem 11. Jahrhundert häufig bezeugt wird. Die Wiederholungen orientierten sich vielfach am System der 150 Psalmen, d. h. man betete 50 oder 150 Ave Maria.

Im 12. Jahrhundert war das Ave Maria als Wiederholungsgebet überall verbreitet. Ein weiterer Schritt war die Verknüpfung mit dem Vaterunser. In manchen Regeln wurden beide Gebete streng parallel behandelt, d. h. zu jedem Vater-unser war auch ein Ave Maria zu beten.

Im Verlauf des 14. Jahrhunderts fügte man dem sehr kurzen Wortlaut des Ave Maria den Namen „Jesus“ an und beschloß das Gebet mit einem Amen. „Wenn das Ave auch vorher schon in einem theozentrischen und christozentrischen Sinnzusammenhang stand, so erhält dieser Zusammenhang eine eindeutige ‚Sinnspitze‘ durch die Hinzufügung des Namens Jesu. Das Ave Maria wird Jesusgebet im eigentlichen Sinn, da die Intentionen der Namen-Jesu-Verehrung mit ihm verbunden werden.“ (Rainer Scherschel)[108]

Im breiten Strom dieser spätmittelalterlichen Gebets- und Betrachtungsformen entstand in der Trierer Kartause St. Alban zu Beginn des 15. Jahrhunderts die konkrete Form des Rosenkranzes: Mit dem Ave-Maria-Fünfziger oder mit dem Ave-Maria-Psalter wurde eine Leben-Jesu-Betrachtung verbunden. Das geschah durch sogenannte „Clausulae“, Relativsätze, die das Leben Jesu in entsprechend viele Einzelzüge aufschlüsselten. Ein besonderer Anteil an diesem Prozeß wird den beiden Trierer Kartäusern Adolf von Essen († 1439) und Dominikus von Preußen († 1460) zugeschrieben, wobei allerdings auch Vorformen dieses Kartäuserrosenkranzes bekannt sind.

Inhaltlich ist diese Erweiterung der Ave-Maria-Reihen zum Rosenkranz (d. h. zu einem Schmuck für die Gottesmutter) zugleich eine Konkretisierung des Namens Jesu, dessen heilschaffendes Leben, Sterben und Auferstehen in den einzelnen „Gesetzen“ aufleuchtet.

Die heutige Form des Ave Maria, die nach dem Wort Jesus noch eine

abschließende Bitte aufweist, ist vereinzelt schon im 15. Jahrhundert bezeugt, wurde aber erst seit der Brevierreform Pius' V. 1568 allgemein üblich.
Das Rosenkranzgebet ist ein Jesusgebet, eine Meditation des Lebens Jesu, in dem das konkrete Heilsgeschehen in Jesus Christus – durch ständiges „Wiederkauen" – innerlich aufgenommen werden soll, um schließlich das konkrete Leben im Geist Christi zu durchformen.

3.2.3 Die Infragestellung des dialogischen Gebetsverständnisses

a) Gebetstheorie und Gebetskritik im 18. und 19. Jahrhundert[109]

Gebet als ausdrückliches Sich-Beziehen auf Gott, als „Sprechen" mit Gott wird dann fraglich, wenn die „Erreichbarkeit" und Ansprechbarkeit Gottes in Frage gestellt wird. Und da das Bittgebet als Ernstfall des Glaubens und des Betens anzusprechen ist, wird unter dieser Voraussetzung gerade diese Gebetsform zum Problem.
So bedeutet es z. B. für Immanuel Kant (1724–1804)[110] „abergläubischen Wahn", das Beten als einen „inneren förmlichen Gottesdienst und darum als Gnadenmittel" zu verstehen. Es ist ja bloß ein „erklärtes Wünschen, gegen ein Wesen, das keiner Erklärung der inneren Gesinnung des Wünschenden bedarf, wodurch also nichts getan ... mithin Gott nicht wirklich gedient wird." Wichtig scheint aber für Kant der „Geist des Gebetes", der „ohne Unterlaß" (vgl. Lk 18,1) in uns stattfinden kann und soll: Dieser Geist des Gebetes besteht in dem „Wunsch, Gott in allem unserem Tun wohlgefällig zu sein"; es ist „die alle unsere Handlungen begleitende Gesinnung, sie, als ob sie im Dienste Gottes geschehen, zu beurteilen."[111]
Diese Interpretationsrichtung hält sich bis ins 20. Jahrhundert durch: Wo ein Ansprechen Gottes im Gebet nicht für möglich gehalten wird, wo man aber trotzdem das Gebet als religiösen Akt beibehalten möchte, wird sehr häufig das „immerwährende Gebet" bemüht, das als Ernsthaftigkeit und Lauterkeit der ethischen Bemühungen des Menschen verstanden wird. Bezüglich des Bittgebetes werden in diesem Verstehenshorizont die Wirkungen auf den Bittenden herausgestrichen (da ja von einer Wirkung auf Gott voraussetzungsgemäß nicht gesprochen werden kann). Dabei kann das Moment der Ergebung angesichts des Gefühls der schlechthinnigen Abhängigkeit (F. Schleiermacher) im Vordergrund stehen oder die psychologische Wirkung, die der Bittende in der Bitte erfährt.
Selbstverständlich ist die Religionskritik des 19. und 20. Jahrhunderts zugleich auch Gebetskritik. So ist im Denken von Friedrich Nietzsche (1844–1900) für den von Gott befreiten „tollen" Menschen, der den

Tod Gottes verkündet, die Konsequenz klar: „Du wirst niemals mehr beten, niemals mehr anbeten."[112] Und wenn Ludwig Feuerbach (1804–1872) Theologie und Anthropologie identifiziert, dann folgt daraus, daß Gebet nur Selbstgespräch sein kann: „Das Gebet ist die Selbstteilung des Menschen in zwei Wesen – ein Gespräch des Menschen mit sich selbst, mit seinem Herzen . . .".[113]
Wo jedes Gottesbild als menschliches Produkt erklärt wird, als Projektion, als Illusion, dort ist damit auch das Gebet ein Verhalten, das der erwachsene, aufgeklärte und autonome Mensch überwinden muß.

b) Theologische Gebetskritik der sechziger- und siebziger Jahre
Gegen ein Verständnis des Betens als einem Sich-Zurückziehen aus der Welt hat der anglikanische Bischof John A. T. Robinson in seinem Buch „Honest to God"[114] Stellung bezogen. Er tritt für ein „nicht-religiöses" Verständnis des Gebetes ein: Gebet geschieht nicht neben und außerhalb des Lebens, sondern mitten in diesem Leben, konkret in der Begegnung mit dem Nächsten.[115]
Die evangelische Theologin Dorothee Sölle[116] spricht ebenfalls von der Entgrenzung des Betens durch Jesus; nicht die Grenzsituation des Lebens ist der Ort des Betens, sondern das Inland des Lebens. Im Beten versuchen wir zu sagen, wo wir sind und wer wir sind; dabei ist es für Sölle zweitrangig, ob dieses Beten Monolog oder Dialog ist.
In ihren „Thesen zum politischen Fürbittgebet" kommt zum Ausdruck, daß Bittgebet zu einer Aktion des Menschen führen müsse und nicht ein Wunder von außerhalb erwarten dürfe.[117]
Der evangelische Theologe Gert Otto[118] behauptet in bezug auf das herkömmliche Verständnis des Gebetes, daß man Gott nicht als ansprechbares personales Gegenüber betrachten dürfe, daß man auch nicht „mit einem von außerhalb der Welt herkommenden unmittelbaren Eingreifen Gottes in weltliche Geschehensabläufe rechnen" dürfe.[119] Die Lösung der Gebetsproblematik liegt für Otto in der Aufforderung „Betet ohne Unterlaß": „Letztlich geht es nämlich darauf hinaus, das Gebet als Einzelakt, das Gebet als eine besondere Form des Sprechens in das Leben hinein aufzulösen."[120]
Schließlich interpretiert der Schweizer reformierte Theologe Walter Bernet[121] das Gebet in einem Dreischritt: Im Beten geschieht Reflexion, Auf-Distanz-Gehen, Innewerden der Endlichkeit unserer Erfahrung; das ist die erste Stufe. Daran schließt sich das Erzählen, das Ins-Wort-Fassen dieser reflektierten Erfahrung. Die dritte Stufe liegt im Situieren, im Offenlegen der menschlichen Grunderfahrung des „Gerecht und Sünder zugleich".

All diesen Positionen liegt eine Ablehnung der Ansprechbarkeit Gottes zugrunde; die im vorausgehenden Abschnitt angedeutete Grundtendenz wirkt hier stark nach. Wenn aber das Gebet Gott nicht zu erreichen vermag, kann es nur eine auf den Menschen und sein Tun bezogene Funktion haben, wird es zur bloßen Reflexion oder es gerät in den Verdacht einer Fluchtbewegung.
Im besonderen verschärft sich diese Problematik hinsichtlich des Bittgebetes[122]: Gott kann das gar nicht erfüllen, was wir bittend von ihm erflehen, weil die Naturgesetzlichkeit ein „Eingreifen" Gottes nicht gestattet. Damit ist auch zugleich der Verdacht gegeben, daß Beten eine Ersatzhandlung sei, Ersatz für ein Tun, einen persönlichen Einsatz, um den man sich drücke, indem man das Anliegen an die höhere Instanz delegiere.[123]

3.3 Grundzüge einer Theologie des Gebetes

Für das christliche Gebetsverständnis ist das „dialogische" Verhältnis des Menschen zu Gott von entscheidender Bedeutung: Gott als das den Menschen schaffende und rufende Du, Gott als der Ansprechbare und Hörende; Gott, der Urgrund und das Urbild menschlichen Personseins, auch als der Unbegreifliche, als das unauslotbare Geheimnis.[124]

3.3.1 Was ist Gebet?

a) Verschiedene Zugänge
– Vor den theologischen Antworten kann ein Blick auf die Versuche christlicher Philosophen zur Gebetsthematik manches erhellen:
Mit Jörg Splett kann man das Gebet als „Antwort gerufener Freiheit" bezeichnen.[125] Im ausdrücklichen Gebet wird dieser Grundvollzug thematisiert. Weil sich der Mensch als Wesen erfährt, das sich einem Ursprung verdankt, das sich und sein Leben nicht aus sich hat, wird Dank ein wesentliches Element dieser Antwort sein, zugleich aber auch Bitte als Ausdruck der Hoffnung, in der sich Freiheit als angewiesene kundtut.
Der Entwurf von Ferdinand Ulrich[126] sieht ähnlich das Gebet als Grundakt des Menschen, der sich Gott verdankt. So ist das Beten ein Gehen zum Grund des Daseins (ein Zu-grunde-gehen).
Georg Scherer[127] wieder sieht im Gebet die Annahme des Gesetztseins des Menschen durch die absolute Freiheit.
Beten wird also – theologisch gesprochen – in engem Zusammenhang mit dem Geschaffensein des Menschen gesehen, mit seiner Berufung.

Dieses Sich-Verdanken wird im Gebet ausgesprochen; im Gebet ereignet sich ein wesentlicher Aspekt jener Antwort, die der Mensch als endliche und angewiesene Freiheit dem darbringt, dem er sich verdankt.

– Die theologischen Ansätze des Gebetsverständnisses schließen diese Grundstruktur ein:

Otto Hermann Pesch hat das christliche Gebetsverständnis mit der Formel vom Gebet als „sprechendem Glauben“ zum Ausdruck zu bringen versucht.[128] Die Grundantwort des Menschen, der Glaube, stellt nicht nur eine Lebensorientierung dar, sondern soll ins Wort gefaßt, ausgesprochen werden. Denn die Sprache ist eine Weise der Verwirklichung des Menschseins, das menschliche Existieren ist wesentlich ein Sprachgeschehen. Glaube als Weise des Existierens auf Gott hin ruft nach dieser Wortgestalt, nach dem Gebet.

Auch für Karl Rahner[129] ist das Gebet das Ausdrücklichwerden, das Ins-Wort-Gefaßtwerden von Glaube, Hoffnung und Liebe. Diese Ausdrücklichkeit ist einerseits notwendig, andererseits aber erschöpfen sich die Grundvollzüge von Glaube, Hoffnung und Liebe nicht im Gebet.

– Alle diese Zugänge bringen die dialogische Situation des Menschen Gott gegenüber ins Spiel: Der Mensch vermag im Gebet das Du Gottes anzusprechen, nachdem zuvor der Mensch durch den Anruf des göttlichen Du ins Dasein gerufen und zur Freiheit befreit wurde. Doch die spezifisch christliche Dimension des Betens ist damit noch gar nicht ausgesprochen worden: Das christliche Gebet ist ein trinitarisches Geschehen; darauf hat jüngst der evangelische Theologe Hans-Martin Barth verwiesen.[130] Durch Jesus, den menschgewordenen Sohn Gottes, dürfen wir Gott als Vater ansprechen; die Befähigung dazu gibt uns der Heilige Geist, der in uns ruft: Abba, Vater! So kann auch das Gebet der Christen als Gebet Christi in seinen Gliedern bezeichnet werden[131].

b) Zusammenschau

Von Gott, dem Adressaten und Partner des Gebetes her gesehen, geschieht im Beten ein Antworten auf unsere *Berufung* als Christen, ein Ja zur Gemeinschaft mit dem Vater durch Christus im Heiligen Geist. Dieses Tun des Getauften hat weiters einen Bezug zur Kirche, denn als Glied des Gottesvolkes, des Leibes Christi, steht der einzelne vor dem Vater.

Vom Menschen her gesehen, geschieht im Beten die *Antwort* des Glaubens, der Hoffnung und der Liebe, insofern „ins Wort gebracht“

werden, ausdrücklich gemacht, thematisiert werden. Das bedeutet aber nicht, daß Beten immer geschwätzig sein muß, daß es nicht auch ein schweigendes Beten und Sich-Beziehen auf Gott geben darf.

3.3.2 Grundformen und Grundstruktur des Gebetes

a) Die Grundformen

Die Grundformen des Betens ergeben sich als Aspekte der Begegnung des berufenden Gottes und des gerufenen Menschen. Wo im Gebet die Größe der Berufung, das Beschenktwerden im Vordergrund steht, dort geschieht Dank, Lob, Anbetung. Wo der Beter auf seine Ohnmacht blickt, auf seine Sündigkeit, auf sein Unterwegssein zu dieser Berufung, dort wird die Bitte laut. Schon die Psalmen haben diese Grundantworten des Menschen auf die Erfahrung der Freude und des Leides gezeigt: das Lob und den Dank einerseits, die Klage und die Bitte andererseits. Beide Grundformen prägen auch das gottesdienstliche Beten der Kirche, beide Grundformen des Betens sollten auch das Beten des einzelnen prägen, wenngleich in einzelnen Phasen des Lebens die eine oder andere Grundform zeitweilig im Vordergrund stehen kann.

b) Die Grundstruktur

Aus der zuvor gezeigten Grundgestalt des Betens ergeben sich auch einige Wesenszüge:

– Beten ist Gnade und freie Tat des Menschen. Der Christ weiß sich zum Beten ermächtigt, zum „Abba, Vater"-Sagen durch den Heiligen Geist, der uns gegeben ist. Dieser ist *die* Gabe, *die* Gnade Gottes. Aber die Antwort geschieht in Freiheit; sie kann auch verweigert, verzögert und versäumt werden.

– Beten als sprechender Glaube hat ein Innen und Außen, ein inneres Wort, das sich in äußerer Form kundtut. Als menschliche Antwort bedarf auch das Beten einer Leibhaftigkeit, die aber nicht immer im gleichen Grad und in der gleichen Intensität gegeben sein muß.

– Beten ist schließlich ein Tun des einzelnen und zugleich ein Tun in der Gemeinschaft. Grundlegend hat jedes Beten eine kirchliche Dimension, weil dem einzelnen in der Kirche die Gegenwart des Heilsgeheimnisses geschenkt ist. Einzelgebet und Gemeinschaftsgebet sind aufeinander verwiesen: Vom Beten der Kirche lebt das Gebet des einzelnen Christen, aber auch die betende Gemeinschaft des Gottesvolkes lebt von der Gebetsintensität der einzelnen betenden Glieder dieser Gemeinschaft.

– Schließlich gehört das Unterwegssein als wesentliches Element der Grundgestalt des geistlichen Lebens auch zu den Merkmalen des Gebetes. Es bleibt eine ständige Aufgabe, es bleibt mühevoll; so spricht Abbas Agathon, ein ägyptischer Mönch des 4. Jahrhunderts und gewiß ein erfahrener Beter: „Es gibt keine größere Mühe als das Beten zu Gott!"[132] Gerade deshalb darf das Beten nicht dem Zufall des Augenblicks vorbehalten bleiben, sondern muß auch in einer Regelmäßigkeit, in einer äußeren Ordnung geschehen, wie dies die Alte Kirche schon erkannt hat.

3.3.3 Theologische Fragen zum Bittgebet[133]

Die Kritik am Gebetsverständnis der christlichen Tradition hat sich in besonderer Weise auf das Bittgebet bezogen. Denn dort, wo die Ansprechbarkeit Gottes in Frage gestellt wird, muß die an Gott gerichtete Bitte um Abwendung einer Not besonders ärgerniserregend empfunden werden. Andererseits erfährt der Glaube als Antwort an den lebendigen Gott, der sich uns erschlossen hat, die Probe auf seine Ernsthaftigkeit dort, wo man Gott Not-Wendendes zutraut, wo man ganz konkret bittet. Deshalb ist das Bittgebet ein „Testfall des Glaubens".[134]

a) Worum darf man bitten?[135]

In der Bitte bringt der Mensch vor Gott seine Hilfsbedürftigkeit, seine Offenheit und Bereitschaft zum Ausdruck. „In der vertrauenden Übergabe an diesen Gott, vor dem er sich bittend formuliert, findet und erfährt er sich selbst als ein Wesen, das, noch bevor es darum weiß, auf Gott hin angelegt ist und deshalb auf ihn hin ausgelegt werden muß. Das Gebet als Dolmetsch dieses Grundwollens ist deshalb ein Nachbuchstabieren der geschöpflichen Grundsituation." (Hans Schaller)[136]

Näherhin kann die Bitte als Ausdruck der Glaubenshaltung, als Vollzug der Hoffnung auf den lebenschaffenden Gott, als Ausdruck der Liebe zu Gott und den Mitmenschen gesehen werden.

Der tiefste Grund der menschlichen Bitte liegt in der Erfahrung der Bedrohtheit, in der Gefahr des Scheiterns, letztlich in der Erfahrung des Todes. „Krankheit, Einsamkeit, Leiden, Not, Beschwernisse, Enttäuschungen, Freudlosigkeit: All das sind nicht nur Zeichen und Vorboten des Todes, sondern konkrete Formen der Todeswirklichkeit im Leben selbst." (Gisbert Greshake)[137]

Die Bitte ist daher letztlich auf ungemindertes Leben ausgerichtet, auf die Auferstehung. In diesem großen Zusammenhang kann man nicht mehr zwei verschiedene Gebetsgegenstände unterscheiden, die Bitte um Heil und die Bitte um zeitliche Güter. Vielmehr kommt in jeder Bitte letztlich ein Bitten um die Auferstehung zum Ausdruck: eine Bitte um Licht angesichts des Dunkels, eine Bitte um die Gemeinschaft mit dem rufenden Gott angesichts der Einsamkeit und Verlorenheit, die der Mensch erfährt. In diesem größeren Horizont darf man Gott um alles bitten.

b) Kann Gott unsere Not wenden?[138]

Die Heilige Schrift des Alten und des Neuen Testaments ist zutiefst davon überzeugt, daß Gott es ist, der die Geschichte lenkt und in allem wirkt. „Nichts in Schöpfung und Geschichte steht außerhalb des allumfassenden Handelns Gottes." (Gerhard Lohfink)[139]

Diese umfassende Geschichtsmächtigkeit Gottes ist aber nicht als Ausschaltung geschöpflicher Ursächlichkeit zu sehen. Gott und Welt dürfen nicht nach dem Modell konkurrierender Ursachen oder Faktoren verstanden werden. Schöpfung bedeutet die Entlassung in verantwortliches Eigensein. Daher ist zugleich festzuhalten, daß alles Geschehen in dieser Welt aus innerweltlichen Ursachen herkommt und auch nach diesen befragt werden kann, daß aber zugleich und ohne Rücknahme des eben Gesagten gilt, daß alles Geschehen in Gottes Hand liegt. „Wenn Gott auf eine Bitte hin wirkt, so ist dieses Wirken nicht als ein mehr oder weniger unvermitteltes Dazwischentreten in die innerweltlichen Ursachenreihen, die ihrerseits Gegenstand der Naturwissenschaften sind, zu sehen; das erbetene Wirken vollzieht sich in der Ordnung der transzendentalen Verursachung und Erhaltung der Welt." (Hans Schaller)[140]

Gott als Schöpfer kann die Not wenden, die ihm vorgetragen wird. Spricht aber nicht die Tatsache der Unveränderlichkeit Gottes gegen die Möglichkeit, durch die Bitte das Verhalten Gottes zu „beeinflussen"?[141]

Die Aussage von der „Unveränderlichkeit" Gottes kann nur in engem Zusammenhalt mit dem Sich-Offenbaren Gottes im Alten und Neuen Testament verstanden werden. Das Alte Testament zeigt Gott nicht als unbeweglichen, sondern als einen, der Israels Weg begleitet, der die geschöpflichen Entscheidungen respektiert, der nichts erzwingt. Vor allem aber zeigt sich das „geschichtliche" Verhalten Gottes in der Menschwerdung des Gottessohnes. So kann Gott nicht als unbeweglicher und festgelegter betrachtet werden, sondern als lebendiger: Er ist unwandelbar und unveränderlich treu in seiner Liebe und Zuwendung dem Menschen gegenüber.

„Wo und wenn Gott handelt, ist geschöpfliche Ursächlichkeit einbezogen und herausgefordert, ohne daß Gottes Handeln sich in den im Geschöpf ‚vorhandenen' und überschaubaren Möglichkeiten erschöpft und ohne daß der Weltlauf und das Einzelgeschick Gott aus den Händen fallen." (Gisbert Greshake)[142]

c) Hören und Erhören der Bitte[143]

Für den Glaubenden kann es keinen Zweifel daran geben, daß Gott alle unsere Bitten hört. Auch dort, wo die konkrete Bitte nicht erfüllt wird, gilt dies. Hans Schaller SJ hat in diesem Zusammenhang vorgeschlagen, zwischen Erhörung und Erfüllung zu unterscheiden: „Mit Erhörung soll die ursprüngliche Zusicherung Gottes, das Gebet jedenfalls in Betracht zu ziehen, gemeint sein. Mit Erfüllung bzw. Nicht-Erfüllung soll all das bezeichnet werden, was die geschichtliche Manifestation der göttlichen Antwort, das konkrete Ja oder Nein betrifft. Deshalb gibt es nach dieser Sprachregelung zwar nicht-erfüllte, aber nicht nicht-erhörte Gebete."[144]

Eine Antwort auf die Bitte geschieht schon im Aussprechen der Bitte: Das Bedrückende und Dunkle des Lebens wird schon dadurch aufgehellt, daß sich der Beter an jenen wendet, „der die Toten lebendig macht und das, was nicht ist, ins Dasein ruft" (Röm 4,17). In diesem Horizont ereignet sich schon eine Erfahrung der Zuversicht und der Hoffnung. Auch die Tradition des Neuen Testaments weist in diese Richtung (vgl. z. B. 2 Kor 4,8ff; 6,9f; 12,8f). Das Bittgebet Jesu am Ölberg (Mk 14,36 par.) ist eine erhörte Bitte, wenn auch die Erfüllung der Bitte nicht in der Abwendung des Leidenskelches erfolgt ist; die Bereitschaft für den Willen Gottes ist das Entscheidende.

Der Beter erhofft aber, daß diese neue Sinn- und Auferstehungserfahrung noch konkretere Formen annehme, daß sich das Ja Gottes sichtbar manifestiere. In der Bitte zeigt sich das Verlangen, in einer konkreten Situation schon einen Abglanz der endgültigen Herrlichkeit und Erfüllung zu erhalten. Zugleich ist es die ständige Not des Bittenden, daß diese Erfüllung seiner Bitte nicht immer geschieht. Bedingt durch die menschliche Sündigkeit können ja in der Bitte allzu leicht die eigenen Interessen mit dem Willen Gottes identifiziert werden. Zudem darf der Bittende, dessen Gebet nicht erfüllt wird, nicht übersehen, daß der Heilsweg Gottes in Jesus Christus auch durch das Kreuz gekennzeichnet war und ist. So sehr es berechtigt ist, die Erfüllung des Erbetenen als Zeichen göttlichen Hörens zu erhoffen, entscheidend ist die Grundhaltung: „Nicht, was ich will, sondern was du willst, soll geschehen" (Mk 14,36).

Das Bittgebet und seine Erhörung und Erfüllung können nicht in den Kategorien von Leistung und Erfolg betrachtet werden. Das Bittgebet ist nur für den sinnvoll, der glaubt, daß Gott sich uns in Jesus Christus, in seinem Leben, seinem Leiden und seiner Auferstehung unüberholbar erschlossen hat.

3.3.4 Der Ort des Gebets im Gesamt des christlichen Lebens

a) In der theologischen Gebetskritik wurde wiederholt der Vorwurf erhoben, daß Gebet „Ersatzhandlung" werden könne: An Stelle eines tatkräftigen Einsatzes für den Mitmenschen und für die beklagte Not, werde gebetet – und nichts getan.[145] Zweifellos gab und gibt es einen solchen Mißbrauch des Gebetes. Aber ebenso verfehlt scheint die gegenteilige Weisung, daß man nur dort bitten dürfe, wo die Bemühungen des Menschen nichts mehr fruchten, wo man eben „nur noch beten kann". Auch in einem solchen Fall würde das Gebet und damit Gott in die Rolle eines „Lückenbüßers" geraten. Gebet und mitmenschlicher Einsatz dürfen so wenig gegeneinander ausgespielt werden wie Gottes Schöpferwirken und die geschöpfliche Aktivität. Im Gebet trägt der Mensch seine Situation Gott vor, der die Not zu wenden vermag. Zugleich aber ist der Mensch gerufen, die Aufgaben, die das Leben und die menschliche Gemeinschaft ihm stellt, zu erfüllen. So wenig die Liebe zu Gott und die Liebe zum Nächsten gegeneinander gestellt werden dürfen, so wenig stellen Gebet und Tun einen Gegensatz dar; beides gehört wesentlich zum christlichen Lebensvollzug.

Letztlich geht es im christlichen Leben um den Vollzug von Glaube, Hoffnung und Liebe, welche die umfassende Antwort des Menschen auf Gott hin darstellen. Diese Glaubensantwort drückt sich im Gebet aus, sie bedarf des Ausdrücklichwerdens im Gebet, aber sie erschöpft sich nicht darin.

b) In der Geschichte der christlichen Spiritualität wurde diese Problematik auch unter dem Gesichtspunkt des Verhältnisses von aktivem und kontemplativem Leben reflektiert.[146] Daß diese beiden Lebensformen und Lebensbereiche nicht auf der gleichen Ebene verglichen werden können, sondern auf einer höheren Ebene zu einer Einheit verbunden werden müssen, hat schon Meister Eckhart († 1328) in seiner eigenwilligen Deutung der Perikope von Maria und Martha (Lk 10,38–42) angedeutet: Zur Versunkenheit im Hören auf den Herrn muß auch die Fruchtbarkeit in der Liebe kommen.[147] Ähnlich wird von Ignatius von Loyola († 1556) gesagt, daß er ein Kontemplativer im Tun (contemplativus in actione) gewesen sei.[148] Er hat das „Gott suchen und finden in allen Dingen"[149] zu einem wesentlichen Punkt seines geistlichen Programms gemacht. Das Gebet hat in diesem größeren Ganzen seinen wesentlichen Stellenwert, aber es ist integrierender Teil eines größeren Ganzen.

c) In diesem Sinn kann zutreffend auf die Mahnungen zum immerwährenden Gebet (Lk 18,1; 1 Thess 5,17) verwiesen werden: Das häufige Gebet soll zu einer Offenheit und Verfügbarkeit des gesamten Lebensvollzuges führen. Das Gebet als sprechender Glaube soll zum Leben des Glaubens, des Ja zu Gott führen.

4. Mystik und Kontemplation

Der schon öfter zitierte Kartäuserprior Guigo II. († 1188 oder 1193) sieht die Lesung, die Meditation, das Gebet und die Kontemplation als vier Stufen, auf denen der Mönch zu Gott geht. Diese Stufen stehen in einem engen Zusammenhang zueinander: „Die Lesung sucht die Freude des seligen Lebens, die Meditation findet sie, das Gebet erfleht sie und die Kontemplation verkostet sie."[150]

4.1 Mystik als religiöses Phänomen

Das Wort „Mystik" deutet von seiner griechischen Grundbedeutung her auf „Verborgenes" hin, auf eine Erfahrung, die jenseits der alltäglichen Erfahrung liegt. „Mystik" meint eine spezifische religiöse Erfahrung; Sprechen und Berichten über diese Erfahrung kann mit dem Wort „Mystologie", bezeichnet werden. Die Hinführung zu dieser Erfahrung – eine Absicht und eine Motivation, die den meisten Mystologien zugrundeliegt – nennt man „Mystagogie".[151]

4.1.1 Mystik – religionswissenschaftlich betrachtet[152]

a) Typologie des Phänomens Mystik

Dem Phänomen Mystik begegnet man in den verschiedensten religiösen Traditionen. Aber diese mystische Erfahrung tritt in sehr unterschiedlichen Formen und Typen auf, die nicht leichtfertig miteinander identifiziert werden dürfen. Der bedeutende Religionswissenschaftler Robert Charles Zaehner (1913–1975) unterscheidet drei Kategorien mystischer Erfahrung[153]:

– Naturmystik: Damit ist die Erfahrung bezeichnet, „die einem sagt, man sei alles und alles sei man selbst." Das Ich und die Welt werden als identisch erlebt. Da in diesem Zusammenhang keine Gleichsetzung des „Alles" mit Gott stattfindet, kann man nicht von Pantheismus sprechen. Zaehner schlägt dafür den Begriff Pan-en-hen-ismus vor: alles in einem. Diese Naturmystik ist in mystischen Erfahrungen primitiver Religionen und in einigen Strömungen des Tantrismus gegeben.

– Monistische Mystik: Der Welt der Erscheinungen kommt keine wahre Existenz zu. Daher ist es entscheidend, sich aus dieser Welt der Erscheinungen zurückzuziehen und in das eigene Innere einzutreten. Das Ich des Menschen ist das Absolute, das Göttliche. Dieser Typ der monistischen Mystik ist z. B. im Samkhya-System, das zur philosophischen Grundlage des Yoga geworden ist, und im Vedanta-Monismus gegeben.

– Theistische Mystik: In dieser Erfahrung ist ein persönlicher Gott vorausgesetzt, der nicht identisch ist mit der Natur oder der Einzelseele. Die mystische Erfahrung richtet sich auf dieses göttliche Du. Der einzelne geht in dieser Begegnung, in dieser Vereinigung nicht unter; er wird verwandelt und in den göttlichen Bereich gerufen.

b) Elemente der mystischen Erfahrung[154]

Bei aller Verschiedenheit der Tiefen-Dimension dieser mystischen Erfahrungen, lassen sich doch in Umrissen einige gleichbleibende Elemente nennen:

– Radikale Passivität: Es ist das Transzendente, das Geheimnis, das den Menschen „überfällt". Entweder wird dies als die Frucht des Leerwerdens angesehen oder – im christlichen Verständnis – als unverdienbare Gabe des sich mitteilenden Gottes. Die Erfahrung der Passivität ruft aber zugleich eine neue Kraft und Aktivität wach.

– Totalität: Dieser Aspekt der Hinordnung auf das „Ganze" wird in den verschiedenen Typen je verschieden artikuliert. Damit verbunden ist das Bewußtsein, den Zustand der Trennung und Entzweiung überwunden zu haben.

– Intuitive Erkenntnis: Das Erkennen des Mystikers ist anders als das des Philosophen, anders als das gewöhnliche Erfassen von Sachverhalten. Die Mystiker behaupten, die Wahrheit „ent-deckt", eine neue Sicht der Wirklichkeit erfahren zu haben; damit ist zugleich auch eine neue Sicherheit gegeben.

– Augenblickserfahrung: Die mystischen Erfahrungen sind „datierbar", eingeordnet in Zeit und Raum, von kurzer Dauer, vorübergehend. Bisweilen können sehr intensive Erfahrungen mit psychosomatischen Begleiterscheinungen verbunden sein (Ekstase, Tanz, Verzükkung usw.). Diese Phänomene sind nicht das Wesentliche, sondern – wie Teresa von Avila und Johannes vom Kreuz erklären – der Sold der menschlichen Schwäche angesichts der überwältigenden Begegnung mit dem lebendigen Gott.[155]

– Von der Erfahrung zum „Sein“: Die Mystik beschränkt sich nicht auf vorübergehende Augenblicke, sondern tendiert auf einen Zustand, der von den fernöstlichen Mystikern als Befreiung, von den christlichen Mystikern als Tod all dem gegenüber, was nicht Gott ist, dargestellt wird. Um dieses Einssein auszudrücken, wird häufig das Bild des ehelichen Bundes benutzt.

4.1.2 Philosophische Überlegungen zu „Erfahrung“[156]

Wiederholt war bisher beim Bedenken des religiösen Phänomens der Mystik von „Erfahrung“ die Rede. Dieser Begriff gehört nach den Worten des Philosophen Hans-Georg Gadamer zu den ungeklärtesten Begriffen, die wir besitzen.[157] Das trifft durchaus auch für den Bereich der Mystik zu.

a) Mit Jean Mouroux lassen sich drei Dimensionen von „Erfahrung“ unterscheiden[158]:

– Die empirische oder die Alltagserfahrung, die unreflektiert im Umgang mit der Welt geschieht. Wenn in der Umgangssprache von Erfahrungen, die man im Leben macht, gesprochen wird, ist diese Dimension gemeint.

– Die experimentelle Erfahrung hingegen wird bewußt und zielgerichtet gesucht, indem die Bedingungen vorher abgegrenzt und festgelegt werden. Dazu zählen die Erfahrungen des Naturwissenschaftlers.

– Die Ganzheitserfahrung (oder experientielle Erfahrung, wie sie von Mouroux genannt wird) bezieht sich nicht auf einen Teilbereich der Wirklichkeit, sondern auf alle Ebenen des menschlichen Daseins. In diese Dimension fallen die Grunderfahrungen des Menschen (Glück, Einsamkeit, Freiheit, Sinn bzw. die entsprechenden negativen Erfahrungen).

b) Zum Bereich der Ganzheitserfahrung zählt auch die mystische Erfahrung. Die Elemente dieser menschlichen Grunderfahrung spiegeln sich auch in den Elementen der mystischen Erfahrung wider[159]:

– Zu dieser Ganzheitserfahrung gehört die persönliche Bezogenheit des Erfahrenden auf das Erfahrene hin. Es geht in diesem Geschehen nicht um eine sachhafte Wahrnehmung, sondern um das subjektive Bewußtwerden der vorgegebenen Bezogenheit zum Erkenntnisobjekt.

– Als weiteres Element dieser Ganzheitserfahrung ist die unmittelbare Begegnung zu erwähnen. Es ist die „unmittelbare Gegenwart eines sich selbst Enthüllenden, evidentes Sichselbstgeben eines Anwesenden, das sich von sich selbst her präsentiert kraft seiner Präsenz". „Erfahrung ist unmittelbare, direkte Gegenwart von solchem, das sich uns zeigt." (Max Müller)[160]
– Weiters eignet dieser Erfahrung eine Geschichtlichkeit; sie ist an die Gunst der Stunde gebunden, sie läßt sich nicht beliebig wiederholen.
– Schließlich bedeutet Ganzheitserfahrung auch ein Lernen, denn der ganze Mensch wird dadurch geprägt und verändert.
– In der spezifisch religiösen Erfahrung ist über die Transzendenzerfahrung hinaus noch das Moment der Beanspruchung, der Verehrung und der Hingabe gegeben.

4.1.3 Elemente für eine Psychologie des mystischen Erlebens

Nach der religionswissenschaftlichen Beschreibung und der philosophischen Überlegung kann auch die Psychologie einen Zugang zum Verständnis der mystischen Erfahrung ermöglichen. Ein solche „Psychologie des mystischen Bewußtseins" verdanken wir dem in Bremen geborenen und wirkenden Arzt, Psychotherapeuten und Philosophen Carl Albrecht[161] (1902–1965).
a) Die Beschreibungen von Albrecht beziehen sich auf das Zentralgeschehen der mystischen Erfahrung, wie es z. B. in den Beschreibungen der spanischen Karmelmystik angezielt wird. Zwei Begriffe sind für seine Darstellung bedeutsam:
– Versenkung als Desintegrierung des Wachbewußtseins und
– Versunkenheit als „voll integrierter, einheitlich und einfach gefügter, überklarer und entleerter Bewußtseinszustand, dessen Erlebnisstrom verlangsamt ist, dessen Grundgestimmtheit die Ruhe ist und dem als einzige Funktion eines nur noch passiv erlebenden Ichs die Innenschau zugeordnet ist."[162]
b) Die Versenkung geschieht nach C. Albrecht durch Herauslösung aus der Umwelt, durch Entleerung des Bewußtseinsraumes, durch Vereinheitlichung des Bewußtseins.
c) Die Versunkenheit ist das Ziel der Versenkung.
Zu deren Erleben gehört nach C. Albrecht:
– die „Innenschau", womit eine „Klarsichtigkeit" des Bewußtseins und die restlose Passivität des erlebenden Ich angedeutet ist, und
– „das Ankommende", das als Begegnung mit einem Du zu sehen ist, nicht nur mit einer sich auswirkenden, sondern mit einer von sich aus

handelnden Wesenheit; „das Ich wird darin angeredet, mit Verantwortung belastet, bewertet und geliebt."
In diesen Andeutungen aus den Beschreibungen von Carl Albrecht, der in seinen Schriften auch eigene Erfahrungen als gläubiger Christ verarbeitet, lassen sich unschwer Parallelen zur skizzierten Phänomenologie mystischer Erfahrungen feststellen.

4.2 Wege christlicher Mystik

4.2.1 Vom Mysterium zur Mystik

Ein Zugang zur spezifisch christlichen Mystik und ihrem Verständnis ist im paulinischen Begriff des „Mysteriums" gegeben. Diesen Weg hat besonders der große französische Theologe Henri de Lubac SJ gewiesen[163]. Die wichtigsten Texte stellen 1 Kor 2,7–16; Röm 16,25–27; Eph 3,3–12; Kol 1,25–27; 2,2–9 dar.
a) Das „Mysterium"[164] ist Gottes Heilsplan; dieses Geheimnis war seit ewigen Zeiten verborgen, wurde aber in Jesus Christus geoffenbart. Diese Spannung des „einst (verhüllt) – jetzt (offenbar)" gilt aber nicht nur für den Ablauf der Heilsgeschichte, sondern auch für den geistlichen Weg des einzelnen Menschen, in dessen Wachstum ebenso das „einst" und „jetzt" feststellbar wird. Schließlich verbleibt aber auch nach der Enthüllung des Geheimnisses eine nicht aufhebbare Verhülltheit des unbegreiflichen Gottes.
b) Der Kern des Mysteriums liegt in der Herbeiführung der Einheit zwischen Gott und den Menschen durch Jesus Christus. Die Gnadenhaftigkeit dieses Geschehens wird besonders in der Berufung der Heiden offenbar (vgl. Eph 3,3–12).
c) Jesus Christus ist der Ort, an dem das Geheimnis Gottes leibhafte Wirklichkeit wird: „in ihm allein wohnt wirklich die ganze Fülle der Gottheit" (Kol 2,2.8–9). Das Mysterium läßt sich damit umschreiben, daß Christus unter uns ist, die Hoffnung auf die Herrlichkeit (vgl. Kol 1,27). Die Kirche ist der Leib Christi, sie wird von ihm erfüllt (vgl. Eph 1,23; Kol 1,24).
d) Dieses in der Kirche offenbare Mysterium soll von den Christen „erkannt" werden (vgl. Eph 1,17–19). Mit diesem „Erkennen"[165] ist aber nicht primär ein intellektueller Vorgang gemeint, sondern ein ganzheitliches Verstehen, eine personale Begegnung, ein Erkennen, das durch den Geist, der aus Gott stammt, ermöglicht ist (vgl. 1 Kor 2,7–16).
In diesem Bereich haben Mystik und Kontemplation ihren Ort, im

„Erkennen" des Mysteriums im paulinischen Sinn. Das geschieht dadurch, daß durch den Glauben Christus in unserem Herzen wohnt, daß wir in der Liebe festgewurzelt und gegründet sind, damit wir die Länge und Breite, die Höhe und Tiefe zu ermessen vermögen und die Liebe Christi, die alle Erkenntnis übersteigt (vgl. Eph 3,17–19).
Ähnlich spricht auch das johanneische Schrifttum von einer Lebensgemeinschaft mit dem Sohn Gottes, von einem Bleiben in ihm und von seinem Bleiben in uns (vgl. Joh 1,1.12.16–18; 6,56–57; 7,37–39; 14,15–21; 17,20–26).
Auch wenn das Wort Mystik in den neutestamentlichen Schriften noch nicht vorkommt, ist doch die damit gemeinte Sache im Erkennen und Verstehen des Mysteriums Christi, im „Glauben, der innerlich geworden ist durch Verinnerlichung des Mysteriums" (H. de Lubac)[166] schon gegeben.

4.2.2 Mystik in der Väterzeit

a) Einen Zugang zu einer Theologie der Mystik in der Väterzeit bietet die Verwendung des Adjektivs „mystikós"[167]. In der patristischen Literatur wird dieses Wort in einem biblischen Sinn gebraucht (um jene göttliche Wirklichkeit zu bezeichnen, die uns in Christus geoffenbart und im Evangelium enthüllt wird), weiters in einem liturgischen Sinn (um die Gegenwart des Herrn in der Eucharistie, in der Kirche und überhaupt in den sakramentalen Vollzügen darzutun) und schließlich in einem spezifisch spirituellen Sinn: Gegenüber einem nur buchstabenmäßigen, an der Oberfläche bleibenden Verstehen der Schrift wird mit „mystischer Theologie" ein Verstehen bezeichnet, das zum Einswerden mit dem Erkannten führt; die Schriften des Pseudo-Dionysius Areopagita (Ende des 5. Jh.s) verwenden erstmals diesen Ausdruck.
Damit wird deutlich, daß dieses Wort einen ähnlich weiten Umfang hat wie das verwandte „Mysterium": Mit dem Wort „mystisch" bezeichnete man die existentielle Begegnung mit dem sich in Jesus Christus uns erschließenden Gott, der uns im Wort der Schrift gegenübertritt und im sakramentalen Geschehen begegnet. Mystik liegt damit nicht am Rand, sondern meint das intensive und den Menschen in seiner Tiefe umfassende Verstehen des Heilsgeschehens in Jesus Christus.
b) Diese mystische Erfahrung, die ihren Ort im „innerlich gewordenen Glauben" hat, die im „Erkennen" des Mysteriums Christi besteht, hat allerdings eine sprachliche Ausdrucksweise angenommen,

die für uns bisweilen den Zugang erschweren kann, die Mystologie der platonischen Philosophie (unter Einbeziehung stoischer Elemente)[168]. Nicht nur die Mehrzahl der patristischen Theologen, sondern auch der große Strom der mittelalterlichen Mystik und auch der Neuzeit bedienen sich dieser Sprache.

Aus diesem Bereich stammt der Begriff der Kontemplation (theoria), die Bezeichnung der Personmitte als Seelenspitze, Seelengrund, Seelenfünklein; die Voraussetzung dieser Erfahrung ist die Apatheia oder Gelassenheit. Schließlich stammt auch das dreigliedrige Schema Reinigung – Erleuchtung – Einigung aus diesem Denkhorizont.

4.2.3 Mystik im Mittelalter

a) Die monastische Theologie des vorscholastischen Mittelalters stellt die Kontemplation an die Spitze der Stufen der „geistlichen Übung". Die letzte mystische Stufe wird mit verschiedenen Bildern umschrieben: Man spricht von quies (Ruhe), otium (Muße), sabbatum (Ruhetag), um auszudrücken, daß der Christ nach der Mühe der Lesung, der Meditation und des Gebetes nun zur Ruhe kommt; man spricht von comprehensio (Ergreifen) und possessio (Besitzen), um das Ergreifen des Zieles, oder besser: das Ergriffenwerden auszudrücken; man spricht von sapientia (Weisheit) und fruitio (Genuß), um das Geschmackfinden an Gott, das Fasziniertsein von der Gemeinschaft mit dem Unnennbaren auszusagen; man spricht vom intellectus amoris (vom Verstehen der Liebe, durch Liebe), da mystische Erfahrung ein liebendes Verstehen Gottes im Glauben darstellt.[169]

b) Für den Bereich der mittelalterlichen Mystik wurden zwei Typen mystischer Darstellung (Mystologie) unterschieden[170]:

– Wesensmystik, besonders repräsentiert durch die „Deutsche Mystik" (auch „Rheinisch-flämische Mystik" genannt) des 14. Jahrhunderts: Der Weg zur mystischen Vereinigung mit Gott und diese selbst wird durch philosophische, vor allem platonische Begriffe ausgedrückt, und

– Brautmystik (schon bei Origenes [† 253/54] in dessen Auslegung des Hohenliedes beginnend): Die Nähe von Gott und Mensch wird durch das Bild der engsten Vereinigung von Menschen, die Ehe, dargestellt und ausgedrückt.

c) Eine erste systematische theologische Reflexion des Phänomens der mystischen Erfahrung finden wir in der Schrift des Pariser Theologen Johannes Gerson († 1429) „De mystica theologia"; Mystik wird dabei als erfahrungshaftes Erkennen Gottes (cognitio Dei experimentalis) „definiert".[171]

4.2.4 Mystik in der Neuzeit

a) Für die Geschichte und die Theologie der christlichen Mystik ist die spanische Karmelmystik des 16. Jahrhunderts von besonderer Bedeutung. Teresa von Avila († 1582) beschreibt in ihrem Schrifttum vor allem ihre eigenen Erfahrungen des Gebetes und der Kontemplation; dieses Selbstzeugnis stellt eine neue Etappe in der Mystologie dar. Sie spricht vom Gebet der Ruhe, vom Gebet der Einfachheit, von der geistlichen Verlobung und Vermählung. Johannes vom Kreuz († 1591) bedient sich in seinen Schriften sowohl der Begrifflichkeit der Wesensmystik als auch der Bildsprache der Brautmystik.
b) Im Umfeld der französischen Spiritualität des 17. Jahrhunderts entfaltete sich eine „Mystik der Abwesenheit Gottes". Man war auf die „reine", selbstlose Liebe zu Gott bedacht, die sich gerade in der Erfahrung der Gottverlassenheit Christi (Mt 27,46; vgl. Ps 22,2) zeigt. Mystische Erfahrung ist nicht selbstbezogener Genuß, sondern bedingungslose Hingabe an Gott.
c) In den selbstbiographischen Schriften der hl. Theresia von Lisieux († 1897) wird diese Dunkelheit der Hingabe besonders deutlich sichtbar. Nie hat demnach der Christ die Sicherheit, das Kreuz hinter sich zu haben; nie kann er wissen, ob Gott ihn nicht in die dunkle Nacht zurücktauchen will. Dazu kommt bei Theresia vom Kinde Jesu das Moment der Fruchtbarkeit mystischer Erfahrung für den Nächsten und für die Kirche[172].

4.3 Grundfragen einer Theologie der Mystik[173]

4.3.1 Die Grundgestalt christlicher Mystik[174]

a) Das Mysterium und die Mystik
Ignatius von Antiochien († um 110) spricht in seinem Brief an die Gemeinde von Magnesia von „dem einen Geheimnis, durch das wir den Glauben empfangen haben und wegen dessen wir ausharren, um als Jünger Jesu Christi erfunden zu werden": „Es gibt *einen* Gott, der sich geoffenbart hat durch seinen Sohn Jesus Christus, der sein aus dem Schweigen hervorgegangenes Wort ist".[175] Vor diesem Geheimnis des sich in Jesus Christus endgültig und unüberbietbar offenbarenden Gottes steht der Christ; in der Antwort des Glaubens gewinnt er Gemeinschaft mit dem sich erschließenden Gott. In diesem Bereich – und nicht außerhalb dieses Zentrums – liegt die Mystik mit ihrer Erfahrung. In der patristischen Periode stand die Faszination vom unerschöpflichen Reichtum dieses Mysteriums Gottes im Vorder-

grund, gleichsam die objektive Seite dieses Geschehens; in der Zeit des Spätmittelalters und besonders im 16. und 17. Jahrhundert schenkte man immer stärker dem menschlichen Partner, also der subjektiven Seite dieser Begegnung Aufmerksamkeit, der inneren Umwandlung des Glaubenden, der immer tiefer in das Mysterium Christi eindringt. Daher gewinnt der Aspekt der Erfahrung immer größere Bedeutung.[176] Diese beiden Aspekte können in der christlichen Mystik unterschieden, aber nie getrennt werden. Der Sinn des mystischen Lebens ist die Vereinigung mit Gott durch Christus im Heiligen Geist; dieses Geschehen bewirkt zugleich eine innere Umwandlung, eine Vergöttlichung des Menschen, die aber mit der Erfahrung der Unbegreiflichkeit Gottes verbunden bleibt.

b) Die Mystik als Gestalt des Glaubens

Aus den vorangegangenen Überlegungen über die Mystik als Begegnung mit dem Mysterium des sich offenbarenden Gottes ergibt sich zugleich, daß diese Erfahrung für das christliche Verständnis wesentlich Glaubensvollzug ist. Die Mystik steht nicht neben oder über dem Glauben; sie bereitet wohl den Glauben auf das Schauen vor, aber dieses ist uns noch nicht auf unserem irdischen Weg gegeben (vgl. 2 Kor 5,7).

Die mystische Erfahrung kann als Entfaltung des Grundvollzugs des Glaubens gesehen werden:

– Der Glaube ist Gottes Gabe. Der sich uns in Jesus Christus offenbarende Gott ermöglicht zugleich die Antwort, befähigt dazu. Gott tut den ersten Schritt (vgl. 1 Joh 4,10). In dieser „Gegebenheit“ des Glaubens ist im Grunde schon die „Passivität“ des mystischen Erlebens miteingeschlossen, die Erfahrung des Beschenktwerdens.

– Der Glaube bezieht sich auf den sich offenbarenden Gott, der größer ist als unser Begreifen, der auch nach seinem Sich-Mitteilen an uns in vollem Sinn Geheimnis bleibt. Daher haben die Mystiker auch immer wieder diese Geheimnishaftigkeit Gottes betont: Jetzt erkennen wir nur unvollkommen, rätselhaft und in Umrissen, dann aber werden wir durch und durch erkennen, wie auch wir durch und durch erkannt sein werden (vgl. 1 Kor 13,12). Diese Akzente der „negativen Theologie“ gehören zur Mystik. Vor dem je größeren Gott ziemt die Stille der Anbetung.

– Der Glaube ist untrennbar von der Liebe, er soll von der Liebe durchwirkt, in der Liebe „wirksam“ sein (vgl. Gal 5,6). Diese Einheit der Grundvollzüge des Glaubens, der Hoffnung und der Liebe wird ebenfalls in der Mystik sichtbar, wenn z. B. das „Erkennen“ des

Geheimnisses im paulinischen Sinn in einem gesamtpersonalen Sinn verstanden wird, wenn vor allem in der mittelalterlichen Theologie von einem Erkennen durch Liebe in der Mystik gesprochen wurde.

c) Der Stellenwert der Mystik im spirituellen Leben

Mystik ist eine Form des Ergriffenwerdens durch das Mysterium des sich offenbarenden Gottes und der dementsprechenden Antwort des Glaubens. Damit ist auch der Stellenwert der mystischen Erfahrung im Gesamt des christlichen Lebens schon angedeutet.

Christus ist das Wort Gottes (vgl. Joh 1,1ff), er ist in seiner Hingabe aber auch das Maß der Antwort. So gilt als entscheidende Maxime, „daß nicht die Erfahrung einer Einigung mit Gott den Maßstab der Vollkommenheit (der höchsten Aufstiegsetappe) darstellt, sondern der Gehorsam, der auch in der Erfahrung der Gottverlassenheit mit Gott genau so eng verbunden sein kann wie in der erfahrenen Einigung." (Hans Urs von Balthasar)[177]

Zugleich darf aber Mystik nicht nur in einem „elitären" Sinn, nicht nur aus dem Blickwinkel außergewöhnlicher Erfahrungen gesehen werden. Vielmehr wird der Christ, der in lebendigem, liebendem und hoffendem Glauben lebt, der sich um Meditation und Gebet bemüht, auch ein inneres Vertrautwerden mit Gott erfahren, das als anfanghafte mystische Erfahrung verstanden werden darf.

Letztlich gilt: „Der Maßstab, an dem der Christ (der Mensch überhaupt) in Gottes Gericht gemessen wird, ist seine Gottes- und Nächstenliebe und nicht der Grad seiner religiösen Erfahrung." (Hans Urs von Balthasar)[178] Deshalb haben die großen Mystiker immer vor einem Kult der Erfahrung gewarnt; man dürfe die Erfahrung nicht um ihrer selbst willen suchen. Weiters findet sich in der Geschichte der christlichen Spiritualität immer wieder die Mahnung, daß angesichts der drängenden Not eines Mitmenschen eine mystische Erfahrung aufzugeben sei.

4.3.2 Außerchristliche Mystik in christlicher Sicht[179]

a) Der weitverbreiteten Meinung, daß christliche und außerchristliche Mystik nicht nur auf weite Strecken miteinander vergleichbar seien, sondern daß es sich dabei um identische Erfahrungen handle, steht die These der Unvergleichbarkeit gegenüber, die in mehreren Varianten vorgetragen wurde. Der Salzburger Professor Alois Mager OSB († 1946) z. B. vertrat die Meinung, daß nur christliche Mystik echte Mystik sei. Die These der Unvereinbarkeit gab es aber auch im entgegengesetzten Sinn z. B. bei Friedrich Heiler († 1967), der Mystik nur für den nichtchristlichen Bereich gelten lassen wollte, während das Christliche seiner Meinung nach vom Prinzip der Prophetie beherrscht sei.[180]

b) Die theologische Reflexion wird die Frage der Vergleichbarkeit christlicher und nichtchristlicher Mystik auch unter dem Blickwinkel der Frage „Gnade und Heil außerhalb der sichtbaren Kirche“ zu sehen haben. Wenn in Art. 16 der Kirchenkonstitution des 2. Vatikanischen Konzils von einer Hinordnung der verschiedenen nichtchristlichen Religionen, ja sogar der schuldlosen Atheisten auf die Sichtbarkeit der Gottesgemeinschaft mit Christus in der Kirche gesprochen wird, wenn in diesem Zusammenhang weiters von der Möglichkeit einer inneren Wirksamkeit des Heiligen Geistes in diesen Menschen die Rede ist, der – unerkannt – die Antwort auf Gottes Tun trägt, dann ist nicht auszuschließen, daß auch z. B. in der mystischen Erfahrung eines Hindu die Sphäre des Lebendigen Gottes berührt werden kann.

c) Andererseits dürfen aber die Ähnlichkeiten nicht zur Annahme völliger Identität führen, wogegen sich besonders der schon zitierte Religionswissenschaftler Robert Ch. Zaehner († 1975) verwahrt.[181] Hans Urs von Balthasar schlägt vor, von einer Analogie zwischen christlicher und nichtchristlicher Mystik zu sprechen, da die gesamte Lebensatmosphäre der Bibel von derjenigen anderer mystischer Welten doch grundverschieden sei.[182]

2. ABSCHNITT: DAS LEBEN IN DER KIRCHE – DAS LEBEN MIT ANDEREN

Neben der Dimension des Lebens vor Gott und mit Gott ist für das Menschsein und Christsein der Bereich der Gemeinschaft und der Mitmenschlichkeit von entscheidender Bedeutung.

Zwei Schichten dieser Dimension des geistlichen Lebens sollen näher bedacht werden: das Wahrnehmen der Aufgaben, Befähigungen und Begabungen in der Kirche und für die Kirche und das Leben mit den anderen in der alltäglichen Gemeinschaft der Mitmenschen.

1. Leben in der Kirche – Leben für die Kirche

Das geistliche Leben ist von seinem Grund her gemeinschaftsbezogen: Im Gottesvolk, als Glieder des Leibes Christi wird uns die Berufung

zum Leben mit Gott durch Christus im Heiligen Geist zuteil.[183] Dieses Geprägtsein durch die Wirklichkeit Kirche gilt für alle Dimensionen des geistlichen Lebens, auch für die Dimension des Lebens vor Gott und mit Gott: Die Lesung, die Meditation, das Gebet und die mystische Erfahrung haben einen prägenden kirchlichen Bezug.
Im folgenden geht es um eine Ausfaltung dieses Grundbezuges, um das bewußte Leben in der Kirche und für die Kirche. Ein Schlüsselbegriff für diese Dimension ist der des „Charismas"; daraus lassen sich Grundlinien einer kirchlichen Spiritualität ableiten. Aber auch außergewöhnliche Phänomene sind in diesen Rahmen einzubinden, prophetische und charismatische Phänomene im engeren Sinn.

1.1 Charisma – Berufung zum Aufbau der Kirche

In den vergangenen Jahrzehnten wurde der Begriff des Charismas in verschiedenen Sachfragen diskutiert: Häufig wurde „Charisma" als Gegensatz zu „Amt" verstanden; in diesem Zusammenhang stand auch die Diskussion um das „Charisma" der Ehelosigkeit. Seit etwa 15 Jahren zieht die „charismatische Bewegung" die Aufmerksamkeit auf sich und betont die Gesamtheit der in der korinthischen Gemeinde sich zeigenden Geistesgaben.

1.1.1 Die vielfältige Bedeutung von Charisma[184]

Das Wort, das im NT fast ausschließlich in den Paulusbriefen und in den von paulinischem Denken beeinflußten Schriften vorkommt, bedeutet wörtlich Gunstbezeugung, Wohltat, Geschenk; theologisch: Auswirkung des Beschenktwerdens durch Gottes Heilstat in Jesus Christus.
In 1 Kor 12,4–31 und Röm 12,3–8 benützt Paulus den Begriff, um damit eine Vielzahl sehr verschiedener Begabungen und Wirkungen zusammenzufassen. Mehrfach ist vom Charisma der Heilung die Rede (1 Kor 12,9.28.30), vom prophetischen Reden (1 Kor 12,10.28) und der Glossolalie (1 Kor 12,10.28). Parallel zum Wort Charisma wird von „Diensten" und „Kräften" gesprochen (1 Kor 12,4). In diesen Charismen offenbart sich der Geist zum Nutzen der anderen (1 Kor 12,7). Ähnlich ist auch 1 Kor 12,31 und Röm 12,6 von einer Vielzahl von Gnadengaben die Rede. „Jeder hat seine Gnadengabe (Charisma) von Gott, der eine so und der andere so", erklärt Paulus 1 Kor 7,7; und die Mahnung von 1 Petr 4,10 („Dient einander als gute Verwalter der vielfältigen Gnade Gottes, jeder mit der Gabe, die er empfangen hat!") weist in die gleiche Richtung.

Die Vielfalt hat ihren Grund in der einen Gnade Jesu Christi. Im Unterschied zu den Korinthern legte Paulus aber den Akzent nicht so so sehr auf das Außergewöhnliche und Spektakuläre, sondern auf das Dienen zum Nutzen der Gemeinde (vgl. 1 Kor 14,4.5.12).
Obwohl Paulus die Liebe nicht ausdrücklich zu den Charismen zählt, nennt er sie Gal 5,22 als erste Frucht des Geistes. Im Zusammenhang mit den vielfältigen Geistesgaben in Korinth (1 Kor 12) und in der Auseinandersetzung um den Stellenwert der Prophetie und des Zungenredens (1 Kor 14) mahnt der Apostel sehr eindringlich, nach den höheren Gnadengaben zu streben, indem er auf den Weg der Liebe verweist (1 Kor 12,31); am Ende des „Hohenliedes der Liebe" (1 Kor 13) wird die Liebe „am größten" gepriesen (1 Kor 13,13). Daher kann man mit einer gewissen Berechtigung von der Liebe als „Grundcharisma" (Heinz Schürmann)[185] sprechen: Ohne diesen Weg wäre alles andere wertlos (vgl. 1 Kor 13,1–3).
Eine engere Bedeutung von Charisma findet sich in den Pastoralbriefen: 1 Tim 4,14 und 2 Tim 1,6 ist vom Amtscharisma die Rede, das durch Handauflegung übertragen wird (vgl. auch Eph 4,11).
Aus diesem Überblick zeigt sich, daß mit dem Begriff des Charismas eine Vielzahl von Begabungen und Berufungen in den Gemeinden bezeichnet wird, die alle als Geschenk des Heiligen Geistes anzusehen sind. Das bedeutet aber keineswegs, daß es sich dabei nicht auch um natürliche Gaben und Anlagen handeln könnte, die auch als Gabe Gottes gesehen werden. So sind die Charismen sowohl Gabe des Geistes als auch vom Tun und Einsatz des Menschen bestimmt. Die anvertrauten Gaben darf man nicht brach liegen lassen, den Geist darf man nicht auslöschen (vgl. 1 Thess 5,19f; 1 Kor 14,39b). Es wäre aber auch ein Mißbrauch, die anvertraute Gabe nicht zum „Aufbau" der Kirche zu nutzen.

1.1.2 Die Unterscheidung der „Geister"[186]

In den bisherigen Überlegungen sind schon die Grundzüge einer Unterscheidung und Bewertung der Charismen zum Ausdruck gekommen. Der dafür übliche Fachausdruck „Unterscheidung der Geister" stammt von der in der spätjüdischen Literatur bezeugten Lehre von den zwei Geistern, die den Menschen bestimmen und bewegen; entscheidend sei es dann, zu erkennen, ob der Geist der Wahrheit oder der Geist der Lüge den Menschen in einem bestimmten Fall bewege.[187] Diese Überzeugung von den beiden im Menschen wohnenden Geistern ist natürlich nicht Gegenstand der Offenbarung, aber

der 1 Kor 12,10 verwendete Ausdruck ist nur von diesem Ursprung her verständlich. Es geht um die Frage, wie man zu erkennen vermag, daß eine Gabe, eine Anlage, ein Antrieb vom Geist Gottes kommt.
Eine erste Regel für die Beurteilung der wahren Geistesgaben bieten Paulus und Johannes. Die wahren Geistesgaben erkennt man am Bekenntnis „Jesus ist der Herr" (1 Kor 12,3). Und Johannes erklärt: „Daran erkennt ihr den Geist Gottes: Jeder Geist, der bekennt, Jesus Christus sei im Fleisch gekommen, ist aus Gott" (1 Joh 4,2).
Die wahren Gaben des Geistes zeigen sich am rechten Christusverständnis, zeigen sich darin, daß sie zu Christus hinführen, diese Mitte des Glaubens neu sehen lassen und nicht verstellen.
Eine zweite Regel für die Echtheit von Charismen liegt in der Einordnung in das Ganze der kirchlichen Gemeinschaft, im „Aufbau" der Gemeinde (vgl. 1 Kor 14; 1 Joh 4,6). Dazu ist notwendig, daß die einzelnen Gaben nicht aus ihrer Rangordnung (vgl. 1 Kor 12,28; Eph 4,11) herausgelöst werden. Schließlich sollen alle zuerst um die Liebe bemüht sein, sonst wären alle Gaben wertlos (vgl. 1 Kor 13,1–3).
Paulus verweist auch auf einige sehr praktische Regeln für die Handhabung außergewöhnlicher Geistesgaben: So soll eine gewisse Ordnung eingehalten werden (vgl. 1 Kor 14,26–40). Vor allem gilt auch das Kriterium des Eindruckes für einen Außenstehenden: Wenn Ungläubige oder Unkundige eintreten, sollen sie nicht sagen können: „Ihr seid verrückt!" (1 Kor 14,23).

1.1.3 Grundlinien kirchlicher Spiritualität

Das 2. Vatikanische Konzil hat die im Neuen Testament bezeugte Vielfalt der Begabungen, Dienste und Berufungen in der einen Kirche ausdrücklich herausgehoben.[188] Entscheidend ist, daß jeder die ihm gegebene Gnadengabe wahrnimmt, die er von Christus, dem Herrn der Kirche, empfangen hat; nur in einem harmonischen Miteinander vermag der Leib Christi aufgebaut zu werden (vgl. Eph 4,7–16).
Diese kirchliche Spiritualität muß alle Dimensionen der Wirklichkeit Kirche im Auge haben und leben:
a) Die Kirche ist der Leib Christi, das Volk Gottes, das Sakrament des Heils für alle. Das bedeutet, daß für den Glaubenden eine Trennung zwischen Christus und der Kirche nicht möglich ist. Man kann nicht Jesus bejahen, aber die konkrete Form seiner Gegenwart in dieser Welt, die Kirche, ablehnen. Aber auch in der Kirche darf man nicht die sichtbare Seite, die Institution, von der gnadenhaften Wirklichkeit abtrennen. In diesem Sinn betont das 2. Vatikanische Konzil: „Die

mit hierarchischen Organen ausgestattete Gesellschaft und der geheimnisvolle Leib Christi, die sichtbare Versammlung und die geistliche Gemeinschaft, die irdische Kirche und die mit himmlischen Gaben beschenkte Kirche sind nicht als zwei verschiedene Größen zu betrachten, sondern bilden eine komplexe Wirklichkeit, die aus menschlichem und göttlichem Element zusammenwächst."[189] Nur dort ist die kirchliche Dimension der christlichen Spiritualität im Lot, wo auch ein Ja zur konkreten Kirche gesprochen wird.

b) Zugleich ist damit angedeutet, daß dieses Göttliche in der Kirche immer in menschlicher Gestalt gegeben ist. Die Kirche ist und bleibt die Kirche Jesu Christi, sie kann nicht aus seiner Gemeinschaft herausfallen. Aber sie kann dieser Berufung mehr oder weniger treu entsprechen. Die Kirche „ist zugleich heilig und stets der Reinigung bedürftig, sie geht immerfort den Weg der Buße und Erneuerung."[190] Daher kann der einzelne die Geschichte der Kirche in einzelnen Phasen, aber auch manche gegenwärtige Entwicklungen als Belastung empfinden. Liebe zur Kirche bedeutet nicht Blindheit gegenüber Fehlern und Sünden, die es auch in der Kirche immer gegeben hat und immer gibt. Nicht kritikloses Zudecken des Negativen ist das Ideal, sondern mitleidende, auch Fehler aufdeckende Liebe.

Zu dieser immer bruchstückhaften Verwirklichung kirchlichen Seins gehört daher auch eine grundsätzliche Veränderungsbereitschaft. Gerade weil keine Zeit in allen Dimensionen das Kirche-Sein voll verwirklicht, darf man auch keinen Zustand verabsolutieren. Das gilt gerade auch für die allzu beharrenden Kräfte nach dem 2. Vatikanischen Konzil.

Zur kirchlichen Spiritualität gehört daher auch das Ernstnehmen der menschlichen Dimension der Kirche als Ansporn für einen neuen Aufbruch.

c) Schließlich ist das kirchliche Leben auch vom Miteinander der Kirche im großen, der Weltkirche mit dem Papst an der Spitze, und der Lokalkirchen mit ihren Gemeinden geprägt. Die Diözesen und innerhalb dieser die Pfarren stellen nicht nur Verwaltungsbezirke der Großorganisation Kirche dar, sondern echte Verwirklichung von Kirche.[191] Allerdings besteht heute eher die Gefahr, daß sehr lebendige Gemeinden mit einer ausgeprägten Eigenart so sehr ein Eigenleben führen, daß sie solche Wege einschlagen und Lösungen von Problemen anpeilen, die von der großen Gemeinschaft der Kirche nicht geteilt werden.

Der Beitrag des Charismas soll aber zum Aufbau der Gemeinde, zum Aufbau der Kirche führen. Eine kirchliche Spiritualität wäre nicht im Lot, wo echte Charismen nicht zur Einheit, sondern zur Uneinheit führen, wo einer auf seiner Einsicht gegen den Weg der anderen beharrt.

1.2 Charismatik im engeren Sinn

Charisma bedeutet bei Paulus Begabung und Befähigung für die Kirche in einem allgemeinen Sinn. Zugleich kennt aber die christliche Tradition auch immer außerordentliche „spektakuläre" Begabungen: das gilt für die Zeit des NT, im besonderen für die Gemeinde von Korinth; aber auch in der Geschichte der Kirche traten immer wieder charismatische und prophetische Phänomene im engeren Sinn auf.

1.2.1 Außerordentliche Geistesgaben im Neuen Testament[192]

a) Die Situation in Korinth

Im Abschnitt 1 Kor 12–14 spricht Paulus von den verschiedenen Gnadengaben in der Gemeinde: Die Korinther scheinen das Charisma der „Sprachengabe" als das höchste anzusehen; der Apostel setzt aber die Prophetie an die erste Stelle (vgl. 1 Kor 14,1–5).

Die Glossolalie (besser mit „Sprachengabe" als mit „Zungenreden" übersetzt) äußert sich in einem unverständlichen (1 Kor 14,2.16.23), hochekstatischen (1 Kor 14,14–19.23) Reden. Grundsätzlich gilt diese Äußerung als übersetzbar, d. h. sie hat einen erbauenden (1 Kor 14,4f.26) oder mitteilenswerten (1 Kor 14,16) Inhalt. Diese Übersetzung ist ebenso eine charismatische Fähigkeit (1 Kor 12,10.30; 14,13); die Auslegung geschieht entweder durch den Glossolalen selbst (1 Kor 14,13) oder durch ein anderes Gemeindemitglied (1 Kor 12,10; 14,27). Die älteste Deutung dieser Gabe sieht sie als ein Sprechen in den Sprachen der Menschen und Engel an (1 Kor 13,1), als eine geschenkte Möglichkeit, Gott zu preisen (1 Kor 14,2). Eine andere Deutung der Glossolalie kommt 1 Kor 14,21 durch das Zitat von Jes 28,11f zum Ausdruck, doch der Apostel ist überzeugt, daß diese Gabe keine missionarische Wirkung ausüben kann (1 Kor 14,22f).

Die Prophetie, die Paulus eindeutig der Glossolalie vorzieht (1 Kor 14,1–5), ist doch mit dieser verwandt: Beide sind auf die „göttlichen Geheimnisse" hingeordnet (vgl. 1 Kor 13,2 und 14,2); wie die Glossolalie der Übersetzung bedarf, braucht auch die Prophetie die Auslegung bzw. die Beurteilung (1 Kor 14,29). Beide Gaben haben die Erbauung zum Ziel (1 Kor 14,3–5.26). Aber der Apostel ist um Anstand und Ordnung im Gottesdienst bemüht (1 Kor 14,26.40). Die Prophetenrede soll den ersten Platz einnehmen (1 Kor 14,27–33a.39). Von sich selbst sagt Paulus, daß er mehr als alle in Zungen rede:

„Doch vor der Gemeinde will ich lieber fünf Worte mit Verstand reden, um auch andere zu unterweisen, als zehntausend Worte in Zungen stammeln" (1 Kor 14,19).
Inhaltlich ist die prophetische Rede 1 Kor 14,3 umschrieben: „Wer prophetisch redet, redet zu den Menschen: Er baut auf, ermutigt, spendet Trost." Dabei ist er dem Urteil anderer unterworfen (vgl. 1 Kor 14,32), steht unter der Autorität des Apostels (vgl. 1 Kor 14,37).

b) Die außergewöhnlichen Geistesgaben in anderen Texten des Neuen Testaments

Die Sprachengabe ist vielleicht auch bei Kol 3,16a und Eph 5,18 angedeutet, wo von Psalmen, Hymnen und Liedern die Rede ist, die der Geist eingibt. Die Apostelgeschichte spricht von der Glossolalie als Zeichen des Geistempfanges (Apg 2,4; 10,45f; 19,6). Von dieser Sprachengabe wird aber nur im Sinn eines Anfangswunders gesprochen, nicht im Zusammenhang mit dem Gemeindeleben. Schließlich zählt der Markusschluß (Mk 16,9–20) unter den wunderbaren Kennzeichen der ersten Generation auf, daß die, die zum Glauben gekommen sind, in neuen Sprachen reden (Mk 16,17).
Die Propheten stellen eine wichtige Funktion in der alten Kirche dar. Von „Aposteln und Propheten" als Fundament der Kirche ist Eph 2,20; 3,5 und 4,11 die Rede (vgl. 1 Kor 12,28f). Keinesfalls darf die prophetische Rede verachtet werden (1 Thess 5,20). Auch die Apostelgeschichte berichtet über die Aktivität von Propheten (Apg 11,27f; 13,1; 21,10f).

1.2.2 Charismatische und prophetische Phänomene in der Geschichte der Kirche

a) Der Montanismus als typischer Fall[193]

In der zweiten Hälfte des 2. Jahrhunderts (entweder im Jahre 156/57 oder kurz nach 170) entwickelte sich in der phrygischen Stadt Hierapolis eine Bewegung, die sich selbst „neue Prophetie" nannte, die aber in der Auseinandersetzung „phrygische Sekte" genannt wurde. Der Begründer Montanus, nach dem seit dem 4. Jahrhundert diese Bewegung benannt wurde, trat mit Verzückung und Ekstase auf und verlangte für seine geisterfüllte Rede Gefolgschaft, wobei er sich auf Joh 14,26 berufen haben dürfte. Zwei Frauen schlossen sich ihm an: Maximilla und Priscilla (oder Prisca). Um 207 trat der bedeutende nordafrikanische Kirchenschriftsteller Tertullian († nach 220) zum Montanismus über und vermittelte uns in seinen nach 207 entstandenen Schriften montanistisches Gedankengut.

Das Auffallende an dieser Bewegung scheint die neue und ungewohnte Prophetie, verbunden mit Verzückung, dem Ausstoßen von Lauten und dem Reden seltsamer Dinge, gewesen zu sein. Offenkundig betrachteten die phrygischen Propheten die Ekstase als Beweis der Geistgewirktheit ihres Redens. Die Rechtgläubigkeit der Montanisten wurde aber auch von ihren Gegnern nicht bestritten. Lediglich durch die feste Überzeugung vom unmittelbar bevorstehenden Ende der Welt gerieten sie an den Rand der kirchlichen Lehre. Im ethischen Bereich bezogen sie allerdings rigorose Positionen: Sie verwarfen eine zweite Ehe nach dem Tod des Ehegatten, forderten strenge Fastenübungen, befürworteten einen fast bedingungslosen Drang zum Martyrium und traten auch für eine rigoristische Bußdisziplin ein, wobei sie für die neuen Propheten die Vollmacht der Sündenvergebung beanspruchten. Gerade darin zeigte sich die Tendenz, eine kleine Herde von elitären Christen zu schaffen. Wer die Lehre der neuen Prophetie annahm, wurde als Pneumatiker anerkannt, wer sie ablehnte, war ein Psychiker (vgl. 1 Kor 2,14–15).
Letztlich kann man dem evangelischen Dogmengeschichtler Gottlieb N. Bonwetsch († 1925) zustimmen, der die montanistische Grundeinstellung in folgender Weise umschreibt: „Nicht die vom Amt in der Kirche vermittelte Gnade stellt das Wesen der Kirche her, sondern die Frömmigkeit der einzelnen Kirchenglieder, welche dazu prophetische Anleitung empfangen, und nicht den Trägern des Amtes, den Bischöfen, steht das Regiment der Kirche zu, sondern den durch seine Inspiration frei gewählten Organen des Geistes."[194]
Seit den montanistischen Erfahrungen hat die Kirche ein unausgesprochenes Mißtrauen gegenüber charismatischen Bewegungen. Das bedeutet aber nicht, daß es in der Folge zu einem Absterben der Charismatik kam; vielmehr erfolgte – um mit Hans Urs von Balthasar zu sprechen – in der nachmontanistischen Entwicklung „ein Umgießen in neue begriffliche Formen". Dies geschah durch die „Deutung und Auswertung der prophetisch-charismatischen Gestalten der Bibel als aszetisch-mystische ‚Vorbilder' des christlichen Lebens", vor allem aber durch die im 3. Jahrhundert einsetzende theologische Mystik bzw. Mystologie der Kirchenväter.[195]

b) Charismatisch-prophetische Phänomene im Mittelalter und in der Neuzeit

Die „Armutsbewegungen" des 12. Jahrhunderts[196] sind in diesem Zusammenhang zu nennen. Neben dem Anliegen der Kirchenreform und der apostolischen Umkehrpredigt gerieten diese Gruppen durch

die starke Betonung des subjektiven Kriteriums der Heiligkeit in eine Spannung mit den nicht immer gesprächsbereiten Bischöfen und Päpsten.
Eine apokalyptisch-prophetische Bewegung hat die Dreizeitalterlehre des Abtes Joachim von Fiore († 1202) ausgelöst, der für das Jahr 1260 den Anbruch des Zeitalters des Heiligen Geistes berechnete, in dem die Mönche die Vorherrschaft haben sollten.[197] Schließlich traten um die Mitte des 13. Jahrhunderts in verschiedenen Bereichen des deutschen Sprachraumes Gruppen auf, die man als „Brüder und Schwestern des freien Geistes" bezeichnete[198].
In den Anfangsjahren der lutherischen Reformation gab es einen gewaltigen Ausbruch des Schwärmertums; in diesem Zusammenhang soll besonders Thomas Müntzer († 1525) erwähnt werden. Ähnliche Bewegungen des Aufbruchs, der Erweckung, haben die evangelischen Kirchen immer wieder begleitet, bisweilen sind aus diesen Bewegungen eigene Kirchen geworden.
In der katholischen Kirche der Neuzeit ist das Streben nach dem Prophetischen vor allem in „Offenbarungen", Erscheinungen und „Botschaften" zum Ausdruck gekommen – bis in die Gegenwart. Häufig findet man dabei eine mit dem Weltende drohende Gebärde verbunden mit rigoristischen Forderungen; Vorausberechnungen und willkürliche Schriftinterpretation müssen dabei Hilfe leisten; die Botschaft oder eine bestimmte zur Abwendung des Unheils notwendige Praxis werden manchmal heilsentscheidender angesehen als die Worte der Schrift und die Sakramente[199].

c) Die „Charismatische Erneuerung" in der katholischen Kirche der Gegenwart[200]

Die Pfingsterneuerung fand im 20. Jahrhundert in mehreren Ansätzen statt: Um 1900 entstand in den Vereinigten Staaten die „klassische" oder „historische" Pfingstbewegung, die aber schließlich zu einer Kirche neben den traditionellen protestantischen Kirchen wurde. Die Sprachengabe galt dieser Bewegung als untrügliches und notwendiges Zeichen der Geistsendung bei der Erwachsenentaufe.
Um 1956 entstand innerhalb verschiedener protestantischer Kirchen die Bewegung der „Neo-Pentecostals", die sich als geistlicher Aufbruch in den verschiedenen kirchlichen Gemeinschaften verstand. 1966/67 griff diese Bewegung auch auf die katholische Kirche über: Es bildeten sich an Universitäten der Vereinigten Staaten Gebetsgruppen, die sich sehr rasch ausbreiteten. Seit 1972 existieren auch in Deutschland und Österreich Gruppen dieser Bewegung der „Charismatischen

Erneuerung", die anders als in den USA zumeist von Priestern geführt werden.

In dieser Bewegung werden ungewohnte Formen des religiösen Lebens gepflegt, die als Wiederaufleben der urkirchlichen Charismen verstanden werden:

– Der charismatische Gottesdienst will Raum für spontanes, persönliches lautes Beten bieten; er ist von einer Atmosphäre der Begeisterung und Freudigkeit geprägt. Ein weiteres Element ist der Austausch von religiösen Erfahrungen.

– Von den Gaben des Geistes erfahren besonders die Glossolalie und die Heilung (bzw. das Gebet um Heilung oder um Befreiung) eine Wiederbelebung.

Das Ziel der Bewegung ist eine Mitarbeit an der Erneuerung der Kirche durch das Ernstnehmen des Wirkens des Heiligen Geistes. Dies führt zu einer Erneuerung der Taufe und Firmung bzw. der Weihe und der Ordensgelübde.

1.2.3 Gesichtspunkte zur Bewertung charismatisch-prophetischer Phänomene

a) Die Regeln zur „Unterscheidung der Geister"[201]

Die biblischen Ansätze der Lehre von der Geisterunterscheidung, die ihrerseits wieder Parallelen in der jüdischen Literatur haben, wurden in der Väterzeit als Entscheidungshilfe für das geistliche Leben des einzelnen entfaltet. Es ging um die Frage, welche „Gedanken", welche Antriebe kommen vom Heiligen Geist und welche nicht? Im Spätmittelalter (14. und 15. Jahrhundert) wurde die Thematik der Unterscheidung der Geister sehr intensiv behandelt, wachgerufen durch die innere Erregung, die die Christenheit damals ergriffen hatte. Es galt, verschiedene Offenbarungen und Prophezeiungen zu beurteilen.

Die von den Klassikern der „Unterscheidung der Geister" erarbeiteten Kriterien lassen sich in drei Gruppen gliedern:

– Moralische Kriterien: Der wahre und der falsche Prophet ist jeweils an seinen Früchten zu erkennen (vgl. Mt 7,20). So hat man immer wieder Kataloge von Tugenden und Lastern zusammengestellt, welche die Gegenwart des Geistes Gottes oder des bösen Geistes anzeigen.

– Psychologische Kriterien: Der gute Geist vermittelt Friede, Ruhe, Freude, Trost.

– Dogmatische Kriterien: Damit sind die schon kurz angedeuteten Merkmale gemeint, die die neutestamentlichen Autoren herauskehren: das Christusbekenntnis und die Kirchlichkeit.

Demnach wird zur Beurteilung derartiger Phänomene immer zu fragen sein[202], ob sie den Blick auf das Ganze der christlichen Spiritualität eröffnen, ob sie in die Mitte des Christseins hineinführen oder aber einen Teilaspekt verabsolutieren. Weiters wird vom Primat des Objektiven über das Subjektive auszugehen sein: Es geht letztlich um das Leben mit Gott durch Jesus Christus, nicht um einen Kult von Erfahrungen. Schließlich ist Vorsicht geboten gegenüber allen als so „sicher" angepriesenen Mitteln und Wegen, die die Gefährdetheit des Unterwegsseins des Christen aufheben. Wir tragen den Schatz in zerbrechlichen Gefäßen! (vgl. 2 Kor 4,7)

b) Zur Beurteilung der „Visionen und Prophezeiungen"[203]
Grundsätzlich ist festzuhalten, daß die Offenbarung Gottes in Jesus Christus endgültig und unüberholbar ist. „Es ist keine neue öffentliche Offenbarung mehr zu erwarten vor der Erscheinung unseres Herrn Jesus Christus in Herrlichkeit."[204] Nach-christliche Offenbarung Gottes kann daher, wo sie nachweisbar ist, nicht den Sinn haben, der allgemeinen Offenbarung etwas hinzuzufügen. „Privatoffenbarungen sind in ihrem Wesen ein Imperativ, wie in einer bestimmten geschichtlichen Situation von der Christenheit gehandelt werden soll; sie sind wesentlich keine neue Behauptung, sondern ein neuer Befehl." (Karl Rahner)[205] Zur näheren Beurteilung solcher Visionen und Prophezeiungen macht Karl Rahner darauf aufmerksam, daß die Gottgewirktheit dieser Phänomene zu beweisen ist, daß aber auch dort, wo eine echte Einwirkung Gottes vorliegt, die Voraussetzungen des Visionärs (z. B. vorhandene Vorstellungselemente, religiöse Bildung, Zeitsituation, ästhetischer Geschmack und ähnliches) in das als Botschaft Gottes Gegebene miteinfließen. Auch in einer „echten" Vision ist die Eigenart des Visionärs so mitbestimmend, daß auch historisch Unrichtiges, theologisch Schiefes, Einseitiges und Geschmackloses in den Inhalt gelangen kann[206].

c) Zur Beurteilung der „charismatischen Erneuerung"[207]
Auf dem Hintergrund des Sprachgebrauchs des NT ist der Eindruck nicht abzuweisen, daß diese Bewegung den Begriff des Charismas in einem engeren Sinn verwendet, wobei die außergewöhnlichen Gaben der Glossolalie und der Heilung stark im Vordergrund stehen. Zudem könnte der Eindruck entstehen, daß die Charismen erst von dieser Bewegung wieder entdeckt worden wären. Aber der Herr hat doch der Kirche immer wieder seine vielfältigen Gaben geschenkt – zum Aufbau der Kirche, auch wenn das Wort Charisma dafür nicht benutzt worden ist.
Die Bewegung hat ein neues Aufmerken auf die Wirklichkeit des Hei-

ligen Geistes wachgerufen, hat einen wesentlichen Beitrag zur Pflege des Gebetes in Gemeinschaft geleistet. Doch darf anderseits auch nicht kurzschlüssig ein bestimmtes Erlebnis, eine bestimmte Stimmungslage unmittelbar als Erfahrung des Heiligen Geistes identifiziert werden. Die Bewegung erweist sich dann als charismatisch im Sinn des hl. Paulus, wenn es ihr gelingt, die ganze Kirche zu einem neuen Hören und Aufmerken auf den Geist zu veranlassen, wenn dadurch zum Aufbau der Kirche in allen Dimensionen ein wesentlicher Beitrag geleistet wird. Wo sich eine Gebetsgruppe in ihre Erfahrungen einschließt, geschieht „Selbstaufbau", nicht Aufbau der Kirche.

d) Charisma – das dynamische Element in der Kirche

Von den Gnadengaben, die der Kirche immer gegeben sind, spricht sehr deutlich die Kirchenkonstitution des 2. Vatikanischen Konzils[208]. Keineswegs waren die Charismen auf den Anfang der Kirche beschränkt, noch ist das Charisma nur auf das Amt in der Kirche konzentriert. Karl Rahner sprach vom Charisma als dem „Dynamischen in der Kirche"[209].

Dies ist wohl am besten im Rückblick in die Geschichte zu verstehen: Zweifellos war z. B. die Entstehung des Mönchtums in der Alten Kirche ein charismatischer Aufbruch, auch wenn dieser Begriff nicht verwendet wurde. Dieses Neue hat für die ganze Kirche etwas in Bewegung gebracht. Ebenso ist z. B. für das Hochmittelalter die Gestalt des hl. Franz von Assisi ein charismatisch-prophetisches Ereignis, das die ganze Kirche auf die Grundlinien einer Nachfolge Christi in Armut und Demut verwiesen hat. So lassen sich Heilige und spirituelle Persönlichkeiten, Kräfte und Impulse, die in der Geschichte der Kirche etwas „bewegt" haben, als Gaben des Geistes an die Kirche verstehen, die helfen, aus eingefahrenen Bahnen der Routine zur Ernsthaftigkeit christlichen Lebens hinzufinden.

Zum Schicksal der Charismen gehört es allerdings auch, daß sie vorerst in einer Spannung zum Herkömmlichen stehen, auch zum Verwalteten, Amtlichen in der Kirche. Das Neue wird zuerst als Gefährdung des Bisherigen erfahren. Es bedurfte oft eines mühseligen Lernprozesses, um zu sehen, daß der charismatische Aufbruch das Wesentliche nicht zerstört, sondern wieder zum Leuchten bringt.

2. Leben mit anderen

Im Zusammenhang mit den Charismen hat Paulus auf die Liebe als den

Weg für alle verwiesen (1 Kor 13). Das Miteinander der Menschen soll davon geprägt sein. Von der Liebe als Grundvollzug des geistlichen Lebens, von der Einheit von Gottes- und Nächstenliebe war schon die Rede.[210] In unserem Zusammenhang geht es nun um die konkreten Formen der Liebe, um die Gestalt der Beziehung der Menschen zueinander.

2.1 Die konkrete Gestalt der Nächstenliebe im Neuen Testament[211]

a) Die Nächstenliebe in der Unterweisung der synoptischen Evangelien

Das Gebot, den Nächsten zu lieben, wird durch Mt 7,12 interpretiert: „Alles, was ihr also von anderen erwartet, das tut auch ihnen." Es geht um ein Aufsprengen des Ich, um ein Sich-Hinwenden zum Du, das so hoch eingeschätzt werden soll wie das Ich.

Diese Grundeinstellung der Liebe darf keine Schranken kennen, sie übersteigt alle sozialen, rassischen und völkischen Trennlinien (vgl. Lk 10,29–37). Die Liebe soll stärker sein als Feindschaft und Haß, auch der Feind soll geliebt werden (Mt 5,43–48; Lk 6,27–36).

Der „Nächste" ist jeder, der mir begegnet, der in Not meiner Hilfe bedarf (Lk 10,29–37)[212]. Beispiele für diese Hilfe in der Not werden in der Gerichtsrede Mt 25,32–46 aufgeführt[213].

Diese „aktive" Dimension der Nächstenliebe wird aber durch die Grundeinstellung dem anderen gegenüber gestützt: Es gilt, den anderen nicht zu „richten" (vgl. Mt 7,1–5; Mk 4,24f; Lk 6,37–42), nicht nach dem Grundsatz „Auge für Auge und Zahn für Zahn" zu handeln (vgl. Mt 5,38–42; Lk 6,29f). Die Bereitschaft zur Vergebung und Versöhnung ist notwendig, wenn wir auf Gottes Vergebung hoffen (Mt 5,23–26; 18,21–35; Mk 11,25; Lk 6,37; 12,58f).

Der tiefste Grund für dieses Verhalten des Menschen liegt in Gottes schenkender und verzeihender Liebe (Mt 5,44f; Lk 6,36): Weil Gott vergibt, soll auch der Jünger Jesu vergeben (Mt 6,12; 18,23–35). Christus selbst identifiziert sich mit dem Notleidenden (Mt 25,40.45).

b) Die Liebe zum Nächsten in der Paränese des hl. Paulus

Einige Züge der konkreten Gestalt der Liebe werden im „Hohenlied" der Liebe (1 Kor 13,4–7) sichtbar. Darin wird zugleich deutlich, daß diese Haltung sich im Alltag bewähren muß.

Die Liebe soll das Grundgesetz des Zusammenlebens der christlichen Gemeinde sein. Immer wieder mahnt der Apostel, die Liebe zu wahren und zu bewähren (Röm 15,5; 2 Kor 8,24; Gal 5,13f; Phil 2,2f).

Wenn auch die Mahnung dahin geht, „allen Menschen Gutes zu tun", so soll die Liebe doch in besonderer Weise denen gegenüber verwirklicht werden, „die mit uns im Glauben verbunden sind" (Gal 6,10). Der Grundsatz des Gemeindelebens „Alles, was ihr tut, geschehe in Liebe!" (1 Kor 16,14) soll auch zur Überwindung von Gegensätzen führen – zwischen den „Starken" und den „Schwachen" (1 Kor 8,1–13; 10,14–11,1; Röm 14,1–15,13). Daß dem Bruder kein Anstoß zur Sünde gegeben wird, daß er nicht vor den Kopf gestoßen wird, ist wichtiger als die „Erkenntnis", die einer hat, die zutreffend sein mag, die aber den Bruder zu Fall bringt.

Die Liebe zum Nächsten soll nicht den eigenen Vorteil suchen (vgl. 1 Kor 10,24). Alle Menschen sollen die Güte der Christen erfahren (Phil 4,5). Auch der Feind soll durch Liebe gewonnen werden (vgl. Röm 12,14–21; 1 Thess 5,15).

Die tragende und ertragende Liebe wird im besonderen im Epheserbrief (vgl. auch Kol 3,5–17) betont: Dies wird deutlich in der Mahnung zur Einheit, die sich in Demut, Friedfertigkeit, Geduld und im gegenseitigen Ertragen verwirklicht (Eph 4,2f). Auch die Lebensweise des „neuen Menschen" schließt mit der Aufforderung: „Seid gütig zueinander, seid barmherzig, vergebt einander, weil auch Gott euch durch Christus vergeben hat." (Eph 4,32)

Die tiefste Motivation für das Verhalten der Liebe liegt im „Gesetz Christi", das wir erfüllen, wenn wir einer des anderen Last tragen (Gal 6,2). Die Menschwerdung des Sohnes Gottes ist das Urbild des Dienstes und der Hingabe (Phil 2,4–8); er ist arm geworden, damit wir reich werden (2 Kor 8,9). Das paulinische Denken betont auch die Lebenshingabe des Herrn als Urgrund der Liebe zueinander (vgl. Eph 5,1f); die Vergebung, die der Herr uns geschenkt hat, ist Vorbild unserer Vergebungsbereitschaft (Kol 3,13).

c) Die Bruderliebe der johanneischen Schriften[214]

Das Johannesevangelium und vor allem 1 Joh bieten eine Theologie der Agape: Gottes Liebe ist uns in reichem Maß in Jesus Christus geschenkt worden, diese Bewegung der Agape soll uns ergreifen: „Wenn Gott uns so geliebt hat, müssen auch wir einander lieben" (1 Joh 4,11).

Die Lebenshingabe Christi ist das Vorbild unserer Liebe und zugleich die Befähigung und Ermächtigung zu dieser Liebe (vgl. Joh 13,14f; 15,13). Gerade weil Jesu Hingabe das Maß der Liebe darstellt, spricht das johanneische Schrifttum vom „neuen" Gebot (Joh 13,34; 1 Joh 2,7f).

Die Liebe ist das Gesetz der Jüngerschaft (Joh 15,12.17). Der im johanneischen Schrifttum bevorzugte Name „Bruderliebe" weist darauf hin, daß die Liebe zuerst in der brüderlichen Gemeinde gelebt und verwirklicht werden soll.

d) Die Nächstenliebe als Dienst und Hilfe

Die Feier des Herrenmahles sollte Einheit stiften (vgl. 1 Kor 11,17–34), sollte sich auch in tätiger Sorge füreinander verwirklichen. Das wurde in den ersten Jahrzehnten in zwei Bereichen sichtbar: in der Fürsorge für die Armen und in der Gastfreundschaft.

Die Urgemeinde in Jerusalem wird in der Apg als eine Gemeinschaft dargestellt, in der es keine Armen geben sollte (vgl. Apg 2,44f; 4,32–35). Die Urgemeinde ist aber bald selbst in materielle Not geraten. Die anderen Christengemeinden haben daher Sammlungen für Jerusalem veranstaltet (Apg 11,27–30); besonders Paulus hat sich um solche Kollekten bemüht (Röm 15,26–28; 1 Kor 16,1; 2 Kor 8–9; Gal 2,10).

Eine andere Form der Hilfe, welche die Christengemeinden leisteten, war der Dienst der Gastfreundschaft, die auch für die Bedürfnisse der Mission von Bedeutung war (vgl. Röm 12,13; 1 Tim 3,2; Hebr 13,1f; 1 Petr 4,9; 3 Joh 5–8).

2.2 Verwirklichung der konkreten Liebe in der Geschichte der Christenheit

a) Die Aufzählung von Hilfeleistungen, die sich bei Mt 25,35–40 findet, wurde schon in der Zeit der Kirchenväter als beispielhaft verstanden.[215] Neben diesen Werken der leiblichen Barmherzigkeit führte man auch Werke der geistigen Barmherzigkeit an. Diese Aufzählungen sind bis zu einem gewissen Maß zeit- und kulturgeschichtlich bedingt, weisen aber zugleich auf allgemeine, immer wiederkehrende Notsituationen des Menschen hin.

b) Diese Anregungen zum Tun der Liebe sind (wie schon im NT angedeutet) von der Kirche auch zu „organisierten" Hilfeleistungen ausgebaut worden: Schon zur Zeit der Kirchenväter wurden an Bischofssitzen, später auch in Verbindung mit Klöstern im Morgen- und Abendland Fremdenherbergen (Xendochien) und Hospitäler eingerichtet[216]. Im Mittelalter entstand aus dem Impuls der Nächstenliebe ein christliches Wohlfahrtswesen, in dessen Mittelpunkt das Almosenwesen stand. In den Hospitälern für Pilger, Arme und Sieche findet dies seinen Ausdruck. Die hl. Elisabeth von Thüringen († 1231) z. B. hatte die

Sorge um Arme und Kranke persönlich und nicht durch Diener wahrgenommen; das zeichnete sie in besonderer Weise aus.
c) Die Neuzeit entwickelte zukunftsweisende Initiativen in diesem Bereich: Der Orden der vom hl. Johannes von Gott († 1550) gegründeten Barmherzigen Brüder leitete eine neue Epoche im Spitalswesen ein. Der hl. Carlo Borromeo († 1584) organisierte als Erzbischof von Mailand in genialer Weise die Hospital- und Armenpflege. Vor allem aber suchte der hl. Vinzenz von Paul († 1660) die Not seiner Zeit in einem großräumigen Sinn zu lindern, in der Krankenbetreuung unterstützt von den „Filles de Charité“, aus denen die vielen Zweige der „Barmherzigen Schwestern“ entstanden sind.
d) Die Sorge um den Menschen in Not stellte die Christen vor immer neue Situationen. Der Impuls Jesu mußte in immer neuen Formen verwirklicht werden, immer neue Wege mußten gesucht werden, entsprechend der Situation der Menschen und der Gesellschaft.

2.3 Die Liebe zum Nächsten als die Form des menschlichen Miteinander[217]

Die Gottes- und die Nächstenliebe sind *ein* Grundvollzug, *der* Grundvollzug christlicher Spiritualität. Man kann Gott nicht lieben, ohne den Nächsten zu lieben.
a) Entscheidend für die christliche Nächstenliebe ist die Grundform der „Agape“ als sich verschenkender Liebe. Christliche Hilfe ist nicht Ausgleich auf Gegenseitigkeit; christliche Liebe kommt der Not zuvor, sie ist aktives und nicht nur reagierendes Verhalten.
b) Wenn der Christ um den Nächsten in seiner Bedürftigkeit besorgt sein soll „wie um sich selbst“, dann ist Not in umfassendem Sinn zu sehen: leiblich, seelisch, sozial. Weiters darf aber gerade heute nicht übersehen werden, daß es neben der individuellen Not des einzelnen auch die gesellschaftlich bedingte Not gibt, Not, die durch die Umwelt bedingt ist.
c) Dem entsprechend dürfen sich die Christen nicht nur mit einer punktuellen Hilfeleistung in einem oder dem anderen Fall begnügen. Christliche Nächstenliebe wird auch die Änderung von Not verursachenden Strukturen anstreben, freilich ohne dadurch neue Not für andere zu schaffen.
d) Die Nächstenliebe der Christen wird einer organisierten Form nicht entbehren können, auch wenn in der neuesten Zeit die Gesellschaft große Teile der Wohlfahrtspflege übernommen hat. Die kirchliche Hilfe vermag flexibel auf Härten und unvorhergesehene Notlagen zu

reagieren. Darüber hinaus bleibt der einzelne aufgerufen, dem „Nächsten" in seiner Umgebung („Nächster" ist die Steigerungsstufe von „Naher"!) so zu dienen, daß gilt, „Was ihr für einen meiner geringsten Brüder getan habt, das habt ihr mir getan!" (Mt 25,40)

3. ABSCHNITT: LEBEN MITTEN IN DER WELT

Neben der alles bestimmenden Beziehung des Menschen zu Gott und der Beziehung zum Mitmenschen und zur Gemeinschaft ist die christliche Spiritualität auch von der Welthaftigkeit des Menschen bestimmt. Diese Weltbeziehung des Christen zeigte im Lauf der Geschichte viele Gesichter. Heute erfahren wir diese Welt als Ort unserer Aktivität, als Auftrag. Zugleich stellt sich damit auch die Frage nach dem Verwurzeltsein in dieser Welt durch unseren Besitz, die Problematik der christlichen Armut, der Armut „im Geiste".

1. Die Welt als Aufgabe und Berufung

1.1 Die „Welt" in der Sicht der Heiligen Schrift[218]

1.1.1 Alttestamentliche Perspektiven

Die Grundaussage des AT über die Welt ist ihr Geschaffensein durch Gott (z. B. Gen 1,1; 14,19). Damit ist die grundlegende Beziehung der Welt zu Gott ausgedrückt. Dadurch sind auch die „Elemente der Welt" entzaubert; nichts außer Gott darf angebetet werden (vgl. Ex 20,4f; Dt 4,16–19). Alles von Gott Geschaffene ist gut (Gen 1,10.12.18.25), sehr gut (Gen 1,31). Gott hat die Erde den Menschen gegeben (Ps 115,16), damit sie diese bevölkern und sich unterwerfen (Gen 1,28), damit sie sich davon ernähren (Gen 1,29). So ist eine positive optimistische Grundeinstellung zur Welt gegeben, eine Dynamik zur Humanisierung der Welt angestoßen.
Die Welt ist aber auch der Ort des menschlichen Dramas der Sünde. Die Verschlechterung der ursprünglichen Situation des Menschen in den zwischenmenschlichen Beziehungen und im Leben der Gesellschaft wird sehr anschaulich in den „Sündenfällen" der biblischen Urgeschichte geschildert (Gen 3–11). So steht der Mensch zwischen seiner Sündigkeit (und damit dem angedrohten Gericht Gottes) und der von Gott verheißenen Zukunft.

1.1.2 Die zwiespältige Wirklichkeit „Welt“ im Neuen Testament[219]

Die Bewertung der „Welt“ ist kein für sich bestehendes Thema neutestamentlicher Verkündigung. Jesu Heilswirken und die nachösterliche Verkündigung von der Rettung der Menschheit durch Jesu Tod und Auferstehung sagt aber auch Wesentliches über die Welt, ihre Institutionen und Strukturen: Die Herrschaft Gottes bricht ja zeichenhaft schon in dieser Welt an; die Auferstehung des Herrn und die Sendung des Geistes baut die Gemeinschaft der Kirche als Christi Gegenwart in dieser Welt.

a) Die „Welt“ in den synoptischen Evangelien

An vielen Einzelzügen seines Wirkens und seiner Verkündigung läßt sich Jesu Wertschätzung für die Welt, in der wir leben, ablesen: Er sieht in der Natur Gott am Werk; er schätzt die Arbeit des Menschen. Es gibt keine Abwertung der Welt.

Zugleich offenbaren die Worte Jesu auch eine tiefe Einsicht in die Zwiespältigkeit dieser Welt, in die Versuchungen, die dem Menschen auch durch diese Welt bereitet werden können. So bedarf z. B. der Bereich der Ehe einer inneren Erneuerung (vgl. Mt 19,3–9). Die Sorgen dieser Welt und der trügerische Reichtum können den Menschen blind machen (vgl. Mt 13,22), ihn in einer falschen Sicherheit wiegen (vgl. Lk 12,15–21). Was nützt es dem Menschen, wenn er die ganze Welt gewinnt, aber dabei sein eigentliches Leben verliert? (vgl. Mt 16,26).

Es ist die Absicht Jesu, die Welt, den Menschen aus dem Umfangensein vom Bösen zu befreien. Dies kann letztlich nur durch die Bekehrung des Herzens geschehen (vgl. Mk 1,15), denn das Reich Gottes ist schon unter uns (vgl. Lk 17,21). So vermag der Jünger des Herrn der Wirklichkeit der Welt neu zu begegnen, selbst ein anderer geworden.

b) Die „Welt“ im paulinischen Denken

Die Welt als Schöpfung vermag den Menschen die Herrlichkeit des Schöpfers anzuzeigen (Röm 1,19–20). Auch die Lebensordnungen dieser Welt werden positiv bewertet; das beweist die christliche Hausordnung (z. B. Kol 3,18–4,1). Auch die Einstellung des Apostels zur staatlichen Autorität weist in diese Richtung (vgl. Röm 13,1–7).

Zugleich weiß Paulus um die durch den Menschen in seiner Sündigkeit verursachte Unordnung in dieser Welt: Weil die Heiden Gott nicht anerkannten, lieferte sie Gott einem verworfenen Denken aus (Röm 1,28). Das zeigt sich auf dem Gebiet des Zusammenlebens der Ge-

schlechter (Röm 1,24–27), aber auch im Bereich der sozialen und wirtschaftlichen Beziehungen der Menschen (Röm 1,29–32).
Dieses Drama hat für Paulus eine lange Geschichte, denn durch einen Menschen ist die Sünde in die Welt gekommen (Röm 5,12); „der Gott dieser Weltzeit hat das Denken der Ungläubigen verblendet" (2 Kor 4,4).
In Jesus Christus ist aber die Befreiung erfolgt. Durch den Tod seines Sohnes hat Gott die Welt mit sich versöhnt (2 Kor 5,11–21). Angesichts der Erkenntnis Jesu Christi ist alles andere bedeutungslos geworden (vgl. Phil 3,8). Alles ist relativiert angesichts der „neuen Schöpfung" (vgl. Gal 6,15).
Von dieser Wirklichkeit Jesu Christi her gewinnen für den Glaubenden die Wirklichkeiten dieser Welt ein neues Profil. „Jeder soll in dem Stand bleiben, in dem ihn der Ruf Gottes getroffen hat" (1 Kor 7,20); aber trotzdem ist eine Veränderung erfolgt, denn die Sklaven dürfen sich als im Herrn Freie verstehen, und die Herren wissen, daß sie selbst einen Herrn im Himmel haben (vgl. 1 Kor 7,22 und Eph 6,9). Auch die Frauen sollen den Männern „wie dem Herrn" verbunden sein; diese sollen ihre Frauen lieben, wie Christus die Kirche geliebt und sich für sie hingegeben hat (Eph 5,22.25). Für den Christen kommt jede Autorität von Gott (Röm 13,1f).
Damit ist eine neue Haltung zur Welt, in der wir leben, angedeutet: Es geht nicht darum, aus dieser Welt auszuwandern (vgl. 1 Kor 5,10), sondern darum, sich nicht „dieser" Welt anzugleichen (Röm 12,2). In diesem Sinn ist auch der Vorbehalt zu verstehen, der 1 Kor 7,29–31 formuliert wird (vgl. auch Eph 4,22–24).

c) Die johanneische „Welt"-Vorstellung[220]

Das Johannesevangelium und der erste Johannesbrief haben den Begriff „Welt" (Kosmos) ausdrücklich reflektiert.
Die Zwiespältigkeit „dieser Welt" wird bei Johannes sehr deutlich herausgestellt; dazu im Gegensatz steht die Welt, die kommt. „Diese Welt" bleibt die Schöpfung, die Gott durch sein Wort ins Dasein gerufen hat (Joh 1,10). Aber im gegenwärtigen Zustand ist sie unter der Macht des Bösen (1 Joh 5,19), des Herrschers dieser Welt (Joh 12,31; 14,30). Als Geschöpf Gottes ist diese Welt gut; das gilt z. B. auch für die politische Autorität, die von Gott gegeben ist (Joh 19,11). Aber insofern die Welt der Sünde unterworfen ist, geschieht es, daß sie den nicht erkennt, durch den sie geworden ist (Joh 1,9–10).
Diese Zwiespältigkeit tritt besonders in der Sendung des Sohnes, in seinem Heilswerk zutage: So sehr hat Gott die Welt geliebt, daß er sei-

nen Sohn sandte, nicht um die Welt zu richten, sondern um sie zu retten (vgl. Joh 3,16f). Christus ist Licht für die Welt (Joh 8,12; 9,5; 12,46), Brot vom Himmel, das der Welt Leben spendet (Joh 6,33). Doch sein Reich ist nicht von dieser Welt (Joh 18,36). Sein Kommen bedeutet auch Gericht (Joh 9,39), denn an ihm muß man sich entscheiden. Jene, welche die „Welt“ bilden, hassen ihn, weil ihre Taten böse sind (Joh 7,7).
So wird bei Johannes ein zweifacher Sinn von Welt sichtbar: die Gott gegenüber feindliche Welt, die auch für den Tod des Herrn verantwortlich ist, jene Welt, für die Jesus nicht gebetet hat (vgl. Joh 17,9). Aber in einem zweiten Sinn ist Welt der Bereich, in den er vom Vater gesandt wurde und in den er auch die Jünger sendet (Joh 17,18).
Das Leben des Jüngers in dieser Welt ist fortan geprägt durch die Gegenwart Christi (vgl. Joh 14,19), durch die Erfahrung des Friedens (Joh 14,27) und der Freude (Joh 15,11; 17,13). Aber zugleich steht der Jünger in einer ständigen Konfrontation mit der Welt, die Jesus abgelehnt hat. In diesem Sinn gelten die Mahnungen vor allem des 1. Johannesbriefes: „Liebt nicht die Welt und was in ihr ist!“ Diese Welt wird umschrieben als „Begierde des Fleisches“, als „Begierde der Augen“ und „Prahlen mit dem Besitz“ (1 Joh 2,15–17). In dieser Welt gibt es falsche Propheten, Anti-Christen (1 Joh 4,1.3; 2 Joh 7). Aber trotz allem gilt: „Alles, was von Gott stammt, besiegt die Welt. Und das ist der Sieg, der die Welt besiegt hat: unser Glaube“ (1 Joh 5,4).

1.2 Weltflucht und Weltauftrag in der Geschichte der christlichen Spiritualität[221]

Den Aussagen des NT geht es nicht darum, daß der Christ aus der Welt herausgenommen werden soll, sondern darum, daß er nicht „von dieser Welt“ ist (vgl. Joh 17,9–19). Zugleich hat die Naherwartung, die in den älteren Texten des Neuen Testamentes zum Ausdruck kommt, diesem „In-der-Welt-Sein“ des Christen keine lange Dauer zugemutet; daher ist dieser Seite des Jünger-Seins auch keine intensive Reflexion zuteil geworden. Die Zwiespältigkeit von „Welt“ wird in der Geschichte der christlichen Spiritualität immer wieder sichtbar; dem entspricht das schwebende Gleichgewicht von Verneinung und Bejahung.

1.2.1 Die „Welt“ in der Zeit der Kirchenväter

a) Eine der großartigsten Visionen der Berufung der Christen in dieser Welt und für diese Welt bietet der „Diognet-Brief“, eine christliche

Schrift aus der 2. Hälfte des 2. Jahrhunderts, deren Verfasser wir nicht kennen.
„Die Christen sind weder durch Heimat noch durch Sprache noch durch Sitten von den übrigen Menschen unterschieden. Denn sie bewohnen weder irgendwo eigene Städte, noch verwenden sie eine abweichende Sprache noch führen sie ein absonderliches Leben."[222]
Aber trotz dieser Gleichheit mit allen zeichnet sie doch etwas aus: „Sie bewohnen ihr jeweiliges Vaterland, aber nur wie fremde Ansässige; sie erfüllen alle Aufgaben eines Bürgers und erdulden alle Lasten wie Fremde; jede Fremde ist für sie Vaterland und jede Heimat ist für sie Fremde".[223] Nachdem der unbekannte Verfasser dieses Andersartige, das aus der neuen Wirklichkeit Jesu Christi herkommt, geschildert hat, umschreibt er schließlich die Berufung der Christen für diese Welt: „Was im Leib die Seele ist, das sind in der Menschheit die Christen."[224]
b) Während z. B. die afrikanischen Kirchenlehrer des 2. und 3. Jahrhunderts, Tertullian († nach 220) und Cyprian († 258) von Weltflucht in dem Sinn sprechen, daß sich der Christ von der Befleckung durch die Sünde, die in der Gesellschaft herrscht, freihalten muß, wird das Thema der Trennung von der Welt zu einem Leitmotiv des Mönchtums: Der Mönch ist einer, der „ausgestiegen" ist, der die Welt mit ihren Freuden und Gefahren verlassen hat. Aber gerade dieser Verzicht ist kein Selbstzweck, wie Johannes Cassian († 430/35) erklärt: „Fasten, Nachtwachen, Zurückgezogenheit, Meditation der Heiligen Schrift usw. üben wir also um der Reinheit des Herzens willen, die in der Liebe besteht. Was wir tun, tun wir, um Liebende zu werden. Darum ist die Liebe in allem maß-gebend. Sie zu erlangen, ist das Ziel unseres Tuns; die Werkzeuge, die wir dabei handhaben, sind zweitrangig."[225]

1.2.2 Die Weltbeziehung im Mittelalter

a) Im Mittelalter herrschte die Grundstimmung der „fuga mundi", der Flucht aus dieser Welt vor. Die irdische Wirklichkeit wurde unter dem Blickpunkt des zu gewinnenden ewigen Lebens gesehen. Bis zum Hochmittelalter war außerdem das monastische Leben – und damit das Heraustreten aus dieser Welt – so sehr das Ideal des geistlichen Lebens, daß auch der Laie, der in Familie und Beruf lebte, sich bemühte, im Rahmen seiner Möglichkeiten ein Leben zu führen, das am Ordensleben Maß nahm.
b) Langsam entwickelte sich aber auch ein eigenständiges religiöses Lebensideal außerhalb des monastischen und klerikalen Ideals. Dies

setzte ein mit der Ausbildung eines christlichen Ritterideals sowie mit christlicher Sinngebung von Berufen und Diensten im aufkommenden Bürgertum.

1.2.3 Der Beginn einer Laienspiritualität in der Neuzeit

a) Die reformatorische Theologie hat mit ihrer Leugnung von Unterschieden zwischen dem einfachen Christen, dem Kleriker und dem Mönch auch dazu beigetragen, das Leben in den Verantwortlichkeiten der Welt als Dienst vor Gott zu verstehen.
b) Ein massiver Vorstoß zu einer Spiritualität, die in jedem Stand gelebt und verwirklicht werden kann, ist bei Franz von Sales († 1622) gegeben. In seiner Schrift „Philothea" will er jenen einen Weg zur Frömmigkeit zeigen, die in der Stadt, im Haushalt oder bei Hof leben, die also ein gewöhnliches Leben führen.
c) Nach einigen Ansätzen im 19. Jahrhundert hat aber vor allem die Neuentdeckung der Wirklichkeit Kirche als Gemeinschaft nach dem ersten Weltkrieg (bis hin zum 2. Vatikanischen Konzil) zur Erarbeitung einer „Laienspiritualität" geführt, zu einer „Theologie der irdischen Wirklichkeiten". So wurde immer deutlicher, daß das Wahrnehmen der Aufgaben in dieser Welt und für diese Welt entscheidende Bedeutung für die Verwirklichung des Christseins hat.[226]

1.3 Die Welthaftigkeit der christlichen Spiritualität im Licht des 2. Vatikanischen Konzils[227]

Das 2. Vatikanische Konzil hat durch seine Besinnung auf die Kirche als Volk Gottes und auf die Aufgabe der Kirche in dieser Welt die Ansätze theologischer Besinnung vor dem Konzil aufgegriffen und damit auch Einseitigkeiten der Vergangenheit ins Lot gerückt.
a) Durch die Sicht auf die Kirche als Volk Gottes wurde die Stellung des Laien in dieser Gemeinschaft neu umschrieben[228]. Das Glied des Gottesvolkes, das nicht Kleriker und nicht Ordenschrist ist, wird nun gerade durch sein In-der-Welt-Sein positiv umschrieben: „Sache der Laien ist es, kraft der ihnen eigenen Berufung in der Verwaltung und gottgemäßen Regelung der zeitlichen Dinge das Reich Gottes zu suchen. Sie leben in der Welt, das heißt in all den einzelnen irdischen Aufgaben und Werken, und den normalen Verhältnissen des Familien- und Gesellschaftslebens, aus denen ihre Existenz gleichsam zusammengewoben ist. Dort sind sie von Gott gerufen, ihre eigentümliche Aufgabe, vom Geist des Evangeliums geleitet, auszuüben und so wie

ein Sauerteig zur Heiligung der Welt gewissermaßen von innen her beizutragen und durch das Zeugnis ihres Lebens, im Glanz von Glaube, Hoffnung und Liebe Christus den anderen kundzumachen."[229]
Auch im Zusammenhang mit der Aussage von der Berufung aller zur Heiligkeit stellt das Konzil die These auf, daß „alle Christgläubigen in ihrer Lebenslage, ihren Pflichten und Verhältnissen und durch dies alles von Tag zu Tag mehr geheiligt" werden, „wenn sie alles aus der Hand des himmlischen Vaters im Glauben entgegennehmen und mit Gottes Willen zusammenwirken und so die Liebe, mit der Gott die Welt geliebt hat, im zeitlichen Dienst selbst allen kundmachen."[230]
b) Diese Konzilsaussagen nehmen endgültig Abschied von einer Sicht des spirituellen Lebens, die die Weltexistenz nur in einer möglichst großen Annäherung an ein ordensähnliches Ideal zu tolerieren bereit war. Nun geht es nicht mehr um eine Abwertung des Lebens in der Welt, sondern um das Wahrnehmen der dem einzelnen übertragenen Aufgaben als konkreten Weg, als konkrete Berufung zur Verwirklichung des Christseins.
Diese weltliche Dimension kommt vor allem in der Pastoralkonstitution „Die Kirche in der Welt von heute" zum Ausdruck: Sehr eindringlich wird im dritten Kapitel des ersten Teiles dieses Dokumentes[231] vom Wert des menschlichen „Schaffens" gesprochen, von der Verpflichtung, auch zur besseren Ordnung der menschlichen Gesellschaft beizutragen, zur Herstellung einer allgemeinen Brüderlichkeit.
c) Während das 2. Vatikanische Konzil vor allem die positive Weltverpflichtung des Christen herausstellt, hat die Vergangenheit oft das Gefahrvolle dieser Welt allzu sehr betont. Die Aussagen der Weltverantwortung dürfen aber den Christen nicht blind machen für das Anliegen, das in der oftmaligen Betonung der „Weltflucht" zum Ausdruck kam: Es gibt in dieser Welt auch die Wirklichkeit der Sünde und des Bösen, wir alle sind in die Sünde in vielfältiger Weise verflochten. Wer in der Lebensgemeinschaft mit Christus verwurzelt die Aufgaben dieser Welt wahrnimmt, darf aber hoffen, auch am Sieg Christi über Sünde und Tod teilzunehmen.

2. Die Haltung des Christen dem materiellen Besitz gegenüber

Der Christ ist mit dieser Welt, deren Aufgaben zur Verwirklichung seines Christseins gehören, besonders durch sein Hab und Gut verbunden. Ist aber nicht gerade Armut das christliche Ideal, der weitgehende Verzicht auf Besitz?

2.1 Die Stellung zum Besitz im Neuen Testament[232]

2.1.1 Armut und Gefahren des Reichtums in den synoptischen Evangelien

a) Dieser Fragenkreis kommt im Abschnitt Mk 10,17–31 (Mt 19,16–30; Lk 18,18–30) zur Sprache. Im Bericht von der Berufung des reichen Mannes (Mk 10,17–22) steht der Schlüsselsatz für unsere Frage in v. 21: „Eines fehlt dir noch: Geh, verkaufe, was du hast, gib das Geld den Armen, und du wirst einen Schatz im Himmel haben; dann komm und folge mir nach!" – Daran schließen sich in der dreifachen Überlieferung die Worte Jesu über die Gefahren des Reichtums (Mk 10,23–27). Den Jüngern, die im Gegensatz zum Berufenen, der abgelehnt hat, stehen, wird Lohn für ihren Verzicht versprochen (Mk 10,28–31).

Der Kern dieses Abschnittes liegt in der Aussage, daß der Jünger nur dann das wahre Leben, die Vollkommenheit, erreichen kann, wenn er sich von dem Seinen trennt und mit den Armen teilt; der Reichtum wird als Hindernis auf dem Weg zu Gott angesehen, das nur Gott zu überwinden vermag. Dieses In-Beschlag-Genommenwerden durch die Sorgen und die Reichtümer kommt auch in der Deutung des Gleichnisses vom Sämann zum Ausdruck (Mk 4,19f; Mt 13,22; Lk 8,14).

b) In der Q-Überlieferung findet sich die Seligpreisung der Armut. Lukas bietet zu Beginn der „Feldrede" die Seligpreisung über die Armen, die Hungernden und die Weinenden (Lk 6,20f); denn diese werden den radikalen Umschwung beim Anbruch des Gottesreiches erfahren (vgl. auch Lk 4,16–21; Mt 11,2–5). Während Lk die Situation der Menschen angesichts des Gottesreiches kennzeichnet, zielt Matthäus in den Seligpreisungen auf die vom Jünger erwarteten Voraussetzungen für den Eintritt in das Gottesreich; so lautet die erste Seligpreisung der „Bergpredigt": „Selig, die arm sind vor Gott!" (Mt 5,3).[233]

Die Weisungen bei Mt 6,19–34 sprechen von falschem und rechtem Besorgtsein: Es ist die Rede vom wahren Schatz, um den man sich bemühen soll (Mt 6,19–21; Lk 12,33f); dieser besteht gerade darin, mit den Armen zu teilen. Die Aufforderung, sich zwischen Gott und dem Mammon zu entscheiden (Mt 6,24; Lk 16,13), verweist auf die Gefährlichkeit des Reichtums, der zum Herrn über den Menschen werden kann. Ängstliche Sorge sollte vermieden werden, denn sie widerspricht dem Vertrauen auf den Vater, der für uns Sorge trägt (Mt 6,25–34; Lk 12,22–31).

c) Lk ist an der Thematik der Armut und des Besitzverzichtes sehr interessiert und bietet daher die meisten Texte unter allen Evangelisten zu diesem Fragenkreis.[234] In seinem Sondergut schildert er das Beispiel des törichten reichen Mannes, der in seiner falschen Selbstsicherheit umkommt (Lk 12,13–21). Lk 16,1–31 werden in Gleichnissen und Logien Weisungen über den guten und schlechten Gebrauch der Güter gemacht. Unter weiteren Texten, die die Stellung des Jüngers zum Besitz unter verschiedenen Gesichtspunkten andeuten (Lk 3,11; 6,30.34f.38; 11,41), findet sich die radikalste Formulierung des Neuen Testaments in dieser Frage: „Darum kann keiner von euch mein Jünger sein, wenn er nicht auf seinen ganzen Besitz verzichtet" (Lk 14,33).[235] In ähnlicher Formulierung begegnet diese Stellungnahme noch zweimal bei Lukas: Lk 12,33 und 18,22. Auch Zachäus als bekehrter Reicher (Lk 19,1–10) und die Witwe vor dem Opferkasten (Lk 21,1–4) zeigen das Interesse des Evangelisten an dieser Dimension der Christusnachfolge.

d) Diese Texte aus den synoptischen Evangelien stellen vor allem zwei Gesichtspunkte heraus:

– Die irdischen Güter (der „Reichtum") werden wohl nie als in sich schlecht und verwerflich qualifiziert. Aber es wird deutlich, daß sie Quelle von Sorgen, von Verführung und Gefahren sind, daß man leicht Sklave dessen werden kann, was man besitzt. Die Reichtümer stellen ein für den Menschen unüberwindliches Hindernis dar, um in das Gottesreich zu gelangen. Lukas deutet allerdings auch an, daß es einen guten Gebrauch des Besitzes geben kann (vgl. Lk 16,9–12; 19,1–10).

– Weiter geht es um das Verkaufen der Güter, um davon den Armen zu geben. Man entäußert sich aus Liebe zu den anderen, um ihnen zu helfen.

Aufs ganze gesehen, ist eigentlich (abgesehen von Mt 5,3 und Lk 6,20) in diesen Texten nicht von der Armut die Rede, sondern von den Gütern, die man mit den Armen teilen soll, und von der Gefahr des Reichtums, die abgewendet werden muß. Wo die Armen selig gepriesen werden (Lk 6,20), geschieht dies deshalb, weil dieser Zustand als Not beendet werden soll.

2.1.2 Die Verwirklichung der Worte Jesu im Licht der Apg[236]

Lukas bringt in seinem Evangelium die radikalsten Formulierungen der Weisung Jesu zum Besitz und zu den Gefahren des Reichtums. In seinem zweiten Werk, der Apostelgeschichte, zeigt der Evangelist, wie diese Worte Jesu in der frühen Christenheit verwirklicht wurden.

a) In den zusammenfassenden Berichten vom Leben der Urgemeinde steht das Thema der Gemeinschaft (koinonia) im Vordergrund. Apg 2,42–44 wird davon gesprochen, daß alle alles gemeinsam haben. „Sie verkauften Hab und Gut und gaben davon allen, jedem so viel, wie er nötig hatte" (Apg 2,44). Von dieser Gütergemeinschaft ist auch in einem weiteren Sammelbericht Apg 4,32–37 (vgl. auch Apg 5,1) die Rede. Die Armen, denen durch den Verkauf der Güter geholfen werden soll, sind die Gemeinde, die anderseits durch den Güterverkauf der einzelnen aufhört, arm zu sein. Das Ideal war also nicht die arme Gemeinde, vielmehr sollte es in dieser Gemeinschaft niemand geben, der Not litt (vgl. Apg 4,34). Damit sah man den schon an Israel gerichteten Wunsch erfüllt: „Doch eigentlich sollte es bei dir gar keine Armen geben!" (Dtn 15,4).
Das Teilen und das Leben in einer Gütergemeinschaft geschah freiwillig, was am Lob über das Tun des Barnabas (Apg 4,36f) sowie in den Worten des Petrus zu Hananias und Saphira (Apg 5,4) zum Ausdruck kommt.
b) Dieses Ziel, Armut als Not zu beheben, wird auch Apg 11,29f sichtbar, wo es um Unterstützung für die in Not geratene Gemeinde in Jerusalem geht. „Geben ist seliger als nehmen", wird Apg 20,35 als Herrenwort überliefert (vgl. v. 33–35). Der Sinn des Verzichts auf Reichtum liegt also nicht in einem aszetischen Moment oder in der Verachtung der Güter, sondern im Teilen und Abhelfen der Not.

2.1.3 Die Einstellung des Christen zum Besitz in den paulinischen Briefen[237]

a) Die Hilfe für die Gemeinde in Jerusalem, die in Not geraten ist, war ein besonderes Anliegen des Apostels Paulus (vgl. Röm 15,26; Gal 2,10). Er organisiert eine Kollekte (Röm 15,26; 1 Kor 16,1–4; 2 Kor 8–9). Für das Verständnis dieser Sammlung ist die Mahnung bezeichnend: „Es geht nicht darum, daß ihr in Not geratet, indem ihr anderen helft, es geht um einen Ausgleich" (2 Kor 8,13).
Über den konkreten Anlaßfall der notleidenden Gemeinde von Jerusalem hinaus sollen die Christen denen helfen, die in Not sind (Röm 12,13), sie sollen mit den Notleidenden teilen (vgl. Eph 4,28). „Vergeßt nicht, Gutes zu tun und mit anderen zu teilen!" (Hebr 13,16). In der Gemeinde von Korinth scheint gerade dieses Teilgeben der Begüterten nicht geschehen zu sein (vgl. 1 Kor 6,1–8; 11,21 f).
b) Auf die Gefahren des Reichtums machen zwei Abschnitte in 1 Tim aufmerksam: 1 Tim 6,7–10 und 6,17–19.

Eine eschatologische Distanzierung von Hab und Gut bietet 1 Kor 7,29–31: Die Zeit ist kurz; daher soll, wer kauft, sich so verhalten als würde er nicht Eigentümer, wer sich die Welt zunutze macht, als nutze er sie nicht!
Eine „Theologie" der Armut ist bei 2 Kor 8,9 angedeutet: „Er, der reich war, wurde euretwegen arm, um euch durch seine Armut reich zu machen."

2.1.4 Die „Armen" in den übrigen Schriften des Neuen Testaments

a) Die Liebe zum Bruder muß sich für 1 Joh in einem Zuhilfekommen dem Notleidenden gegenüber ausdrücken (1 Joh 3,17). Die Sorge um die Armen wird die Gemeinschaft der Jünger immer begleiten; Arme werden sie immer haben (vgl. Joh 12,8).
b) Der Jakobusbrief schärft der Gemeinde ein, sie dürfe die Reichen nicht zu Lasten der Armen besser behandeln (Jak 2,1–13). Vor allem werden unterdrückende Maßnahmen der Reichen gegeißelt (Jak 5,1–6).

2.2 Das Verständnis der Armut in der Geschichte der christlichen Spiritualität[238]

In den Texten des Neuen Testaments ist also weniger von einem Armutsideal die Rede; vielmehr steht die soziale Dimension im Vordergrund: Es geht um die Verantwortung füreinander, um die Sorge für die Armen, um das Teilen mit anderen. Im Lauf der geschichtlichen Entwicklung ist aber der individuelle Aspekt, die Sorge um das eigene Heil stark in den Vordergrund getreten, anknüpfend an die Warnungen des Evangeliums, daß die Reichen nur schwer in das Gottesreich gelangen können.

2.2.1 Die Motive des frühchristlichen Mönchtums[239]

Die Armut war die grundlegende Forderung für das altkirchliche Mönchtum. Um Gott zu finden, mußte man sich von allem Irdischen lösen. Der Auszug aus dieser Welt erfolgte vor allem durch Verzicht des einzelnen auf materielle Sicherstellung.
Aus diesem Grundmotiv der monastischen Armut entwickelten sich Einzelmotive:
a) Da der Mensch gerade durch sein Hängen am Irdischen immer wieder in vielfältiger Weise sündigt, war die Buße ein Motiv der freiwilligen Armut. Durch die frei gewählte Entbehrung wollte der „Arme

Christi" für sich und die Mitmenschen Gottes Barmherzigkeit erlangen.
b) Damit ist als zweites Motiv die Demut verbunden: Durch die äußere Armut will der Glaubende seine innere Armut, seine Abhängigkeit von Gott zeigen, die „Armut im Geiste".
c) Schließlich führte die freiwillige Armut zur Reinheit des Gewissens, sie schenkte Gelassenheit, Unbekümmertheit.
Armut ist in dieser Sicht die zentrale Haltung der Nachfolge. Sie wird zur geistlichen Grundhaltung.

2.2.2 Christus – das Urbild des Armen

Wenn auch die Armut immer im Horizont der Nachfolge Christi gesehen wurde, so stand – vor allem im Mittelalter – letztlich Christus selber als tiefste Begründung der Armut den Christen vor Augen.
a) Neben den Worten an den „reichen Jüngling" (Mt 19,21) war es vor allem das Wort von der Selbstentäußerung des Gottessohnes (Phil 2,5–8) und die Aussage von der freiwilligen Armut dessen, der reich war (2 Kor 8,9), die als Begründung der christlichen Armutshaltung immer wieder herangezogen wurden.
Daraus zog schon Hieronymus († 419/20) die Konsequenz, daß man dem Herrn in der Entblößung von allem Eigenen folgen müsse (nudus nudam crucem, nudum Christum sequi).[240]
b) Zugleich wurden gerade im Mittelalter diese Ansätze allzu schnell verkürzt. Die materielle Armut wurde so sehr als unabdingbares Mittel des persönlichen Heilsweges gesehen, daß gerade in den Armutsbewegungen des Mittelalters[241] die Vorstellung erwachte, nur dort sei die Kirche, wo sie durch radikale äußere Armut zu innerer Freiheit gelangt ist. Das Evangelium wird mit Armut identifiziert. Diese kirchenkritische Note fehlt im Denken des hl. Franz von Assisi († 1226) völlig; er wollte seine Berufung der Armut in der Kirche leben, ohne alle auf seine Lebensform zu verpflichten. Seine Begeisterung für die Armut entsprang einer Liebe zum armen Jesus. Aber im Gefolge der Armutsdiskussionen in der Gemeinschaft des hl. Franz kam es wieder zu Verhärtungen: Johannes XXII. verwarf 1323 die These der Franziskaner-Spiritualen, Christus habe mit den Aposteln in völliger Armut und Besitzlosigkeit gelebt[242].
c) Schon die Bettelorden des Mittelalters wußten sich durch ihre Armut auch mit den Armen dieser Welt solidarisch. Diese Motivation für Armut ist im Zuge der neuzeitlichen Entwicklung immer stärker geworden.

2.3 Armut – ein christliches Ideal?[243]

2.3.1 Der vieldeutige Begriff „Armut"

a) Armut ist ein relativer Begriff; bezogen auf ein bestimmtes wirtschaftliches und soziales Niveau wird ausgedrückt, daß der Arme unter dieser Ebene leben muß. Es ist in diesem Zusammenhang ja auch bemerkenswert, daß die Schriften des Neuen Testaments nicht von der Armut, sondern von den Armen sprechen: „Evangelische Armut hat es mit den Armen zu tun, nicht mit einem abstrakten Begriff von Armut, einer Haltung in sich, sondern lenkt den Blick auf die Armen." (Aquinata Böckmann)[244] Und zu diesen Armen des Neuen Testaments gehören alle Elenden und Bejammernswerten.
b) Wenn man von „Armut" spricht, werden verschiedene Aspekte ins Auge gefaßt: Neben der materiellen Armut, wo der Mensch in der Nähe des Existenzminimums, in ständiger Unsicherheit lebt, gibt es die „geistige Armut", womit Menschen gemeint sind, die in Unfreiheit leben müssen, in Einsamkeit, in vielfältiger Behinderung. Dazu gehört der von Einsamkeit und Unverständnis Betroffene ebenso wie der psychisch Kranke. Davon wäre wieder die geistlich-spirituelle Armut zu unterscheiden, die mit „Armut im Geist" (Mt 5,3) gemeint ist: Der Mensch, der vor Gott arm ist, der allein auf ihn vertraut und hofft, der innerlich frei geworden ist von seinen Bindungen an sein Hab und Gut.

2.3.2 Der Christ als Armer und seine Stellung zu den Armen

a) Das Entscheidende müßte für den Christen jene Offenheit, jene Bereitschaft für die Armen sein, die auch die neutestamentlichen Texte als unabdingbare Forderung erheben. Armut ist in dieser Welt kein Idealzustand, sondern eine Notsituation, die zu beseitigen ist. Gemeint ist dabei die materielle und die geistige Armut – im Sinn der eben getroffenen Unterscheidung. Diese Sorge für die Armen ist untrennbar verbunden mit der Forderung der Nächstenliebe. Es geht um das Mithelfen, um das Teilen mit den materiell Armen in unserer Umgebung und Reichweite, aber auch um Mithilfe an einer gerechteren Verteilung der Güter in dieser Welt (Entwicklungshilfe usw.). Die Sorge für die Armen darf sich aber nicht nur auf die materielle Hilfe beschränken, sondern soll gerade auch ein offenes Auge und eine bereite Hand haben für die geistige Armut, der wir in unserer Umgebung immer wieder begegnen.
b) Wo Armut als Öffnung für die Bruderschaft im Sinn der urchristli-

chen Gemeinde verstanden wird, dort geht auch der zweite Aspekt der neutestamentlichen Aussagen über die Armen (und die Reichen) nicht verloren: die Warnung, daß der Reiche nur schwer in das Himmelreich eintreten kann. Der Grund ist das auch für Gott verschlossene Herz, das Vertrauen auf Hab und Gut, das vom Besitz Besessenwerden, das den Menschen in sich einschließt. Die Öffnung zur Bruderschaft und die Offenheit für Gott (die geistlich-spirituelle Armut) sind untrennbar miteinander verbunden. Diese Dimension der Armut wird sich in einer Offenheit und Verfügbarkeit für Gott zeigen, in einer Annahme auch der Unsicherheiten des Lebens, in einem Ja zu den Begrenzungen. Die Probe aufs Exempel, ob einem diese Haltung der Offenheit vor Gott ernst ist, besteht in der Offenheit den Armen gegenüber.

4. ABSCHNITT: DAS LEBEN IN DER BELASTUNG DES UNTERWEGSSEINS

Nach den Dimensionen des Lebens vor Gott, des Lebens mit den Mitmenschen und des Lebens mitten in dieser Welt ist nun noch die Dimension der Belastung durch das Unterwegssein des konkreten Menschen zu bedenken. Die Wegsituation gehört zur Grundgestalt des geistlichen Lebens. In der Auslegung der einzelnen Dimensionen des geistlichen Lebens sollen vor allem zwei Aspekte dieses Unterwegssein bedacht werden: das Moment der Bemühung, der Anstrengung, des Verzichtes, kurz das Moment der Aszese und das Leiden und Erleiden in einem umfassenden Sinn.

1. Aszese/Askese – Mühevolle Einübung des Christseins

1.1 Aszese/Askese – ein vieldeutiger Begriff

1.1.1 Zwei Definitionsrichtungen

Die Definitionen für Aszese/Askese, die sich in diversen Lexika und Handbüchern finden, tendieren in zwei Richtungen, in eine religionswissenschaftlich-beschreibende, auch von der protestantischen Literatur größtenteils verwendete, und in eine theologisch-wertende Richtung.

So beschreibt z. B. das vom Dudenverlag herausgegebene „Große Wörterbuch der deutschen Sprache in sechs Bänden“ Askese als

„streng enthaltsame und entsagende Lebensweise (zur Verwirklichung sittlicher und religiöser Ideale)“ sowie näherhin als „Bußübung zur Überwindung von Lastern und Abtötung von Begierden“[245]. Dieses Verständnis von Askese stellt den Verzicht, die Enthaltung in den Vordergrund.
Die vor allem in der katholischen Theologie übliche Auffassung von Aszese kommt in einer Definition von Friedrich Wulf zum Ausdruck, der damit „alle Akte des menschlichen Bemühens um die Erlangung der christlichen Vollkommenheit“ meint; „näherhin das beharrliche und geordnete Bemühen, wobei das Moment des Kampfes und der Entsagung durchaus mitschwingt, aber nicht schlechthin ausschlaggebend ist.“[246]
Während der „enge“ Begriff von Aszese als Verzicht und Entsagung auf der Ebene der Phänomene bleibt, stellt der weitere, ganzheitliche Begriff der katholischen Theologie den positiven Gesichtspunkt der Bemühung um „Vollkommenheit“ des christlichen Lebens in den Vordergrund; Verzichtleistungen stehen dabei im Zusammenhang des umgreifenden Zieles.

1.1.2 Die Herkunft des Wortes Askese/Aszese[247]

Die Grundbedeutung des Wortes „askein“ und des dazugehörenden Hauptwortes „askesis“ meint das Ausüben einer Kunstfertigkeit, meint auch das Training des Athleten.
In einem erweiterten Sinn wird sodann mit dem Wort auch das Einüben von Tugenden bezeichnet.
In einem spezifisch religiösen Sinn wird Askese begriffen als Vorbereitung des Christen auf die Vereinigung mit Gott. Im christlichen Bereich scheint diese Bedeutung des Wortes erstmals bei den Theologen der alexandrinischen Schule, bei Klemens († vor 215) und Origenes († 253/54) auf. Später wurde das monastische Leben mit dem Stichwort Askese bezeichnet.
Vom Wort her ist es gleichgültig, ob man dem Griechischen folgend von Askese, oder der lateinischen Aussprache folgend von Aszese spricht. Im folgenden werden beide Worte in gleichem Sinn verwendet.

1.1.3 Typen von Aszese

Um das Spezifische der christlichen Aszese gegenüber anderen Motivationen herauszustellen, kann man mit Karl Rahner auf die folgende Typologie von Aszese verweisen[248]:

a) Moralische Aszese:
Damit ist die Bemühung gemeint, eine Harmonie zwischen den verschiedenen Strebungen des Menschen herzustellen; durch Selbstzucht und Maßhalten soll die „Tugendmitte" erreicht werden. So sehr diese Form von Aszese zum Menschen notwendig ist, so sehr sie daher auch für den Christen ein Bestandteil seines Bemühens wird, erschöpft sich christliche Aszese doch nicht in „moralischer Aszese". Das „Mitsterben mit Christus" geht darüber hinaus.

b) Kultische Aszese:
In verschiedenen Religionen werden als Vorbedingung für die Teilnahme am Kult Entsagungen und Verzichte gefordert, die den Menschen aus der profanen Sphäre entrücken und in die Sphäre des Sakralen und Numinosen einführen sollen. Auch wenn derartige aszetische Praktiken, die teilweise in manchen Reinheitsvorschriften des AT anklingen, in der Geschichte der christlichen Frömmigkeit wiederholt Einfluß auf das christliche Verhalten gewonnen haben, steht doch diese Motivation der christlichen sehr ferne.

c) Mystische Aszese:
Durch verschiedene Enthaltungen soll der Mensch zur Erfahrung des Göttlichen geführt werden. Auch im christlichen Verständnis geht der mystischen Erfahrung eine Bereitung im Sinn der Aszese voraus, aber diese Vorbereitung bringt nicht die Erfahrung hervor, diese ist und bleibt „Geschenk". Zudem erschöpft sich christliche Aszese nicht in Vorbereitung auf Mystik, weil sich auch christliche Spiritualität nicht auf Mystik reduzieren läßt.

1.2 Die Grundlagen der christlichen Aszese im Neuen Testament

Das griechische Wort „askein" kommt im NT nur Apg 24,16 vor, aber nicht in unserem spezifischen Sinn. Wohl spricht das Neue Testament an einigen Stellen vom Kampf und Training, um damit die notwendige Bemühung des Christen auszudrücken (vgl. 1 Kor 9,24–27; Phil 3,13–14; 2 Tim 4,7–8).

Die Befragung des NT nach den Grundlagen christlicher Aszese kann sich daher nicht auf das Aufspüren des Wortes beschränken, sondern wird die gemeinte Sache auch unter anderen Formulierungen zu suchen haben. Vor allem sind in diesem Zusammenhang die „radikalen" Texte des Neuen Testaments heranzuziehen, Forderungen, die einen ungewohnten Charakter aufweisen, bisweilen paradox formuliert sind, die über das scheinbar Zumutbare hinausgehen, die den Menschen bis an die Wurzel in Frage stellen[249].

1.2.1 Christlicher Radikalismus in den synoptischen Evangelien

a) Christus und Johannes d. T. als Verwirklichungen des Radikalismus

Johannes der Täufer wird als sehr betont asketische Gestalt in dem Sinn gezeichnet, daß sein Äußeres und sein Verhalten durch eine radikale Trennung von der Welt gekennzeichnet war: Sein Mk 1,6 geschildertes Auftreten verweist darauf wie auch die Worte Jesu über ihn (Mt 11,8); er fastet, er ißt und trinkt nichts (Mt 11,18). Indem Jesus den Täufer lobt (vgl. Mt 11,7–11; Lk 7,24–30), bringt er zugleich die Andersartigkeit seines Lebens zum Ausdruck: Jesus ißt und trinkt, aber die „Menschen dieser Generation" haben sich wie spielende Kinder auf dem Marktplatz verhalten, die immer anderes wollten (vgl. Mt 11,16–19; Lk 7,31–35).

Auch Jesus zieht in seinem äußeren Verhalten harte Trennlinien: Es gab mit seiner Familie einen Bruch (vgl. Mk 3,20–21.31–35), wenngleich die Mutter Jesu davon ausgenommen wird (vgl. Joh 2,1–5; 19,25); als wandernder Verkündiger des Reiches Gottes hatte er keinen Ort, wohin er sein Haupt legen konnte (Mt 8,20; Lk 9,58). Die entscheidende Dimension seines Radikalismus ist aber in seiner Haltung Gott und den Menschen gegenüber gegeben: in der Bereitschaft, die Sendung des Vaters auszuführen und den Menschen zu dienen, sein Leben hinzugeben als Lösepreis für viele (vgl. Mk 10,45; Mt 20,28).

b) Der Radikalismus der Gottes-Reich-Botschaft in den synoptischen Evangelien

Die dem Menschen alles abfordernde Reich-Gottes-Verkündigung wird mit ihren aszetischen Folgerungen an dem zusammenfassenden Logion Mk 1,15 deutlich:

– Die Ansage, daß die Zeit erfüllt und das Reich Gottes nahe gekommen ist, stellt den Hörer der Botschaft in die Spannung zwischen der schon jetzt gegebenen Verwirklichung des Gottesreiches und seiner vollen Offenbarung in Macht und Herrlichkeit, die noch aussteht. Jetzt ist Entscheidung nötig; es geht um die Erfüllung jener Forderungen, die notwendig sind, um in das Reich Gottes eingehen zu können.

– Dieser Herausforderung steht die Antwort der Umkehr gegenüber, die hier und jetzt geschehen, die aber auch von Dauer sein soll. Zugleich wird vom Glauben gesprochen, vom vollen Ja, das dieser Frohbotschaft geschenkt werden soll.

c) Die „radikalen Forderungen" Jesu im einzelnen

– Die Ernsthaftigkeit aszetischen Bemühens, die Jesus verlangt, wird deutlich, wenn er seine Sendung damit charakterisiert, daß er nicht

Frieden bringt, sondern das Schwert; mit der notwendigen Entscheidung für ihn trägt er den Zwiespalt bis in die engsten familiären Bindungen hinein (Mt 10,34–36; Lk 12,51–53). Der Weg ist schmal und das Tor ist eng, das zum Leben führt (Mt 7,13f; vgl. Lk 13,24); daher bedarf es eines gewaltsamen Vorgehens, um das Reich Gottes an sich zu reißen (Mt 11,12; Lk 16,16). Der Jünger muß bereit sein, sich von allem zu trennen, was ihn hindert (Mk 9,43–47; Mt 18,8–9). Die Bemühung des Christen erfordert seinen ganzen Einsatz (Lk 14,28–32). Wer aber einmal den Weg eingeschlagen hat, darf nicht mehr zurückschauen (Lk 9,62).

– Für den einzelnen werden diese Anforderungen des Jüngerseins als Sich-selbst-Verleugnen (Mk 8,34; Mt 8,24; Lk 9,23), als Verlieren des Lebens um Jesu willen formuliert. Diese letzte Wendung wird in den Evangelien sechsmal überliefert: Mk 8,35; Mt 10,39; 16,25; Lk 9,24; 17,33; Joh 12,25.

Der Jünger muß mit Ablehnung durch seine Familie rechnen (Mk 13,12; Mt 24,21; Lk 21,16), mit Haß und Verfolgung um Jesu willen (Mk 13,9.12.13; Mt 10,17f; Lk 21,12f); er soll mit dem Einsatz seines Lebens Jesus vor den Menschen bekennen (Mt 10,28.32; Lk 12,4.8). So soll er das Kreuz in der Nachfolge Jesu tragen, ein Wort, das in den Evangelien fünfmal erwähnt wird: Mk 8,34; Mt 10,38; 16,24; Lk 9,23; 14,27. Die Treue zum Herrn reicht bis zum Tod des Martyriums.

Auch beim Guten, das der Mensch tut (Beten, Fasten, Almosen), darf nicht das Eigeninteresse im Vordergrund stehen; er soll nicht von den Menschen gesehen werden, sondern nur von Gott (Mt 6,1–6.16–18). Auch wenn wir alles getan haben, was uns aufgetragen wurde, bleiben wir unnütze Knechte (vgl. Lk 17,7–10).

– Dieses das menschlich Übliche und Erwartbare Übersteigende der Forderungen Jesu wird auch in der Verwirklichung der Nächstenliebe sichtbar: Zorn und beleidigende Worte sollen nicht fallen (Mt 5,21–25). Der Jünger soll nicht richten (Mt 7,1), nicht verurteilen (Lk 6,37b), er soll keine Vergeltung üben (Mt 5,39f), er soll dem Bittenden nichts verweigern (Mt 5,42). Als Friedensstifter (Mt 5,9) soll er sich möglichst rasch mit seinem Gegner versöhnen (Mt 5,25), immer bereit sein, zu verzeihen (Mk 11,25; Mt 6,14), und zwar unbegrenzt (Mt 18,21f). Diese Barmherzigkeit (vgl. Mt 5,7) bezieht sich auch auf den Fremden (Lk 10,29–37) und auf den Feind (Mt 5,43–47). Vor allem soll auch das Wort des Jüngers eindeutig und klar sein, frei von Hinterhalt und Unehrlichkeit (Mt 5,33–37).

– Die Berufung zum Jünger kann auch eine Trennung von der Familie notwendig machen; die Nachfolge ist drängender als Familienpflichten

(Mt 8,22; Lk 9,60). Wer Vater oder Mutter mehr liebt, kann nicht Jesu Jünger sein (Mt 10,37; 19,29; Lk 14,26; 18,29). Der Ruf des Herrn kann auch einen Verzicht auf die Ehe mit sich bringen (Mt 19,10–12; vgl. Lk 14,25; 18,29).
– In diesen Zusammenhang der radikalen Forderungen Jesu gehören auch jene Texte, die die Stellung des Jüngers den materiellen Gütern gegenüber zum Ausdruck bringen, die schon in einem anderen Abschnitt behandelt wurden.[250]

1.2.2 Christliche Aszese in den paulinischen Briefen

Ein Ansatz für das christliche Verständnis von Aszese liegt bei Paulus in seiner Sicht von der Taufe als Gabe und Aufgabe. Es ist für den Christen eine ihn ständig begleitende Aufgabe, die Berufung der Taufe zu leben; wer das Sterben mit Christus verwirklicht, kann mit Christus leben.[251]
Neben den Aussagen des Apostels über den Umgang mit den irdischen Gütern, mit Hab und Gut, finden sich in den Briefen radikale Weisungen in zwei weiteren Bereichen:
a) Radikalismus der Liebe: Ähnlich wie die Bergpredigt mahnt Paulus, die Verfolger zu segnen (Röm 12,14; vgl. 1 Kor 4,12), ihnen Gutes zu tun (Röm 12,20). Der Christ soll den Zorn ablegen (Kol 3,8; Eph 4,26.31) und nicht Böses mit Bösem vergelten (Röm 12,17; 1 Thess 5,15).
Wo die Christen Rechtsstreit untereinander haben, sollen sie nicht prozessieren, sondern lieber Unrecht erleiden (1 Kor 6,1–7). Einer soll den anderen ertragen (Kol 3,13; Eph 4,2), einer soll des anderen Last tragen (Gal 6,2). Keiner soll den Bruder richten (Röm 14,4.10); der Fehlende soll im Geist der Sanftmut auf den rechten Weg gebracht werden (Gal 6,1), die Zurechtweisung soll in brüderlicher Weise erfolgen (2 Thess 3,15).
b) Radikalismus der Ehelosigkeit: Paulus verwirft die Ehescheidung mit Berufung auf das Wort des Herrn (1 Kor 7,10). Im Bewußtsein seiner Apostelberufung empfiehlt er sodann die Ehelosigkeit als Ausdruck der Sorge um die Sache des Herrn (1 Kor 7,25–35).
In diesem Zusammenhang steht auch der „eschatologische Vorbehalt“ 1 Kor 7,29–31. Die darin geforderte Distanz zur Welt (zur Ehe, zur Trauer, zur Freude, zum Besitz) angesichts der kurzen Zeit und des Vergehens dieser Welt ist gewiß von der Naherwartung inspiriert. Letztlich geht aber der Sinn dieser Aussage tiefer: Das Christusereignis als Zuendegekommensein der Gotteszeit fordert ein neues Verhältnis

zur Wirklichkeit dieses Lebens, ein radikal erneuertes Verhältnis; das Christusereignis als Vollendung der Zeit setzt neue Maßstäbe.

1.2.3 Schwerpunkte und Motive der Aszese im Neuen Testament (Zusammenfassung)

a) Die Schwerpunkte neutestamentlicher Askese liegen in jenem intensiven und mühevollen Tun, das mit dem Grundvollzug des Glaubens, der Hoffnung und der Liebe gegeben ist. Dieses Antwortgeschehen trägt aszetische Züge an sich, wo immer es ernsthaft unternommen wird. Dieses Hintanstellen alles anderen angesichts des Reiches Gottes und der Frohbotschaft vom Heil in Jesus Christus kann für den einzelnen auch die Berufung zur Ehelosigkeit in sich schließen.

Neben dieser „Glaubensaszese" ist vom Christen auch die Auseinandersetzung mit der Sünde, mit dem „Fleisch", mit der „Welt" gefordert. Dieser Aspekt, die „moralische Aszese" (oder Heiligkeitsaszese) steht aber im Dienst der Glaubensaszese.

Schließlich ist die neutestamentliche Aszese durch eine Christusförmigkeit gekennzeichnet: Er ist das Maß und auch der Grund unseres Seins; in seinem Tod und seiner Auferstehung ist der Weg und die Form unseres Lebens gegeben.[252]

b) Schon diese Schwerpunkte unterscheiden die christliche Aszese wesentlich von anderen „Verzichten" und „Enthaltungen". Das wird noch deutlicher, wenn wir nochmals einen Blick auf die Motivation werfen[253]: Die Mehrzahl der Forderungen Jesu an die Jünger sind in der Christusgemeinschaft begründet. Der Verzicht, das Loslassen ist die Voraussetzung und die Konsequenz der Nachfolge. Um Jesu willen geschieht die Verwirklichung der radikalen Forderungen. Dazu kommen noch andere Motive, wie z. B. der der „Belohnung" im Himmel (z. B. Mk 10,21; Mt 6,2.4.6.18–21). Niemals aber wird ein Verzicht gefordert, weil das Gut, auf das verzichtet werden soll, in sich schlecht wäre. Ein Verzicht um des Verzichtens willen ist in den biblischen Texten nicht zu finden. Vielmehr steht die Verwirklichung der radikalen Forderungen im Dienst der Bemühung um das Jüngersein, in der Verwirklichung des Getauftseins auf den Tod des Herrn.

1.3 Die christliche Aszese in der Vielfalt ihrer Verwirklichungen[254]

1.3.1 Die Aszese in der Väterzeit[255]

a) Die ersten Jahrhunderte kannten eine sehr stark christozentrisch orientierte Aszese in der Martyriumsfrömmigkeit. Der Martyrer

wurde als Nachahmer der wahren Liebe verstanden. Entscheidend war, daß das gesamte christliche Leben als Vorbereitung auf das Martyrium gesehen wurde. Die Bemühung um ernsthaftes christliches Leben war so Vorwegnahme der Lebenshingabe auf Christus hin.
In den Mahnungen der Bischöfe an die Neugetauften wird die Bemühung um christliches Leben im Neubeginn der Taufe begründet: Jetzt stehen die Christen in der Arena, auf der Laufbahn. Auch der Name „Christ" wird in diesem Zusammenhang als Verpflichtung zu einem christusförmigen Leben angesehen (z. B.: Johannes Chrysostomus).
Zu diesen Motiven aszetischen Verhaltens wären noch die stark mystisch orientierte Aszese zu erwähnen, die erstmals in der alexandrinischen Theologie aufscheint, sowie die Aszese des Mönchtums, die sich auch als Verwirklichung der Nachfolge Christi versteht.
b) Die Epoche der Kirchenväter war aber auch von einer Tendenz bestimmt, die mit dem Wort „Enkratismus" bezeichnet wird (nach dem griechischen Wort „enkrateia" – Enthaltsamkeit).[256] Konkret geht es dabei vor allem um die Enthaltsamkeit vom ehelichen Leben und um Nahrungsentzug. Diese Tendenzen werden vor allem seit dem zweiten Jahrhundert sichtbar, beeinflußt auch von der Umwelt, in der das frühe Christentum lebte. Eine von den Kirchenvätern als häretisch abgelehnte Variante des Enkratismus sah den Bereich des Leibhaften und Körperlichen einem bösen Prinzip entsprungen, von dem sich der Christ eben zu distanzieren habe. Diese vom dualistischen Gnostizismus inspirierte Anschauung wurde bisweilen auch „theologisch" damit begründet, daß ja für den Christen schon die Auferstehung begonnen habe, wo eben die Ehe keine Rolle mehr spiele (vgl. Mt 22,30). Trotz der entschiedenen Ablehnung dieser metaphysischen Grundeinstellung findet sich doch bei vielen Texten der patristischen Literatur eine enkratistische Tendenz, eine solche Hervorhebung der Enthaltsamkeit, daß dadurch das Leben der Christen im Alltag, das Leben in Ehe und Familie abgewertet erscheint. Wenn auch nicht das Leibhafte als das Böse angesehen wurde, so wurde es doch als Quelle der Sünde verachtet, nicht als Geschöpf Gottes bejaht.

1.3.2 Christliche Aszese im Mittelalter

a) Im irischen Mönchtum des frühen Mittelalters galt der Grundsatz, den der hl. Kolumban († 615) später formulierte: „Der Schwerpunkt der Mönchsregel ist die Abtötung" (Maxima pars regulae monachorum mortificatio est).[257] Dahinter steht die Auffassung, daß der menschliche Leib von Grund auf verderbt sei, daß es um die

Bezähmung von Geist und Willen gehe. Daher ist das „weiße Martyrium", wie man in Irland das aszetische Leben nannte, durch harte körperliche Abtötung gekennzeichnet. Eine Form der Erringung des Sieges über sich selbst ist auch die Suche der Einsamkeit in der Lebensform des Eremiten, sowie das Aufgeben der Heimat in der „Wallfahrt um der Liebe Christi willen" (peregrinatio pro amore Christi).[258] Ein Beweggrund der iro-schottischen Missionsbewegung war daher auch ein aszetischer!

b) Wesentlich ausgeglichener ist die Grundtendenz des Mönchtums im Gefolge der Regel des hl. Benedikt v. Nursia († 555/60), die seit der Reform des hl. Benedikt von Aniane († 821) das abendländische Mönchtum bestimmte. Die Bemühung um die umfassende Liebe zu Gott, das Sich-selbst-Verleugnen, um Christus nachzufolgen, stehen im Vordergrund.

c) Seit dem 11. Jahrhundert prägte das wachsende Interesse am Menschsein Jesu auch die Vorstellung von Aszese. Die Christusfrömmigkeit, die z. B. bei Bernhard von Clairvaux († 1153) sehr deutlich sichtbar wird, führte zur Auffassung von Aszese als Gleichförmigwerden mit Christus. Innerhalb dieses Rahmens finden sich wieder verschiedene Akzente, aus denen vor allem die Nachfolge des „armen" Jesus herausgehoben werden soll; die Armutsbewegungen und Franz von Assisi († 1226) haben diesen Aspekt betont[259].

1.3.3 Die Motive christlicher Aszese in der Neuzeit

a) Die schon im Spätmittelalter einsetzende spezifische Laienaszese, die das In-der-Welt-Sein ernst nimmt und nicht mehr negativ bewertet, wird vor allem durch Humanismus und Renaissance gefördert. Das Suchen und Finden Gottes in allem, das Leben der je eigenen Berufung kennzeichnet die Aszese des hl. Ignatius von Loyola († 1556). Daß Frömmigkeit in jedem Lebensbereich zu verwirklichen ist, betont Franz von Sales († 1622).

b) In der französischen Spiritualität des 17. und 18. Jahrhunderts kommt es im Bereich der Aszese zu einem „Psychologismus":[260] Das Feld aszetischer Bemühung liegt nicht so sehr im äußeren Bereich als vielmehr im Inneren des Menschen. Es geht um den Kampf gegen die „Eigenliebe", gegen den Egozentrismus, der sich in allen spontanen Regungen im Inneren zeigt. Zugleich wurde die Christusförmigkeit dieser „Vernichtung" des eigenen Ich im Gefolge der Spiritualität des Kardinals Bérulle († 1629) sehr betont: Gemeinschaft mit Christus kann es nur durch Mitvollzug seiner Erniedrigung (vgl. Phil 2,7f) geben!

c) Durch die Herz-Jesu-Verehrung in der Inspiration der hl. Margaretha-Maria Alacoque († 1690) trat ein neues Motiv aszetischen Verhaltens in den Vordergrund: Der Christ soll Abtötung und Leiden auf sich nehmen, um der göttlichen Gerechtigkeit gegenüber Genugtuung zu leisten für die Sünden der Menschheit. Damit wurde wohl der Gedanke von Kol 1,24 ernstgenommen, aber leider in einer gewissen Einseitigkeit und Verzerrung.

1.3.4 Versuch einer Zusammenschau

Die Darstellung einiger Modelle von Aszese aus der Geschichte der christlichen Spiritualität zeigt, daß eine christologisch motivierte Aszese in immer neuer Gestalt Platz greift. Hinsichtlich der Bereiche, in denen sich die Bemühung um christliches Leben engagiert, gab es Tendenzen, die den Schwerpunkt auf die äußere Enthaltung und Überwindung gelegt haben, während die französische Schule des 17. Jahrhunderts den geistlichen Kampf in das Innere verlegt. Neben einer pessimistischen Einschätzung der Situation des Menschen angesichts des Rufes Christi finden wir auch (besonders bei Franz von Sales) eine optimistische Einschätzung der menschlichen Möglichkeiten.

1.4 Die christliche Aszese im Gesamt des geistlichen Lebens

1.4.1 Verschiedene Ansätze für eine Theologie der Aszese

a) Karl Rahner hat versucht, die christliche Aszese als Vorgriff auf die Hingabe des Todes zu sehen. Der Tod ist für Rahner die radikalste Situation des Glaubens und der Hoffnung; Sterben ist der restloseste und definitivste Akt des hoffenden Glaubens. Wo nun ein Mensch seiner Todessituation bejahend ins Auge sieht, indem er freiwillig auf dieses stückweise im Leben sich realisierende Sterben vorgreift, dort geschieht Aszese. In einem Satz zusammengefaßt heißt dies: „Aszese ist nichts anderes als das personale freie Von-sich-aus-Ergreifen seines notwendigen Seinmüssens zum Tode."[261]
b) Friedrich Wulf[262] versucht die theologische Dimension von Aszese wiederzugewinnen, indem er sie als Glaubensaszese versteht, als „Sicheinüben in die Hingabe an den souveränen, waltenden, unverfügbaren Gott, den man nicht sieht, dessen Entscheidungen unerforschlich und dessen Wege unbegreiflich sind." Diese Glaubensaszese soll zum Glaubensgehorsam werden, zur Bereitschaft, sich dorthin und dahin rufen zu lassen.
Diese christliche Grund-Aszese wird durch einen zweiten Aspekt

näher bestimmt, den Friedrich Wulf Kreuzesaszese nennt: Im Kreuz des Herrn wird die Verlorenheit und Abgründigkeit menschlicher Sünde offenbar; zugleich wird aber darin sichtbar, daß die Macht des Todes und der Sünde überwunden ist durch das Eingehen des Sohnes Gottes in unsere Ohnmacht, in die Knechtsgestalt (vgl. Phil 2,7). So ist alle christliche Aszese Anteilnahme am Kreuz Christi, Mitsterben mit ihm.

Schließlich hebt der Autor noch eine Dimension heraus, die in den beiden genannten schon enthalten ist. Christliche Aszese ist eschatologische Aszese, bestimmt vom Unterwegssein, von der Spannung des „Schon" der Heilszuwendung Gottes und dem „Noch-nicht" des Offenbarwerdens der Herrlichkeit des Neuen Himmels und der Neuen Erde. Daher gilt es auszuharren, Geduld zu haben, wachzubleiben.

c) Johannes Gründel sieht einen wesentlichen Aspekt der Aszese in der Triebsteuerung. Schon für die Entfaltung der menschlichen Persönlichkeit und für das Gemeinschaftsleben ist eine Triebformung notwendig.[263]

Bezogen auf das spezifisch christliche Leben hebt Gründel besonders die Notwendigkeit hervor, die Offenheit für den anderen, die Nächstenliebe einzuüben. Dies alles soll aber im Horizont der Freiheit geschehen, deren Verwirklichung auch dem Christen aufgetragen ist: der Freiheit vom Gesetz, von der Sünde, vom Tod, die in der Liebe verwirklicht wird.[264]

d) Peter Lippert geht in seinen Überlegungen zu einem theologischen Ansatz der Aszese von der Problematik aus, daß der biblischen Maxime der Selbstverleugnung heute die Forderung der Selbstfindung und der Selbstverwirklichung gegenüberstehe. Die Lösung dieses scheinbar unversöhnlichen Gegensatzes könnte mit Lippert darin gesehen werden, daß die Selbstaufgabe, die Selbstverleugnung nicht ein Ziel in sich darstelle, sondern „im Blick des Glaubens und der Liebe zu Christus und zu den Brüdern" geschieht. „Man gibt sich auf, *und so* findet man sich."

Oder anders formuliert: Die Selbstfindung (im Sinn des Findens des Heils, des wahren Lebens) ist das Ziel, die Selbstverleugnung ist die Weise, wie das Ziel erreicht wird.[265]

Auf die gegenwärtige Lebenssituation bezogen, spricht Lippert von Sachaskese (womit er das rechte Stehen zu den Sachzusammenhängen und die Fähigkeit versteht, sachliches Handeln für personale Beziehungen hilfreich zu machen) und von Solidaritätsaszese (als Verwirklichung der Mitmenschlichkeit und Güte).

1.4.2 Grundzüge einer Theologie der Aszese

a) Aszese verstanden als Summe aller Bemühungen, die notwendig sind, um das Ziel der christlichen Vollkommenheit zu erreichen, ist ein Antwortgeschehen. Die Verwirklichung der Antwort des Menschen in Glaube, Hoffnung und Liebe bedarf der Mühe und Überwindung, bedarf der Aszese. Aus dem Antwortcharakter ergibt sich aber auch, daß christliche Aszese nicht unter einem Erfolgszwang steht. Es geht nicht um das Finden dessen, den wir mühsam suchen müßten, sondern um die Ermöglichung der Antwort auf den hin, der uns schon zuvor gesucht und gefunden hat.
b) Christliche Aszese ist – wie christliches Leben überhaupt – grundgelegt in der Taufe. Die Vergebung der Sünde als Teilhabe am Sieg Christi über Sünde und Tod erfordert intensive Bemühung angesichts der bleibenden Bedrohung durch die Sünde; das Aufgenommenwerden in die Lebensgemeinschaft mit Gott bedarf einer intensiven Pflege. Aszese bedeutet Eintreten in die Lebensform Christi: Ganz vom Vater her und auf den Vater hin zu leben und zugleich in einem letzten Einsatz für die Menschen.
c) Der Anruf Gottes, die Gemeinschaft mit dem lebendigen Gott, die in der Taufe grundgelegt wurde, erfährt vielfältigen Widerstand: Wir erfahren in uns selbst widerstrebendes Begehren, wir sind geprägt durch die Sündenverflochtenheit,[266] durch unsere eigene Geschichte. Wir begegnen als Christen in der Gesellschaft Wertvorstellungen und Haltungen, die eine Versuchung darstellen. In all diesen Dimensionen kommt auch die Wirklichkeit der Sünde, der Gottwidrigkeit zum Ausdruck, gegen die der Christ angehen muß in seinem aszetischen Bemühen.
d) Wenn Aszese ein Antwortgeschehen darstellt, dann ist damit zugleich gesagt, daß der Christ auch die Kraft, die Befähigung zu dieser Bemühung hat. Mit anderen Worten: Aszese ist durch die Gnade ermöglicht.

1.4.3 Bereiche aszetischen Verhaltens

Wenn Aszese ein Moment am Antwortgeschehen darstellt, bedingt durch die Situation des Menschen in dieser Welt, durch sein Unterwegssein, durch die „Sünde der Welt" (Joh 1,29), dann wird diese „Anstrengung" alle Bereiche der Spiritualität betreffen.

a) Die Dimension des Lebens vor Gott und mit Gott ist ohne Aszese nicht denkbar. Lesung, Meditation, Gebet, Mystik ist nur im Zusammenhang ständigen Bemühens möglich. Hier bedarf es einer Aszese im

Umgang mit der Zeit, einer Aszese der Sammlung der Gedanken und der Phantasie.
b) Die Dimension des Lebens mit anderen und in der Gemeinschaft der Kirche bedarf ebenfalls der Einübung. Das „ertragende" Moment der Nächstenliebe kann man nicht ohne Mühe erlernen. Das Leben in der Kirche kann gerade durch die allzugroße Menschlichkeit, durch die Erfahrung der sündigen Kirche eine Belastung sein, die auszuhalten ist, wo sie nicht verändert werden kann.
c) Schließlich bedeutet das Leben des Menschen in dieser Welt eine Aufgabe, die nicht ohne Aszese bewältigt werden kann. Die „Sachaskese" und die „Solidaritätsaszese", von denen P. Lippert spricht, haben hier ihren Ort. Das Leben in der Welt, das Wahrnehmen der Aufgaben als Verantwortung vor Gott und für die Welt ist nur möglich, wenn die Mühe der Arbeit, der Forschung, des Studiums, des Einsatzes angenommen wird.

2. *Leiden und Erleiden*

In der Askese stand das aktive Tun, die Bemühung, die Anstrengung im Vordergrund. Das christliche Leben ist aber auch wesentlich vom Leiden und Erleiden bestimmt. Damit ist zugleich ein allgemein menschliches Problem berührt.

2.1 Leid in der Heiligen Schrift[267]

2.1.1 Der leidende Mensch und sein Gott in den Schriften des Alten Testaments

a) Leid als Signatur der Welt der Sünde
Die jahwistische Urgeschichte beantwortet ausdrücklich die Frage, die in den anderen Texten des AT nur angedeutet wird, warum es Leid gibt bzw. ob es Leid geben muß. Nach der Flut ist die Rede von der Zusage Gottes, daß er die Erde wegen des Menschen nicht noch einmal verfluchen will, „denn das Trachten des Menschen ist böse von Jugend an" (Gen 8,21). Mit Anspielung an den Sündenfallbericht Gen 3 bedeutet dies, daß die Störung der Lebenswelt, die als Mühsal und Leid erfahren wird (vgl. besonders Gen 3,14–19), „eine Folge der Freiheit ist, die der Schöpfergott seiner Schöpfung eingestiftet hat. Diese Freiheit seiner Schöpfung veranschlagt der Schöpfergott so hoch, daß er willens ist, die aus ihr resultierende Störung der Welt zu ertragen." (Erich Zenger)[268]

Diese Perspektive, daß das vom Menschen erfahrene Leid in einem Zusammenhang mit der Sünde zu sehen ist, wird auch in jenen prophetischen Texten sichtbar, die von der kommenden Welt Gottes sprechen, in der die Augen der Blinden aufgetan und die Ohren der Tauben geöffnet werden, in der es Leid und Tod nicht mehr geben wird (vgl. z. B. Jes 35,1–10; 60–62).

b) Das betende Bestehen des Leidens[269]

In den Klagepsalmen des einzelnen kommt die menschliche Leidenssituation zur Sprache, der Beter bringt sein Leid zum Ausdruck. Die Formulierungen sind zumeist so allgemein, daß sich jeder Leidende damit zu identifizieren vermag. Es werden nicht Beschreibungen des Leidens geboten, vielmehr werden die Dimensionen des Leidens sichtbar: die Beeinträchtigung des Verhältnisses zu Gott, zu sich selbst und zu den Mitmenschen. Mit der Klage überwindet der Beter in Israel die Sprachlosigkeit schweren Leidens, seine Isolierung und seine Einsamkeit. Er richtet die Klage bittend an jenen, der alles Menschenleid zu wenden vermag.

Viele Klagepsalmen deuten am Schluß eine Wende an, einen „Stimmungsumschwung". Der Beter ist voll Vertrauen auf die Huld des Herrn (vgl. Ps 13,6); Gottes Lob wird kund (vgl. Ps 22,23–32). Die Begegnung des Leidenden mit dem lebendigen Gott hat eine Wende herbeigeführt, vor Jahwes Angesicht kann Leid ertragen werden.

c) Der leidende Ijob[270]

Im Hintergrund des Buches Ijob steht ein Versuch, Leid verstehbar zu machen, der durch das Axiom gekennzeichnet ist: Gutes tun bekommt dem, der es tut, gut; Schlechtes tun bekommt dem, der es tut, auch schlecht (vgl. z. B. Spr 29,6; Ps 7,17; 9,16; 57,7). Leid ist daher Folge von Schuld, Strafe für Sünde.

Der schwer leidende Ijob wird von den drei ihn besuchenden Freunden auf dieses „Gesetz" verwiesen, er soll seine Sünde bekennen (vgl. Ijob 4,7f. 17–19; 22,12f). Wenn er umkehrt zu Gott, wird er wieder aufgerichtet (z. B. Ijob 18,4.21–26).

In den Elihureden (Ijob 32–37) kommt eine weitere Antwort auf die Leidensfrage ins Spiel: Leid ist eine pädagogische Maßnahme Gottes, geschieht zur Läuterung (vgl. Ijob 33,14.17.19; 36,21). Dieser Versuch, Leid begreifbar zu machen, begegnet auch in anderen Texten des AT (vgl. z. B. Dtn 8,5; 2 Sam 7,14; Spr 3,1–12).

Der Dulder bringt das Ungenügen dieser Deutungen sehr drastisch zum Ausdruck (z. B. Ijob 12,2; 13,4; 19,2f; 21,34). Diese Ablehnung wird durch das abschließende Gotteswort (Ijob 42,7) bestätigt. Die Lösung für den Leidenden geschieht in der Begegnung mit Jahwe, dem Gott, der Israel aus der Knechtschaft befreit hat (Ijob 38,1). Gott ist nicht nur der Gerechte und Allmächtige; er ist der Unbegreifliche, der Gott der Liebe und Güte, der Gott des Lebens. In der Begegnung mit ihm, den Ijob zuvor nur vom Hörensagen kannte, jetzt aber mit eigenem Auge geschaut hat, erfährt er den Sinn seiner Leidenssituation neu: „Darum widerrufe ich und atme auf in Staub und Asche" (Ijob 42,1–6).

d) Der leidende Prophet Jeremia[271]

Nicht nur Krankheit, Verfolgung, Verleumdung und Feindschaft bedrängen den Menschen und versetzen ihn in Not. Auch die Treue zu Jahwe und seinem Auftrag kann für den Betroffenen, konkret für Jeremia, großes Leid verursachen. Das geht von äußerer Bedrohung, die den lästigen Mahner beseitigen möchte, bis zur Verfluchung des Tages der Geburt, ja bis zum Vorwurf an Jahwe, daß er ihn, den Propheten, verführt und vergewaltigt habe. Die sogenannten „Konfessionen Jeremias" zeigen dieses Leid (Jer 11,18–12,6; 15,10–21; 17,14–18; 18,18–23; 20,7–18), das im Wort Jahwes seinen einzigen Trost hat (Jer 15,15–19).

e) Der leidende Gottesknecht[272]

Vom Leiden des Gottesknechtes spricht das vierte der Gottesknechtlieder, die in das Werk des Deutero-Jesaja eingefügt sind (Jes 52,13–53,12). Der Knecht leidet um seiner prophetischen Botschaft willen (vgl. auch das 3. Lied: Jes 50,4–9). Wohl ist es ein Leiden durch Menschen, letztlich aber von Gott gewollt (Jes 53,6.10). Es ist Leiden als Folge der Sünde anderer (Jes 53,5.6.8), Leid für andere: der Unschuldige leidet für die Sünder (Jes 53,9.12), zu ihrem Heil (Jes 53,5).

In diesem Gottesknecht werden Züge des leidenden Volkes Israel sichtbar, zugleich trägt der Knecht auch Züge des Propheten. Die Gestalt sprengt aber den zeitgeschichtlichen Rahmen. Das Neue Testament sieht die Botschaft vom Gottesknecht in Tod und Auferstehung Jesu erfüllt.

f) Zusammenfassung

Das Leid und der Leidende werden in den Schriften des Alten Testaments sehr ernst genommen; zugleich wird nie der Anspruch erhoben, eine systematische, alle Fragen bereinigende Antwort zu geben. Wohl kommen verschiedene Wege zu einer Antwort in Sicht: Es wird ein Zusammenhang mit dem sündigen Verhalten des Menschen erwähnt, Leid kann eine Prüfung, ein Anruf zur Umkehr sein, Leid kann gerade durch die Treue zu Gott, zu seiner Erwählung, verursacht sein. Schließlich wird das Leid als Einsatz für andere, zu deren Heil, in der Gestalt des Gottesknechtes (Jes 53) sichtbar.

Die „Lösung" liegt in der Begegnung mit dem „mitleidenden" Gott. Gott steht dem menschlichen Elend nicht als unbeteiligter Zuschauer gegenüber, sondern als einer, der von „Mitleid" und „Erbarmen" erfüllt ist.[273]

2.1.2 Das Leid in der Perspektive des Neuen Testaments

a) Jesus Christus, der Leidende und Gekreuzigte

Jesus hat Leid und Tod erfahren, weil er dem Auftrag und dem Willen des Vaters bis zum letzten treu war. Die Ankündigung und zeichenhafte Verwirklichung des Reiches Gottes brachte ihn in todbringende Konflikte.

In Jesus Christus ist Gott eingegangen in unser Menschsein, in unsere Leidensexistenz. Der „mitleidende" Gott, der im AT sichtbar wird, tritt in Jesus von Nazareth, in seinem Sohn selbst ein in die Ohnmacht menschlichen Leidens und Sterbens. Aber gerade durch das Auf-sich-Nehmen von Leid und Tod hat Christus die Enge und das Bedrükkende menschlichen Leidens aufgebrochen.

In der Auferstehung Jesu wird dieses Heilsgeschehen offenbar: Das ganze Leben Jesu war ein einziges Für-uns; in seinem Sterben ging seine Liebe bis zum Äußersten (vgl. Joh 13,1); die Auferstehung zeigt dieses Für-uns-Sein als Fruchtbarwerden.

„Daß Gott selbst das Leid annimmt und damit den hohen Preis der Freiheit seiner Schöpfung bezahlt, bezeugt besonders das Leiden und Sterben seines Sohnes Jesus Christus, dessen Auferweckung zugleich offenbart, daß Leiden als Teilhabe am Mit-Leiden Gottes der Weg zu einer gottgeschenkten neuen und nicht mehr störanfälligen Freiheit in der vollen Gemeinschaft mit Gott sein kann." (Erich Zenger)[274]

b) Der leidende Apostel[275]

Die Botschaft vom Kreuz ist für Paulus der Inhalt seines Evangeliums: Im Galaterbrief wird Jesu Tod am Kreuz als das Ende des Gesetzes gesehen; im ersten Korintherbrief stellt er die Torheit des Kreuzes der Weisheit dieser Welt gegenüber (vgl. bes. 1 Kor 1,18–2,5). Das „Sein in Christus", das mit der Taufe beginnt, ist wesentlich eine Teilhabe an seinem Tod und an seiner Auferstehung (vgl. bes. Röm 6,1–14).

Die Fruchtbarkeit der Leiden Jesu wird auch in den Leiden des Apostels sichtbar. Von diesen Leiden in Ausübung des Apostelamtes ist vor allem 2 Kor 4,7–15 die Rede (vgl. auch 1 Kor 4,9–13; 2 Kor 1,3–11; 6,3–10; 11,16–33; 12,7–10; Gal 4,12–20; 6,17; Phil 3,10f).
Wenn der Apostel das Sterben Jesu an seinem Leib sichtbar macht (vgl. 2 Kor 4,10f), dann wird er selbst eine Offenbarung Christi. Er bedarf des Trostes (vgl. 2 Kor 1,3–7); durch den Glauben an den Gott, der Jesus von den Toten erweckt hat, vermag er diese Leidenssituation zu bestehen.
Dieses für die Kirche fruchtbare Leiden wird auch Kol 1,24 gezeigt: „Jetzt freue ich mich in den Leiden, die ich für euch ertrage. Für den Leib Christi, die Kirche, ergänze ich in meinem irdischen Leib das, was an den Leiden Christi noch fehlt." Dieser Text wirft im einzelnen viele Fragen auf, doch verweist er auf die Stellvertreter-Funktion des Apostels vor der Gemeinde (1 Kor 11,1), er ist Gesandter an Christi Statt (2 Kor 5,20), durch ihn redet Christus (2 Kor 13,3). Die Verkündigung der Christusbotschaft geschieht auch durch das Erleiden der Bedrängnisse. An die Stelle des nicht mehr leidensfähigen, erhöhten Christus ist der leidende Apostel getreten. Seine Leiden kommen der Kirche, dem Leib Christi zugute.[276]

c) Zusammenfassung der neutestamentlichen Antworten auf die Leidensfrage

Die verschiedenen Versuche, Leiden zu verstehen, die schon im AT angeklungen sind, finden sich in den neutestamentlichen Texten wieder:
– Leid und Krankheit wird bisweilen als Folge sündigen Tuns geschildert (Lk 1,20; Apg 12,22f; 13,10f); doch wird zugleich davor gewarnt, jedes Leid als Strafe von Sünde anzusehen (Lk 13,1–5; Joh 9,1–5; Apg 28,1–6).
– Leid kann Läuterung und Prüfung sein; Gott führt durch Leid zur Bewährung und Geduld (z. B. Röm 5,3–5; Hebr 12,4–11; Jak 1,2f).
Die zentrale Antwort des NT auf das Leid ist Jesus Christus, der Gekreuzigte und Auferstandene. In ihm ist menschliches Leid, unverschuldetes Leid, zum Heilsweg geworden. Im Scheitern und in der Ohnmacht Jesu am Kreuz ist die Weisheit dieser Welt zur Torheit geworden, geschah eine Umwertung von Mißerfolg und Erfolg.
Diese neue Sicht des Leidens ist nur im Glauben verstehbar; wir hoffen auf die endgültige Welt Gottes, in der es keinen Schmerz und kein Leid mehr geben wird, im Vergleich zu dem die Leiden dieser Zeit in keinem Vergleich stehen (vgl. Röm 8,18).

2.2 Vielfältige Antworten auf die Frage nach dem Leid

2.2.1 Die Zeit der Kirchenväter[277] und mittelalterlichen Theologie

Die Frage des Leidens wurde auf zwei Ebenen behandelt: auf der Ebene der Paränese, der Einweisung in die christlichen Grundvollzüge, und auf der Ebene philosophisch-theologischer Spekulation.
a) Die Leidensparänese sucht die Sinnhaftigkeit des Leidens angesichts der vordergründigen Sinnlosigkeit darzutun. Dabei kommen die verschiedenen Antworten der biblischen Texte zum Tragen: Leid kann Strafe für die Sünde sein, Leid ist aber auch auf die Läuterung des Menschen hingeordnet, im Leid soll sich der Mensch bewähren. Vor allem wird immer wieder auf das Beispiel Christi hingewiesen: Wenn der menschgewordene Sohn Gottes Leid und Tod auf sich genommen hat, wenn er unter der Last des Kreuzes geduldig ausgeharrt, dann ziemt auch dem Jünger Geduld und Ausdauer.
b) Dieser christologische Bezug wurde aber kaum theologisch vertieft und entfaltet. Die theologisch-spekulative Auseinandersetzung mit dem Leid ging vom Problem des Übels in der guten Schöpfung Gottes aus.[278]
Die Lösung des hl. Augustinus († 430) zu diesem Problemkreis wurde im Mittelalter weitervermittelt und findet sich in den Grundzügen auch bei Thomas von Aquin († 1274). Ausgangspunkt dieser Überlegungen bildet der Begriff des „Übels" (malum), dem kein eigenes Sein zukommt, das vielmehr im Fehlen des Guten besteht (privatio boni). Das Übel wird weiters unterschieden in eines, das der Mensch tut, und in eines, das der Mensch erleidet, in die Sünde und in die Strafe. Das moralische Übel der Sünde hat als alleinige Ursache den Menschen und seinen Willen, das physische Übel wird als Strafe Gottes gewertet. Soweit dieses physische Übel unschuldige Menschen betrifft, wird auf die läuternde Wirkung verwiesen; das Leid im nichtgeistigen Bereich der Schöpfung wird erklärt durch die Beschränktheit alles Geschöpflichen und durch die notwendige Stufenordnung des Geschaffenen.

2.2.2 Die Leidensfrage in der Neuzeit

a) Diese Theorien über das Leid wurden, in einem System der „Theodizee" von Gottfried Wilhelm Leibniz († 1716) zusammengefaßt, einbezogen in eine sehr optimistische Grundstimmung, insofern für diesen Philosophen die gegenwärtige Welt die beste aller denkbaren und möglichen Welten darstellte.
Das große Erdbeben von Lissabon 1755, bei dem zwei Drittel der

Gebäude zerstört wurden und ca. 30.000 Menschen den Tod fanden, hat diesen theologischen Optimismus im Abendland erschüttert: Voltaire († 1778) z. B. hat in einem 1756 verfaßten Gedicht über das Desaster von Lissabon jene Philosophen verspottet, die rufen „Alles ist gut!". Immanuel Kant († 1804) hat in einer kleinen Schrift das Mißlingen aller philosophischen Versuche in der Theodizee festgestellt.[279]
b) Neben diesen Fragezeichen hinter manchen traditionellen Antworten auf die Leidensfrage hat die marxistische Philosophie auf die gesellschaftliche Bedingtheit vieler Leiden hingewiesen. Viele Leiden haben ihren Grund in gesellschaftlichen Strukturen, sind daher behebbar und vermeidbar. Mit der Änderung des Gesellschaftssystems wird die Erwartung verbunden, das Leid als gesellschaftlich und wirtschaftlich bedingte Gegebenheit „abschaffen" zu können. Dazu bedarf es aber nach der orthodoxen marxistischen Lehre einer revolutionären Praxis.
c) Die protestantische Autorin Dorothee Sölle hat in ihrem Buch „Leiden"[280] heftige Kritik an der „nachchristlichen Apathie" geübt. Sie spricht von einer Tendenz der Gesellschaft, Leiden zu verdrängen. Diese Entwicklung hat – ihrer Meinung nach – auch zu einem „apathischen" Gott der Christen geführt, während doch der Gott der Bibel auf der Seite der Unterdrückten, der Arbeiter und der Kleinen stehe. Entscheidend ist für Sölle, daß das stumme Leid überwunden wird; dabei kann die Sprache der Klage, die in den Psalmen begegnet, eine Hilfe sein. Nur wenn Leid zur Sprache gebracht wird, kann die Diskussion der Möglichkeiten und die Organisierung der Befreiung einsetzen.

2.3 Der Christ und das Leid

Die Frage nach dem Sinn des Leidens steht in engem Zusammenhang mit schon behandelten Aspekten des geistlichen Lebens. So kam die in der neueren Literatur häufig geforderte Bemühung um Beseitigung von Leid schon im Bereich der Sorge für den Mitmenschen und auch bei der Verantwortung des einzelnen für eine menschlichere Welt deutlich zur Sprache. In diesem Abschnitt geht es vor allem um jenes Leid, das nicht „beseitigt" und „abgeschafft" werden kann, das auf uns zukommt und Schmerz verursacht.

2.3.1 Das bleibende Geheimnis des Leides

a) Robert Spaemann hat von einem philosophischen Ansatz aus erklärt, daß die Frage nach dem Sinn des Leidens ein Paradox darstelle, denn es ist die Frage nach dem Sinn der Erfahrung von Sinnlosigkeit. Leid beginne ja gerade dort, wo es nicht gelingt, eine bestimmte Situation aktiv in einen Sinnzusammenhang zu integrieren. Daher lautet seine These: „Leid kann nicht selbst sinnvoll sein, es kann nur eine Funktion in Bezug auf Sinn haben.“[281]

b) Karl Rahner sieht die Unbegreiflichkeit des Leides mit dem bleibenden Geheimnis in Zusammenhang:[282] Der unbegreifliche Gott durchdringt unser Dasein, er fordert es heraus, er beansprucht es für sich. Das Leid ist für Rahner ein Moment an dieser Unbegreiflichkeit, eine noch einmal unableitbare Erscheinungsform der Unbegreiflichkeit Gottes selbst. „Es ist in der Praxis unserer Existenz eben doch so, daß die Annahme Gottes als des unverfügbaren Geheimnisses und die schweigende Annahme der Unerklärlichkeit und Unbeantwortbarkeit des Leides derselbe Vorgang sind.“[283] Daher ereignet sich die Antwort auf das Leid in der bedingungslos anbetenden Liebe, in der wir uns selber Gott als Antwort geben.

c) Diese bleibende Geheimnishaftigkeit des Leides mahnt zur Vorsicht gegenüber allen einfachen Lösungen der Leidensfrage. Es gibt keine „glatte“ Lösung, die „aufginge“. Es kann nur Annäherungen geben, Versuche, Leid mit Sinn in Beziehung zu setzen. Da Sinn aber nicht in distanzierter Weise erfahren, sondern nur in einem Horizont der Betroffenheit und des Angesprochenseins in den Blick kommen kann, ist auch die Frage des Leidens – theologisch gesprochen – nur im Horizont der Gottesbegegnung auf dem Weg zu einer Lösung.

2.3.2 Tastende Versuche einer Antwort[284]

Diese Versuche, dem Leid etwas von seiner Widerständigkeit zu nehmen, kreisen vor allem um die Frage nach der Vereinbarkeit des Leides mit dem Glauben an Gott den Schöpfer dieser Welt. Eine zweite Deutungsrichtung verweist auf das Christusgeheimnis, auf den Tod und die Auferstehung Jesu als Antwort.

a) Gottes Schöpfung und das Leid

Leiden ist „der Fels des Atheismus“, wie Georg Büchner († 1837) bemerkte. Daher ereignet sich die Diskussion um das Leid auch auf der Ebene der Theodizee: Es geht um die Frage der „Rechtfertigung“ Gottes angesichts des Leidens in dieser Welt.

Näherhin ist dabei zu unterscheiden zwischen dem Leid, das die Menschen einander zufügen, und dem Leid, das aus den vorgegebenen Strukturen der Wirklichkeit uns entgegentritt.

Jene Leiden, die die Menschen selbst einander zufügen, können nicht Gott angelastet werden. „Wenn Gott geschöpfliche Freiheit will, dann ist damit die Möglichkeit von Leid notwendig mitgegeben" (Gisbert Greshake).[285] Die negative Freiheitsentscheidung erbringt unweigerlich Leid. Dieses aus der Sünde sich ergebende Leid bedeutet als solches keinen Einwand gegen Gottes Güte, Allmacht und Liebe.

Schwieriger ist der Versuch, jenes Leid, das nicht aus der Sünde stammt, dessen Grund in der Schöpfung steckt, zu „verstehen". Dieses „physische Leid" führte die theologische Tradition auf die Sünde als Straffolge zurück. Gisbert Greshake versucht eine Antwort mit dem Hinweis, daß sich die menschliche Freiheit „wegen der Verflechtung des Menschen in die Welt hinein in den Strukturen der untermenschlichen Evolution vorwegentwirft". Daher gibt es „das Nichtstimmige, Nichtintegrierte, Nichtgelungene und damit das Leid Hervorrufende" als „Preis der Liebe" (G. Greshake)[286]

b) Christus, der Gekreuzigte als Antwort

Der Denkversuch, Leid als „Preis der Liebe" zu verstehen, stellt keine „Lösung" in dem Sinn dar, daß damit alle Fragen ausgeräumt wären. Auch der Blick auf Jesus den Gekreuzigten stellt nicht ein Prinzip dar, das alles erklärte.

Der Tod Jesu am Kreuz ist die letzte Eskalation der Übermacht des Bösen und des Leidens. „Der Zeuge der radikalen Liebe wird durch radikalen Haß zum Schweigen gebracht" (Jan M. Lochman)[287]. Die Treue Jesu zum Auftrag des Vaters und seine Liebe zu den Menschen führte zu jenem todbringenden Konflikt.

Der Tod Jesu macht die Abgründigkeit der Sünde sichtbar, doch die Auferweckung Jesu gibt Hoffnung. In der Gemeinschaft mit Christus angenommenes Leid, mag es von Menschen verschuldet sein oder aus der Schöpfung uns zukommen, ist Weg zum Leben, kann fruchtbar werden für die Welt. So wird apostolisches Leiden (vgl. Kol 1,24) möglich.

Wenn Hebr 5,8 von Jesus sagt, daß er durch Leiden Gehorsam lernte und dadurch zur Vollendung gelangte, dann kann auch für den Jünger des Herrn das Leid Läuterung bewirken und intensiver in die Gemeinschaft mit Christus einführen.

Anmerkungen

1 Epistola de vita contemplativa (Scala Claustralium), (SCh 163, 81–122)
2 Vgl. den ausgezeichneten Überblick: J. Rousse – H. J. Sieben – A. Boland, Lectio divina et Lecture spirituelle, in: DSp IX, 470–510

3 Vgl. ebda 471f
4 „Sit tibi vel oratio assidua vel lectio: nunc cum Deo loquere, nunc Deus tecum": Ad Donatum 15 (CCL 3A, 12)
5 In Genesim Homilia X, 2 (PG 12,216 CD)
6 „Ignoratio Scripturarum ignoratio Christi est": Commentariorum in Esaiam, Libri XVIII. Prologus (CCL 73,1)
7 „Totus semper in lectione, totus in libris": Sulpicius Severus, Dialogi I,9 (PL 20, 190A)
8 Vgl. das Horarium, die Gliederung des Tages in Arbeit und Lesung in Kap 48 der Benediktusregel
9 Dieses Itinerarium umfaßt fünf Stufen: lectio – meditatio – oratio – operatio – contemplatio: De meditatione 1 (SCh 155,46)
10 De libris legendis a monacho (vgl. DSp IX 490f)
11 Vgl. im bes. das Kapitel „De diligentia studii et lectionis" (vgl. DSp IX, 492f)
12 Vgl. DSp IX, 494
13 Tractatus ascetici 4 u. 5, Mailand 1621
14 „Ita scripturas sanctas lege, ut semper memineris Dei illa verba esse, qui legem suam non solum sciri, sed etiam impleri iubet": Ad Demetriadem 23 (PL 33,1115)
15 Vgl. z. B. Offenbarungskonstitution Nr. 25
16 Vgl. J. Kremer, Die Bibel einfach lesen. Bibelwissenschaftliche Erwägungen zum nichtwissenschaftlichen Umgang mit der Heiligen Schrift, in: R. Schulte (Hrsg.), Leiturgia – Koinonia – Diakonia. Festschrift für Kardinal Franz König zum 75. Geburtstag, Wien 1980, 327–361
17 Vgl. Liturgiekonstitution Nr. 51
18 Vgl. den Überblick über die wichtigsten Fragen zur Thematik der Meditation: E. v. Severus – A. Solignac u. a., Méditation, in: DSp X, 906–934; K. Thomas, Meditation in Forschung und Erfahrung, in weltweiter Beobachtung und praktischer Anleitung, Stuttgart 1973
19 Vgl. F. Wulf, Die Übung der Meditation in der abendländisch-christlichen Geschichte, in: Geist und Leben 34 (1961) 197–209
20 Vgl. E. v. Severus, Das Wort „meditari" im Sprachgebrauch der Heiligen Schrift, in: Geist und Leben 26 (1953) 365–375
21 Vgl. F. Ruppert, Meditatio – Ruminatio. Zu einem Grundbegriff christlicher Meditation, in: Erbe und Auftrag 53 (1977) 83–93
22 Enarratio in Ps 36, sermo III,5 (CCL 38, 371)
23 Vgl. H. Bacht, „Meditatio" in den ältesten Mönchsquellen, in: Geist und Leben 28 (1955) 360–373 (wieder veröffentlicht in: H. Bacht, Das Vermächtnis des Ursprungs. Studien zum frühen Mönchtum I, Würzburg 1972, 244–264); H. Wolter, Meditation bei Bernhard von Clairvaux, in: Geist und Leben 29 (1956) 206–218
24 Vgl. Anm. 9
25 Vgl. Anm. 1
26 Vgl. zu diesem Absatz: DSp X, 914–919
27 Exerzitienbuch Nr. 45–54; vgl. L. Claßen, Die „Übung mit den drei Seelenkräften" im Ganzen der Exerzitien, in: F. Wulf (Hrsg.), Ignatius von Loyola. Seine geistliche Gestalt und sein Vermächtnis, Würzburg 1956, 263–300
28 Exerzitienbuch Nr. 101–109
29 Ebda Nr. 238–260
30 Anleitung zum frommen Leben, 2. Teil, Kap. 1–11
31 Vgl. die Darstellung der „Méthode sulpicienne", in: DSp X, 924–926
32 Vgl. zum Vorangehenden: F. Wulf, Das innere Gebet (oratio mentalis) und die Betrachtung (meditatio), in: Geist und Leben 25 (1952) 382–390
33 Vgl. z. B. J.-M. Déchanet, Yoga hilft Christen. Eine Möglichkeit, Wien

1975; H. Le Saux, Die Gegenwart Gottes erfahren. Erneuerung christlichen Betens in Begegnung mit dem Hinduismus, Mainz 1980; Michaëlle, Beten mit Körper, Seele und Geist. Übungen aus dem Hatha Yoga, Mainz 1979; A. Harf, Yoga-Praxis, Freiburg 1978

34 K. Thomas, Meditation (s. Anm. 18) 120

35 Vgl. z. B. H. Dumoulin, Der Erleuchtungsweg des Zen im Buddhismus, Frankfurt 1976; ders., Begegnung mit dem Buddhismus. Eine Einführung, Freiburg 1978, 105–115; W. Johnston, Zen – ein Weg für Christus, Mainz 1977; H. M. Enomiya-Lassalle, Zen-Buddhismus, Köln [2]1974; ders., Zen-Meditation. Eine Einführung, Zürich 1975; ders., Meditation als Weg zur Gotteserfahrung. Eine Anleitung zum mystischen Gebet, Köln 1972; ders., Zen unter Christen, Östliche Meditation und christliche Spiritualität, Graz [2]1974; ders., Zen – Weg zur Erleuchtung. Hilfe zum Verständnis, Einführung in die Meditation, Wien [5]1976; L. M. Boden – H. Fein – A. Staudt, Meditation – sich entfalten, Limburg 1980; F. Graf Dürckheim, Meditieren – wozu und wie. Die Wende zum Initiatischen, Freiburg [3] 1977; ders., Vom doppelten Ursprung des Menschen. Als Verheißung, Erfahrung, Auftrag. Freiburg [3]1976; G. Schüttler, Die Erleuchtung im Zen-Buddhismus. Gespräche mit Zen-Meistern und psycho-pathologische Analyse, Freiburg 1979; H. Waldenfels (Hrsg.), Begegnung mit dem Zen-Buddhismus, Düsseldorf 1980

36 H. Dumoulin, Östliche Meditation und christliche Mystik, Freiburg 1966, 144ff

37 Vgl. zum Vorangehenden: J. B. Lotz, Einübung ins Meditieren am Neuen Testament, Frankfurt 1965, 22–25; H. U. v. Balthasar, Christliche und nichtchristliche Meditation, in: Neue Klarstellungen, Einsiedeln 1979, 82–98

38 Vgl. die Anm. 35 zitierten Werke von H. M. Enomiya-Lassalle. Die „Verträglichkeit" von christlicher und fernöstlicher Meditation betonen (mit unterschiedlichen Akzenten) z. B. J. Raguin, Wege der Kontemplation in der Begegnung mit China, Einsiedeln 1972; H. Waldenfels, Meditation – Ost und West, Zürich 1975; J. Neuner, Indische und christliche Meditation, in: Geist und Leben 26 (1953) 445–461; ders., Östliche und christliche Meditation, in: Geist und Leben 47 (1974) 408–421; J. Wunderli, Schritte nach innen. Östliche Meditation und westliche Mystik, Freiburg [2]1977; H. Dumoulin, Gibt es Verständigungsbrücken zwischen christlicher und buddhistischer Spiritualität?, in: Geist und Leben 50 (1977) 350–364

39 J. Sudbrack, Faszination aus dem Osten, in: Geist und Leben 44 (1971) 424–439; ders., Herausgefordert zur Meditation. Christliche Erfahrung im Gespräch mit dem Osten, Freiburg 1977; H. U. v. Balthasar, Meditation als Verrat, in: Geist und Leben 50 (1977) 260–268; ders., Katholische Meditation, in: Geist und Leben 51 (1978) 28–38

40 Ph. Dessauer, Die naturale Meditation, München 1961

41 Mit diesen Worten umschreibt Dessauer (ebda 25) das Anliegen der naturalen Meditation.

42 Vgl. dazu als Überblicksliteratur, die auch teilweise auf die Problematik der fernöstlichen Methoden eingeht: E. v. Severus, Das Wesen der Meditation und der Mensch der Gegenwart, in: Geist und Leben 29 (1956) 108–116; ders., Meditation – Besinnung und Bericht nach zwei Jahrzehnten, in: Geist und Leben 46 (1973) 50–59; G. Ruhbach (Hrsg.), Meditation. Versuche – Wege – Erfahrungen, Göttingen-Regensburg 1975; ders., Glaube – Erfahrung – Meditation, München 1977; U. v. Mangoldt, Wege der Meditation heute. Information und Diskussion, Weilheim/Obb. 1970; Meditation in Christianity and other Religions, Rom 1976 (= Studia Missionalia vol. 25). – „Theorie" und praktische Einführung ver-

mitteln: J. B. Lotz, Meditation im Alltag, Frankfurt [3]1963 (1. Auflage: Meditation, Der Weg nach innen); ders., Einübung ins Meditieren am Neuen Testament, Frankfurt 1965; ders., Kurze Anleitung zum Meditieren, Frankfurt 1973; J. Sudbrack, Meditation: Theorie und Praxis, Würzburg 1971; ders., Meditation des Wortes I. Einführung und Einübung, Würzburg 1974; K. Tilmann, Die Führung zur Meditation. Ein Werkbuch I, Zürich [6]1974; K. Tilmann – H.-Th. v. Peinen, Die Führung zur Meditation. Christliche Glaubensmeditation. Ein Werkbuch II, Zürich 1978; K. Tilmann, Übungsbuch zur Meditation mit Schallplatte, Zürich 1974; ders., Leben aus der Tiefe. Kleine Anleitung zur inneren Versenkung und christlichen Meditation, Zürich 1975

43 J. B. Lotz, Zur gegenwärtigen Auseinandersetzung um die Meditation, in: Geist und Leben 49 (1976) 295–300 (Zitat: 299f)

44 Diesen Gesichtspunkt behandeln z. B.: W. Johnston, Klang der Stille. Meditation in Medizin und Mystik, Mainz 1978; V. Satura, Meditation aus der Sicht der Psychologie und der christlichen Tradition, Salzburg 1981

45 K. Thomas, Meditation (s. Anm. 18) 10

46 J. B. Lotz, Einübung ins Meditieren (s. Anm. 37) 26–29

47 Ebda 30–34

48 J. Sudbrack, Herausgefordert zur Meditation. Christliche Erfahrung im Gespräch mit dem Osten, Freiburg 1977, 39–43

49 Zum Ausdruck „Innerung" vgl. F. Melzer, Innerung. Wege und Stufen der Meditation, Kassel 1978; ders., Konzentration. Meditation. Kontemplation, Kassel 1974

50 A. Görres, Wege und Hindernisse der Meditation, in: Communio 4 (1975) 193–205 (wieder veröffentlicht in: A. Görres, Kennt die Psychologie den Menschen? Fragen zwischen Psychotherapie, Anthropologie und Christentum, München 1978, 225–245) (Zitat: 197 bzw. 232f)

51 Ebda 199 (bzw. 236)

52 Ebda 200 (bzw. 237)

53 Vgl. dazu: A. Rosenberg, Christliche Bildmeditation, München 1975

54 Vgl. als ersten Überblick: E. v. Severus, Gebet I, RAC VIII, 1134–1258; O. Michel – Th. Klauser, Gebet II (Fürbitte), RAC IX, 1–36; A. Hamman, La Prière, I. Le Nouveau Testament, Tournai 1959

55 Vgl. C. Westermann, Lob und Klage in den Psalmen, Göttingen 1977; ders., Theologie des Alten Testaments in Grundzügen, Göttingen 1978, 134–153; W. Zimmerli, Grundriß der alttestamentlichen Theologie, Stuttgart 1972, 129–136; L. Krinetzki, Israels Gebet im Alten Testament, Aschaffenburg 1965

56 C. Westermann, Theologie des Alten Testaments, a.a.O. 135–137

57 Vgl. zu den Anm. 55 zitierten Werken: G. Braulik, Psalmen beten in Freude und Leid, Wien 1982

58 Vgl. dazu die Bemerkungen von C. Westermann, Theologie des Alten Testaments, a.a.O. 147f

59 Ebda 150

60 Vgl. C. Westermann, Lob und Klage (s. Anm. 55) 36–115

61 Vgl. J. Jeremias, Das tägliche Gebet im Leben Jesu und in der ältesten Kirche, in: Abba. Studien zur neutestamentlichen Theologie und Zeitgeschichte, Göttingen 1966, 67–80; J. Dupont, Jésus et la prière liturgique, in: La Maison-Dieu Nr. 95 (1968) 16–49 (s. bes. 17–29)

62 Vgl. z. B. J. Jeremias, a.a.O. 73–75; J. Dupont, a.a.O. 22f

63 Vgl. dazu: W. Kirchschläger, Jesu Gebetsverhalten als Paradigma zu Mk 1,35, in: Kairos 20 (1978) 303–310

64 Vgl. H. Crouzel, Das Gebet Jesu, in: Communio 2 (1973) 1–15

65 Diese christologische Dimension des Betens Jesu betont besonders: F.

Lentzen-Deis, Beten kraft des Gebetes Jesu, in: Geist und Leben 48 (1975) 164–178 (wieder veröffentlicht in: J. Beutler – O. Semmelroth, Theologische Akademie 12, Frankfurt 1975,9–26)

66 Vgl. dazu die grundlegende Untersuchung von J. Jeremias, Abba, in: Abba. Studien zur neutestamentlichen Theologie und Zeitgeschichte (s. Anm 61) 15–67; W. Marchel, Abba, Père! La prière du Christ et des chrétiens, Rom ²1871

67 J. M. R. Tillard, Le Notre Père: la prière des chrètiens, in: Lumière et Vie Nr. 75 (1965) 39–84 (Zitat: 49)

68 Vgl. zur Auslegung des Vater-unser: H. Schürmann, Das Gebet des Herrn aus der Verkündigung Jesu erläutert, Freiburg ²1981; J. Jeremias, Das Vater-Unser im Lichte der neueren Forschung, in: Jesus und seine Botschaft, Stuttgart 1976, 20–40; M. Limbeck, Von Jesus beten lernen. Das Vaterunser auf dem Hintergrund des Alten Testamentes, Stuttgart 1980; M. Brocke – J. J. Petuchowski – W. Strolz (Hrsg.), Das Vaterunser. Gemeinsames im Beten von Juden und Christen, Freiburg 1974

69 A.a.O. 108

70 „. . . ut revera in oratione breviarium totius Evangelii comprehendatur": De oratione I 6 (CCL 1, 258)

71 „. . . praeceptorum suorum fecit grande compendium": De dominica oratione 28 (CCL 3A, 107)

72 A.a.O. 110

73 Vgl. J. Dupont, Jésus et la prière liturgique (s. Anm. 61) 29–38

74 Vgl. H. v. Campenhausen, Gebetserhörung in den überlieferten Jesusworten und in der Reflexion des Johannes, in: Kerygma und Dogma 23 (1977) 157–171; G. Lohfink, Die Grundstruktur des biblischen Bittgebets, in: G. Greshake – G. Lohfink (Hrsg.), Bittgebet – Testfall des Glaubens, Mainz 1978, 19–31

75 Vgl. J. Dupont, a.a.O. 38–48

76 Vgl. die genaue Analyse dieser beiden Perikopen bei: W. Ott, Gebet und Heil. Die Bedeutung der Gebetsparänese in der lukanischen Theologie, München 1965, 19–72,99–102

77 J. Jeremias, Neutestamentliche Theologie. Erster Teil: Die Verkündigung Jesu, Gütersloh 1971, 186

78 R. Schnackenburg, Das Johannesevangelium. III. Teil: Kommentar zu Kap. 13–21, Freiburg 1975, 82

79 Vgl. zum Gebet in den lukanischen Schriften neben W. Ott, Gebet und Heil (s. Anm. 76): L. Monloubou, La Prière selon saint Luc, Paris 1976; L. Cerfaux, La prière dans le christianisme primitif, in: La Prière, Paris 1959, 39–49

80 Vgl. J. Guillet, Saint Paul, maître à prier, in: J. Guillet – D. Mollat, Apprendre à prier à l'école de saint Paul et des évangélistes, Paris 1977, 9–38; P. Beauchamp, Prière, in: VTB 1024–1033 (s. bes. 1031–1033)

81 H.-M. Barth, Wohin – woher mein Ruf? Zur Theologie des Bittgebetes, München 1981, 112–152

82 Vgl. zu dieser Stelle neben den Kommentaren zum Römerbrief: K. Niederwimmer, Das Gebet des Geistes, Röm 8,26f, in: Theologische Zeitschrift 20 (1964) 252–265

83 Vgl. J. A. Jungmann, Christliches Beten in Wandel und Bestand, München 1969

84 Vgl. A. Hamman, La Prière. II. Les trois premiers siècles, Paris 1963; F. J. Schierse (Hrsg.), Altchristliche Gebete, Mainz 1975

85 Didache 8,3 (SCh 248, 174)
86 Vgl. J. Jeremias, Das tägliche Gebet (s. Anm. 61) 67–73
87 Vgl. J. Weismayer, Beten „im Namen der Kirche". Theologische Reflexionen zum Gebet des Priesters, in: R. Schulte (Hrsg.), Leiturgia – Koinonia – Diakonia (s. Anm. 16) 77–96 (s. bes. 88f)
88 De oratione (CCL 1,257–274)
89 De dominica oratione (CCL 3a, 90–113)
90 De oratione (GCS III, 297–403); vgl. W. Gessel, Die Theologie des Gebetes nach „De Oratione" von Origenes, Paderborn 1975
91 Epistola 130 (PL 33, 494–507); vgl. die neueste deutsche Übersetzung in: W. Geerlings – G. Greshake, Quellen geistlichen Lebens. Die Zeit der Väter, Mainz 1980, 120–138
92 De fide orthodoxa III, 14 (PG 94,1089)
93 Vgl. z. B. De perfectione iustitiae 8,18 (PL 44,300)
94 Enarratio in Ps 85,7 (CCL 39,1182)
95 Scala Paradisi 28 (PG 88,1129)
96 De oratione 5,1–6 (GCS III, 308–311)
97 De oratione 14,1–17,2, (GCS III, 330–340)
98 Epistola 130,9–17 (PL 33,497–501)
99 Christliches Beten in Wandel und Bestand (s. Anm. 83) 98f
100 Vgl. die zusammenfassende Darstellung von P. Adnès, Prière à Jésus, in: DSp VIII, 1126–1150
101 Vgl. auch Gotteslob Nr. 6/1
102 Collationes X,10 (SCh 54,85–90)
103 Epistola 130,20 (PL 33,501)
104 Vgl. die deutsche Übersetzung (in Auswahl): M. Dietz – I. Smolitsch (Hrsg.), Kleine Philokalie. Belehrungen der Mönchsväter der Ostkirche über das Gebet, Zürich ²1976
105 Vgl. die deutsche Übersetzung: E. Jungclaussen (Hrsg.), Aufrichtige Erzählungen eines russischen Pilgers, Freiburg 1974
106 Vgl. bes. E. Jungclaussen (Hrsg.), Das Jesusgebet. Anleitung zur Anrufung des Namens JESUS von einem Mönch der Ostkirche, Regensburg 1976
107 Vgl. die monographische Darstellung R. Scherschel, Der Rosenkranz – das Jesusgebet des Westens, Freiburg 1979; K. J. Klinkhammer, Adolf von Essen und seine Werke. Der Rosenkranz in der geschichtlichen Situation seiner Entstehung und in seinem bleibenden Anliegen, Frankfurt 1972
108 R. Scherschel, a.a.O. 89
109 Vgl. den Überblick bei: H.-B. Asseburg, Das Gebet in der neueren anthropologisch orientierten Theologie, Diss. Hamburg 1971; einen Überblick über die Gebetskritik bietet z. B. auch F.W. Bargheer, Gebet und beten lernen. Die theologisch-anthropologischen Grundlagen und die lebensgeschichtliche Verarbeitung ihrer Krise, Gütersloh 1973, (s. bes. 148–159)
110 Vgl. A. Winter, Gebet und Gottesdienst bei Kant: nicht „Gunstbewerbung", sondern „Form aller Handlungen", in: Theologie und Philosophie 52 (1977) 341–377
111 I. Kant, Die Religion innerhalb der Grenzen der bloßen Vernunft, Allgemeine Anmerkung 1 (I. Kant, Werke. Hrsg. v. W. Weischedel, Bd. IV,

Wiesbaden 1956, 870f)

112 F. Nietzsche, Die fröhliche Wissenschaft IV, 285 (Fr. Nietzsche, Werke. Hrsg. v. K. Schlechta, Bd. II, München 1969, 166)

113 L. Feuerbach, Das Wesen des Christentums (A. Esser, Hrsg., Ludwig Feuerbach. Das Wesen der Religion. Ausgewählte Texte zur Religionsphilosophie, Köln 1967, 184)

114 London 1963; deutsche Übersetzung: Gott ist anders. Honest to God, München 1963

115 Vgl. Gott ist anders, a.a.O. 103–108

116 D. Sölle, Atheistisch an Gott glauben, Olten – Freiburg [3]1969, 109–117

117 D. Sölle – F. Steffensky, Politisches Nachtgebet in Köln, Stuttgart–Mainz [4]1970, 22–25

118 G. Otto. Vernunft. Aspekte zeitgemäßen Glaubens, Stuttgart 1970, 81–102

119 Vgl. ebda 85ff

120 Ebda 89

121 W. Bernet, Gebet. Mit einem Streitgespräch zwischen Ernst Lange und dem Autor, Stuttgart 1970

122 Diese Fragen artikuliert: A. Hertz, Zur Problematik des Bittgebetes, in: G. Greshake – G. Lohfink, Bittgebet – Testfall des Glaubens, Mainz 1978, 10–18

123 Vgl. C. Bamberg, Gebet – „Ersatzhandlung“ oder Lebenstat, in: Geist und Leben 43 (1970) 245–258 (wieder veröffentlicht in: C. Bamberg, In Deiner Größe bin ich groß. Vom Sinn-Geheimnis des Menschen, Würzburg 1980, 47–62)

124 Die mit der Gebetsproblematik verbundenen theologischen Fragen behandelt eingehend mit zahlreichen Literaturverweisen: J. Sudbrack, Beten ist menschlich. Aus der Erfahrung unseres Lebens mit Gott sprechen, Freiburg 1981 (unveränderter Nachdruck eines Herder-Taschenbuches aus 1973!)

125 J. Splett, Antwort gerufener Freiheit. Philosophisches zum Gebet, in: J. de Vries – W. Brugger (Hrsg.), Der Mensch vor dem Anspruch der Wahrheit und der Freiheit. Festgabe für J. B. Lotz, Frankfurt 1973, 239–255

126 F. Ulrich, Gebet als geschöpflicher Grundakt, Einsiedeln 1973

127 G. Scherer, Reflexion – Meditation – Gebet. Ein philosophischer Versuch, Essen 1973

128 O. H. Pesch, Sprechender Glaube. Entwurf einer Theologie des Gebetes, Mainz 1970; ders., Das Gebet, Mainz 1980

129 K. Rahner, Vom Beten heute, in: Geist und Leben 42 (1969) 6–17 (wieder veröffentlicht in: Chancen des Glaubens. Fragmente einer modernen Spiritualität, Freiburg 1971, 75–88); ders., Thesen zum Thema: Glaube und Gebet, in: Geist und Leben 42 (1969) 177–184 (wieder veröffentlicht in: Chancen des Glaubens 65–74); ders., Über das Beten, in: Geist und Leben 45 (1972) 84–98; ders., Gebet – Zwiegespräch mit Gott?, in: J. de Vries – W. Brugger (Hrsg.), Der Mensch vor dem Anspruch der Wahrheit und Freiheit (s. Anm. 125) 229–238 (wieder veröffentlicht in: Schriften zur Theologie XIII, 148–158). Zu den Grundfragen des Gebets bei Karl Rahner vgl. die Veröffentlichung: Von der Not und dem Segen des Gebetes, Freiburg [10]1978

130 H.-M. Barth, Wohin – woher mein Ruf? (s. Anm. 81), 112ff
131 J. M. R. Tillard, Notre Père (s. Anm. 67) 49
132 Apophthegmata Patrum Nr. 91 (deutsche Übersetzung: B. Miller, Weisung der Väter. Apophthegmata Patrum, auch Gerontikon oder Alphabeticum genannt, Freiburg 1965, 42f)
133 Zur Problematik des Bittgebetes vgl. G. Greshake – G. Lohfink (Hrsg.), Bittgebet – Testfall des Glaubens, Mainz 1978; J. Imbach, Ich kann nicht mehr beten. Eine Herausforderung des Glaubens, Mainz 1979; H. Schaller, Das Bittgebet. Eine theologische Skizze, Einsiedeln 1979; ders., Verbirg nicht dein Gesicht vor mir. Vom christlichen Bitten und Klagen, Mainz 1982; H.-M. Barth, Wohin – woher mein Ruf? Zur Theologie des Bittgebets, München 1981
134 Vgl. G. Greshake – G. Lohfink, Bittgebet, a.a.O. 7–9 (Einführung)
135 Vgl. G. Greshake, Grundlagen einer Theologie des Bittgebets, in: G. Greshake – G. Lohfink, Bittgebet 32–53 (s. bes. 45–53)
136 H. Schaller, Das Bittgebet, a.a.O. 48
137 G. Greshake, Grundlagen einer Theologie des Bittgebets, a.a.O. 46
138 Vgl. dazu H. Schaller, Das Bittgebet, a.a.O. 123–166; G. Greshake, Grundlagen einer Theologie des Bittgebets, a.a.O. 32–45
139 G. Lohfink, Die Grundstruktur des biblischen Bittgebets (s. Anm. 74) 19
140 H. Schaller, Das Bittgebet und der Lauf der Welt, in: G. Greshake – G. Lohfink, Bittgebet (s. Anm. 133) 54–70 (Zitat: 57)
141 Vgl. W. Maas, Unveränderlichkeit Gottes. Zum Verhältnis von griechisch-philosophischer und christlicher Gotteslehre, Paderborn 1974
142 G. Greshake, Grundlagen einer Theologie des Bittgebets, a.a.O. 42
143 Vgl. G. Greshake, Grundlagen einer Theologie des Bittgebets, a.a.O. 45–53; H. Schaller, Das Bittgebet, a.a.O. 167–190
144 H. Schaller, ebda 178, Anm. 15; vgl. dazu auch G. Ebeling, Das Gebet, in: Zeitschrift für Theologie und Kirche 70 (1973) 206–225 (wieder veröffentlicht in: G. Ebeling, Wort und Glaube III, Tübingen 1975, 405–427): s. bes. den Abschnitt „Die Erhörung des Gebets", a.a.O. 426f
145 Vgl. zu diesem Vorwurf und zu seiner sachgemäßen Beantwortung: C. Bamberg, Gebet – „Ersatzhandlung" oder Lebenstat (s. Anm. 123)
146 Einen umfangreichen und reich dokumentierten Überblick zu dieser Problematik bietet H. U. v. Balthasar in seinem Kommentar in: Deutsche Thomas-Ausgabe Bd. 23, Heidelberg–Graz 1954, 432–464
147 Predigt 28, in: Meister Eckehart. Deutsche Predigten und Traktate. Herausgegeben und übersetzt von J. Quint, München 1963, 280–289; vgl. dazu: D. Mieth, Die Einheit von vita activa und vita contemplativa in den deutschen Predigten und Traktaten Meister Eckharts und bei Johannes Tauler, Regensburg 1969
148 Diese klassische Bezeichnung wurde von Hieronymus Nadal SJ geprägt (H. Nadal, Commentarii de Instituto Societatis Jesu, Rom 1962, 162); vgl. dazu E. Coreth, „In actione contemplativus", in: Zeitschrift für katholische Theologie 76 (1954) 55–82
149 Vgl. J. Stierli, Das ignatianische Gebet: „Gott suchen in allen Dingen", in: F. Wulf (Hrsg.), Ignatius von Loyola. Seine geistliche Gestalt und sein Vermächtnis 1556–1956, Würzburg 1956, 151–182
150 Epistola de vita contemplativa (Scala Claustralium) III (SCh 163, 84)
151 Diese Terminologie bringt H. U. v. Balthasar in Erinnerung: Zur Ortsbe-

stimmung christlicher Mystik, in: W. Beierwaltes – H. U. v. Balthasar – A. M. Haas, Grundfragen der Mystik, Einsiedeln 1974, 39–71 (s. bes. 50). Balthasar bezieht sich dabei auf den terminologischen Vorschlag von I. Behn, Spanische Mystik, Düsseldorf 1957, 8

152 Vgl. zum folgenden: J. López-Gay, Mystique. I. Le phénomène mystique, in: DSp X 1893–1902

153 R. C. Zaehner, Mystik, religiös und profan. Eine Untersuchung über verschiedene Arten von außernatürlicher Erfahrung, Stuttgart 1960; vgl. auch ders., Mystik, Harmonie und Dissonanz. Die östlichen und westlichen Religionen, Olten 1980

154 Vgl. J. López-Gay, Mystique, a.a.O. 1895–1899

155 Vgl. Teresa von Avila, Moradas VII 3,12; deutsche Übersetzung: Die innere Burg. Hrsg. und übersetzt von F. Vogelsang, Zürich [2]1979, 205, und: Johannes vom Kreuz, Subida II 21; deutsche Übersetzung: Empor den Karmelberg. Übersetzt v. O. Schneider, Einsiedeln 1964, 158–167

156 K. Lehmann, Erfahrung, in: Sacramentum Mundi I, 1117–1123; J. Mouroux, Erfahrung, religiöse, in: ebda 1123–1126; A. K. Wucherer-Huldenfeld, Gotteserfahrung als ursprüngliche Erfahrung, in: Diakonia 7 (1976) 365–381; F. Courth, Erfahrung – ein theologischer Begriff?, in: Theologie der Gegenwart 20 (1977) 211–218; D. Mieth, Nach einer Bestimmung des Begriffs „Erfahrung": Was ist Erfahrung?, in: Concilium 14 (1978) 159–167 (wieder veröffentlicht in: O. Betz, Hrsg., Zugänge zur religiösen Erfahrung, Düsseldorf 1980, 9–25); B. Welte, Das Licht des Nichts. Von der Möglichkeit neuer religiöser Erfahrung, Düsseldorf 1980

157 H.-G. Gadamer, Wahrheit und Methode. Grundzüge einer philosophischen Hermeneutik, Tübingen [2]1965, 329

158 J. Mouroux, L'expérience chrétienne. Introduction à une théologie, Paris 1952, 24

159 Vgl. F. Courth, Erfahrung, a.a.O. 212–214

160 M. Müller, Erfahrung und Geschichte, Freiburg 1971, 223 und 225

161 C. Albrecht, Psychologie des mystischen Bewußtseins, Bremen 1951 (Nachdruck: Mainz 1976); ders., Das mystische Erkennen. Gnoseologische und philosophische Relevanz der mystischen Relation, Bremen 1958 (Nachdruck: Mainz 1982); ders., Das mystische Wort. Erleben und Sprechen in Versunkenheit. Mit einem Vorwort von K. Rahner, hrsg. v. H. A. Fischer-Barnicol, Mainz 1974

162 C. Albrecht, Psychologie des mystischen Bewußtseins, a.a.O. 106

163 H. de Lubac, Préface, in: A. Ravier (Hrsg.), La mystique et les mystiques, Paris 1965, 7–39; deutsche Übersetzung: Christliche Mystik in Begegnung mit den Weltreligionen, in: J. Sudbrack (Hrsg.), Das Mysterium und die Mystik, Beiträge zur Theologie der christlichen Gotteserfahrung, Würzburg 1974, 77–110

164 Diesen Ansatz skizziert systematisch A. Solignac, Mystère, in: DSp X 1861–1874; zum biblischen Begriff vgl. B. Rigaux – P. Grelot, Mystère, in: VTB 807–812

165 Vgl. J. Corbon – A. Vanhoye, Connaître, in: VTB 199–204

166 H. de Lubac, Christliche Mystik in Begegnung, a.a.O. 93

167 L. Bouyer, Mystique. Essai sur l'histoire d'un mot, in: La Vie Spirituelle. Supplément 3 (1949) 3–23; deutsche Übersetzung: „Mystisch" – Zur Geschichte eines Wortes, in: J. Sudbrack (Hrsg.), Das Mysterium und die

Mystik, a.a.O. 57–75

168 Vgl. dazu E. v. Ivánka, Plato Christianus. Übernahme und Umgestaltung des Platonismus durch die Väter, Einsiedeln 1964

169 Vgl. dazu J.-M. Déchanet, Contemplation. V. La contemplation au XIIe siècle, in: DSp II/2, 1948–1966

170 Dieses Begriffspaar wird sehr gut charakterisiert in der ausgezeichneten Einleitung von J.-B. Porion zu: Hadewijch d'Anvers. Poèmes des Béguines, Paris 1954, 7–56 (s. bes. 17–26)

171 Zu dieser Definition und ihrer Vorgeschichte vgl. A. M. Haas, Die Problematik von Sprache und Erfahrung in der deutschen Mystik, in: W. Beierwaltes – H. U. v. Balthasar – A. M. Haas, Grundfragen der Mystik (s. Anm. 151) 75

172 Einen Überblick über wichtige Autoren der Geschichte der christlichen Mystik bieten: O. Karrer (Hrsg.), Textgeschichte der Mystik: 1. Der mystische Strom, Von Paulus bis Thomas von Aquin, München 1926 (Neudruck: 1977); 2. Die große Glut. Mystik im Mittelalter, München 1926 (Neudruck: 1978); 3. Gott in uns. Die Mystik der Neuzeit, München 1926 (Neudruck: 1978); ferner: J. Sudbrack, Komm in den Garten meiner Seele. Einführung in die christliche Mystik, Gütersloh 1979; ders., Wege zur Gottesmystik, Einsiedeln 1980; J. Sudbrack (Hrsg.), Zeugen christlicher Gotteserfahrung, Mainz 1981.

173 Vgl. dazu A. Stolz, Theologie der Mystik, Regensburg 1936; A. Brunner, Der Schritt über die Grenzen. Wesen und Sinn der Mystik, Würzburg 1972; F.-D. Maaß, Mystik im Gespräch. Materialien zur Mystik-Diskussion in der katholischen und evangelischen Theologie Deutschlands nach dem Ersten Weltkrieg, Würzburg 1972; H.U.v. Balthasar, Zur Ortsbestimmung christlicher Mystik, in: W. Beierwaltes u. a., Grundfragen der Mystik 37–71 (wieder veröffentlicht in: Pneuma und Institution. Skizzen zur Theologie IV, Einsiedeln 1974, 298–324); ders., Christliche ‚Mystik' heute, in: J. Kotschner (Hrsg.), Der Weg zum Quell. Teresa von Avila 1582–1982, Düsseldorf 1982, 11–51; J. Sudbrack (Hrsg.), Das Mysterium und die Mystik. Beiträge zur Theologie der christlichen Gotteserfahrung, Würzburg 1974; J. Moltmann, Theologie der mystischen Erfahrung, in: ders., Gotteserfahrungen: Hoffnung. Angst. Mystik, München 1979, 46–71; Cl. Tresmontant, Der Weg nach innen. Christliche Mystik und die Zukunft des Menschen, Graz–Köln 1980; J. Sudbrack, Hunger nach Gotteserfahrung. Ein Bericht zur Unterscheidung, in: Geist und Leben 54 (1981) 305–315; 55 (1982) 70–78

174 Vgl. P. Agaesse – M. Sales, Mystique. III. La vie mystique chrétienne, in: DSp X 1939–1984

175 Ignatius v. Antiochien, Brief an die Magnesier 8,2 (SCh 10,102)

176 Vgl. P. Mommaers, Was ist Mystik?, Frankfurt 1979

177 H. U. v. Balthasar, Zur Ortsbestimmung christlicher Mystik (s. Anm. 173) 59

178 Ebda 66

179 Vgl. ebda 43–48, 52–71; K. Rahner, Das Problem der Transzendenzerfahrung aus katholisch-dogmatischer Sicht, in: G. Oberhammer (Hrsg.), Transzendenzerfahrung, Vollzugshorizont des Heils. Das Problem in indischer und christlicher Tradition, Wien 1978, 137–149 (wieder veröffentlicht in: Schriften zur Theologie XIII, 207–225); Mystische Erfah-

rung. Die Grenzen menschlichen Erlebens, Freiburg 1976. S. auch Anm. 153 (Werke von R. C. Zaehner)

180 Vgl. F. Heiler, Das Gebet. Eine religionsgeschichtliche und religionspsychologische Untersuchung, München [5]1969

181 R. C. Zaehner, Mystik, religiös und profan (Anm. 153) 261–273

182 H. U. v. Balthasar, Zur Ortsbestimmung christlicher Mystik (s. Anm. 173) 48

183 Siehe S. 67–74

184 Vgl. J. Kremer, „Eifert aber um die größeren Charismen!“ (1 Kor 12,31a), in: Theologisch-praktische Quartalschrift 128 (1980) 321–335; R. Laurentin, Zur Klärung des Begriffs „Charisma“, in: Concilium 13 (1977) 551–556; A. George – P. Grelot, Charismes, in: VTB 152–156

185 H. Schürmann, Die geistlichen Gnadengaben in den paulinischen Gemeinden, in: ders., Ursprung und Gestalt. Erörterungen und Besinnungen zum Neuen Testament, Düsseldorf 1970, 236–267 (s. bes. 248–261)

186 Vgl. zu diesem Topos den umfassenden Überblick: J. Guillet – G. Bardy u. a., Discernement des esprits, in: DSp III 1222–1291; G. Switek, „Discretio spirituum“. Ein Beitrag zur Geschichte der Spiritualität, in: Theologie und Philosophie 47 (1972) 36–76; ders., Unterscheidung der Geister – biblische Grundlage und geschichtliche Entwicklung, in: Ordenskorrespondenz 18 (1977) 59–70

187 Vgl. dazu: J. Guillet, Discernement des esprits. I. Dans l'Ecriture, a.a.O. 1229–1231

188 Vgl. Kirchenkonstitution Nr. 12

189 Kirchenkonstitution Nr. 8

190 Ebda

191 Vgl. Kirchenkonstitution Nr. 26

192 Vgl. G. Dautzenberg, Urchristliche Prophetie. Ihre Erforschung, ihre Voraussetzungen im Judentum und ihre Struktur im ersten Korintherbrief, Stuttgart 1975; ders., Glossa, in: EWNT I 604–614; ders., Glossolalie, in: RAC XI 225–246; F. A. Sullivan, Don des Langues, in: DSp IX 223–227

193 Vgl. J. Mohr, Montanismus und charismatische Erneuerung – zwei ungleiche geistige Aufbrüche in der katholischen Kirche, in: P. Krämer – J. Mohr, Charismatische Erneuerung der Kirche: Chancen und Gefahren, Trier 1980, 13–77; H. Bacht, Montanisme, in: DSp X 1670–1676

194 G. Bonwetsch, Geschichte des Montanismus, Erlangen 1881 (Nachdruck: Hildesheim 1972) 116

195 H. U. v. Balthasar, in: Deutsche Thomas-Ausgabe Bd. 23, Heidelberg–Graz 1954, 265

196 Vgl. H. Grundmann, Religiöse Bewegungen im Mittelalter. Untersuchungen über die geschichtlichen Zusammenhänge zwischen der Ketzerei, den Bettelorden und der religiösen Frauenbewegung im 12. und 13. Jahrhundert und über die geschichtlichen Grundlagen der deutschen Mystik, Darmstadt [3]1970

197 Vgl. den Überblick bei K. A. Fink, Papsttum und Kirche im abendländischen Mittelalter, München 1981, 84–98; C. Baraut, Joachim de Flore (Gioacchino da Fiore), in: DSp VIII 1179–1201

198 Vgl. K. A. Fink, a.a.O. 123–126; R. Guarnieri, Frères du libre esprit, in:

DSp V 1241–1268

199 Vgl. zu den „Schwärmer"-Bewegungen bes. in der Neuzeit die Ausführungen bei H. Küng, Die Kirche, Freiburg 1967, 230–244

200 E. D. O'Connor, Spontaner Glaube. Ereignis und Erfahrung der charismatischen Erneuerung, Freiburg 1974; L. Suenens, Hoffen im Geist. Ein neues Pfingsten der Kirche, Salzburg 1974; H. Mühlen, Die Erneuerung des christlichen Lebens. Charisma–Geist–Befreiung, München 1974; W. J. Hollenweger, Zur katholischen Pfingstbewegung, in: Theologische Literaturzeitung 100 (1975) 952–960; C. Gérest, Die Stunde der Charismen. Versuch einer Geschichte der amerikanischen „charismatischen Bewegungen", in: Concilium 13 (1977) 556–570; N. Baumert, Die Gnadengaben in der Kirche. Ihre Bedeutung für das Leben des Einzelnen und der Gemeinde, in: Geist und Leben 51 (1978) 245–260; H. Mühlen, Einübung in die christliche Grunderfahrung, 2 Bd., Mainz 1979 (6. Aufl.); H. Mühlen (Hrsg.), Erfahrungen mit dem Heiligen Geist. Zeugnisse und Berichte, Mainz 1979; P. Krämer – J. Mohr, Charismatische Erneuerung der Kirche. Chancen und Gefahren, Trier 1980; N. Baumert, Ein klärendes Wort zum charismatischen Aufbruch in der Kirche, in: Geist und Leben 54 (1981) 465–472; N. Baumert, Zum charismatischen Aufbruch. Informationen aus der Weltkirche, in: Geist und Leben 55 (1982) 55–60; H. Mühlen (Hrsg.), Dokumente zur Erneuerung der Kirchen, Mainz 1982

201 Vgl. die Anm. 186 angegebene Literatur sowie: H. Rahner, „Werdet kundige Geldwechsler". Zur Geschichte der Lehre des hl. Ignatius von der Unterscheidung der Geister, in: F. Wulf (Hrsg.), Ignatius von Loyola. Seine geistliche Gestalt und sein Vermächtnis, Würzburg 1956, 301–341 (wieder veröffentlicht in: ders., Ignatius als Mensch und Theologe, Freiburg 1964, 312–343); H. U. v. Balthasar, Vorerwägungen zur Unterscheidung der Geister, in: ders., Pneuma und Institution. Skizzen zur Theologie IV, Einsiedeln 1974, 323–339

202 Vgl. dazu die Kriterien bei R. Zavalloni, Maturità spirituale, NDS 932–947 (s. bes. 939f)

203 Vgl. dazu K. Rahner, Visionen und Prophezeiungen, Freiburg ³1960; G. Schallenberg, Visionäre Erlebnisse. Erscheinungen im 20. Jahrhundert. Eine psychopathologische Untersuchung, Aschaffenburg 1979

204 2. Vatikanisches Konzil, Offenbarungskonstitution Nr. 4

205 K. Rahner, a.a.O. 27

206 Vgl. ebda 31–88

207 Vgl. die umfangreiche kritische Würdigung bei Y. Congar, Je crois en l'Esprit Saint, t. II, Paris 1979, 193–269; K. Rahner, Die enthusiastische und die gnadenhafte Erfahrung, in: Schriften zur Theologie XII 54–75; H. U. v. Balthasar, Vorerwägungen zur Unterscheidung der Geister (s. Anm. 201)

208 Kirchenkonstitution Nr. 12

209 Vgl. K. Rahner, Das Dynamische in der Kirche, Freiburg ²1960

210 Siehe S. 50–54

211 Vgl. die klassischen Monographien von C. Spicq, Agapè dans le Nouveau Testament, 3 Bd., Paris 1958f; V. Warnach, Agape. Die Liebe als Grundmotiv der neutestamentlichen Theologie, Düsseldorf 1951; vgl. den Überblick bei J. Weismayer, Christliche Liebe, in: Lexikon der Pasto-

raltheologie, Freiburg 1972, 306–310

212 Vgl. F. Mussner, Der Begriff des ‚Nächsten' in der Verkündigung Jesu. Dargelegt am Gleichnis vom barmherzigen Samariter, in: ders., Praesentia salutis. Gesammelte Studien zu Fragen und Themen des Neuen Testaments, Düsseldorf 1967, 125–132

213 Vgl. dazu J. Friedrich, Gott im Bruder. Eine methodenkritische Untersuchung von Redaktion, Überlieferung und Traditionen in Mt 25,31–46, Stuttgart 1977; G. Lohfink, Universalismus und Exklusivität des Heils im Neuen Testament, in: W. Kasper (Hrsg.), Absolutheit des Christentums, Freiburg 1977, 63–82 (s. bes. 74–82)

214 Vgl. H. Schlier, Die Bruderliebe nach dem Evangelium und den Briefen des Johannes, in: ders., Das Ende der Zeit. Exegetische Aufsätze und Vorträge III, Freiburg 1971, 124–135

215 Vgl. I. Noye, Oeuvres de Miséricorde, in: DSp X 1328–1349

216 Vgl. P. Viard, Hospitalité, in: DSp VII/1, 808–831; M. Puzicha, Christus peregrinus. Die Fremdenaufnahme (Mt 25,35) als Werk der privaten Wohltätigkeit im Urteil der Alten Kirche, Münster 1980

217 Vgl. dazu J. Pieper, Über die Liebe, München 1972; B. Welte, Dialektik der Liebe. Gedanken zur Phänomenologie der Liebe und zur christlichen Nächstenliebe im technologischen Zeitalter, Frankfurt 1973; K. Rahner, Wer ist mein Bruder?, Freiburg 1981

218 Vgl. den Überblick bei P. Grelot, Monde. I. Dans l'Ecriture, in: DSp X 1620–1633

219 Vgl. auch R. Schnackenburg, Das Verständnis der Welt im Neuen Testament, in: ders., Christliche Existenz nach dem Neuen Testament. Abhandlungen und Vorträge, Bd. I, München 1967, 157–186; H. Schlier, Der Christ und die Welt, in: ders., Das Ende der Zeit. Exegetische Aufsätze und Vorträge III, Freiburg 1971, 234–249

220 Vgl. H. Schlier, Welt und Mensch nach dem Johannesevangelium, in: ders., Besinnung auf das Neue Testament. Exegetische Aufsätze und Vorträge II, Freiburg 1964, 242–253

221 Vgl. Z. Alszeghy, Fuite du monde (Fuga mundi), in: DSp V 1576–1605; Y. Congar, Laïc et Laïcat, in: DSp IX 79–108

222 Diognetbrief V 1f (SCh 33 bis, 62); deutsche Übersetzung: Der Brief an Diognet. Übersetzung und Einführung v. B. Lorenz, Einsiedeln 1982, 19

223 Ebda V 5 (SCh 33 bis, 62); deutsche Übersetzung: a.a.O. 19

224 Ebda VI 1 (SCh 33 bis, 64); deutsche Übersetzung: a.a.O. 21

225 Johannes Cassian, Collationes I 7 (SCh 42, 84f); deutsche Übersetzung: Johannes Cassian, Spannkraft der Seele. Einweisung in das christliche Leben I. Ausgewählt, übertragen und eingeleitet v. G. u. Th. Sartory, Freiburg 1981, 108

226 Vgl. z. B. A. Auer, Weltoffener Christ. Grundsätzliches und Geschichtliches zur Laienfrömmigkeit, Düsseldorf 1960 (^{2}1962)

227 E. Pousset, Monde. II. Le chrétien et l'Eglise dans le monde, in: DSp X 1633–1646; G. Baraúna (Hrsg.), Die Kirche in der Welt von heute. Untersuchungen und Kommentare zur Pastoralkonstitution „Gaudium et Spes" des II. Vatikanischen Konzils, Salzburg 1967; J. B. Metz (Hrsg.), Weltverständnis im Glauben, Mainz 1965

228 Vgl. E. Schillebeeckx, Die typologische Definition des christlichen Laien, in: G. Baraúna (Hrsg.), De Ecclesia. Beiträge zur Konstitution „Über die

Kirche“ des Zweiten Vatikanischen Konzils, Bd. II, Freiburg–Frankfurt 1966, 269–288
229 Kirchenkonstitution Nr. 31
230 Kirchenkonstitution Nr. 41
231 Pastoralkonstitution Nr. 33–39
232 Vgl. Th. Matura, Le radicalisme évangélique. Aux sources de la vie chrétienne, Paris 1978 (s. bes. 69–110); B. Rigaux, Le radicalisme du règne, in: La pauvreté évangélique, Paris 1971; S. Légasse, L'appel du riche (Marc 10,17–31 et parallèles). Contribution à l'étude des fondements scripturaires de l'état religieuse, Paris 1966; W. Stegemann, Das Evangelium und die Armen. Über den Ursprung der Theologie der Armen im Neuen Testament, München 1981
233 Vgl. die „Armenfrömmigkeit“ im Alten Testament: A. Gelin, Les pauvres que Dieu aime, Paris 1968; A. George, La pauvreté dans l'Ancien Testament, in: La pauvreté évangelique (s. Anm. 232) 13–35
234 Vgl. H.-J. Degenhardt, Lukas – Evangelist der Armen. Besitz und Besitzverzicht in den lukanischen Schriften, Stuttgart 1965
235 Vgl. dazu die Studie von J. Dupont, Renoncer à tous ses biens (Luc 14,33), in: Nouvelle Revue théologique 93 (1971) 563–582
236 Vgl. J. Dupont, Les pauvres et la pauvreté dans les évangiles et les Actes, in: La Pauvreté évangélique (s. Anm. 232) 37–62
237 Vgl. Ph. Seidensticker, Saint Paul et la pauvreté, in: La pauvreté évangélique (s. Anm. 232) 93–133; Th. Matura, Le radicalisme évangélique (s. Anm. 232) 160–163
238 Vgl. den geschichtlichen Durchblick bei J. M. R. Tillard, La pauvreté religieuse, in: Nouvelle Revue théologique 92 (1970), 806–848. 906–941; F. Wulf, Charismatische Armut im Christentum, in: Geist und Leben 44 (1971) 16–31
239 Vgl. dazu die interessante Detailstudie B. Büchler, Die Armut der Armen. Über den ursprünglichen Sinn der mönchischen Armut, München 1980
240 Vgl. dazu R. Grégoire, Nudité. I. L'adage 'Nudus nudum Christum sequi', in: DSp XI 509–513
241 Siehe Anm. 196.197.198
242 DS 930f
243 Vgl. die umfassende Darlegung der Armutsdiskussion bei A. Böckmann, Die Armut in der innerkirchlichen Diskussion heute. Ein Beitrag zu einem Neuverständnis der Ordensarmut, Münsterschwarzach ^{2}1979; Ansätze zu einem Armutsverständnis heute vgl. z. B. bei A. Böckmann, Prüfstein Armut. Die Herausforderung des Ordenslebens heute, Freiburg 1981; F. Marxer, Christliche Armut heute, Aschaffenburg 1970; B. Albrecht, Dimensionen evangelischer Armut, Meitingen 1978; K. Fischer, Gedächtnis der Armen, Meitingen 1981
244 A. Böckmann, Prüfstein Armut, a.a.O. 13
245 Duden. Das große Wörterbuch der deutschen Sprache, Bd. 1, 1976, 194
246 F. Wulf, Aszese, in: HThG I 111–120 (Zitat: 113); einen Überblick über die verschiedenen Definitionen und Akzente bietet auch J. de Guibert, Ascèse, Ascétisme. I. La notion d'ascèse, d'ascétisme, in: DSp I 936–938
247 Vgl. dazu M. Olphe-Galliard, Ascèse. Ascétisme II. Développement historique, in: DSp I 938–960; J. Bergmann, Askese. I. Einleitende reli-

gionsgeschichtliche Bemerkungen, in: TRE IV 195–198
248 K. Rahner, Passion und Aszese. Zur philosophisch-theologischen Grundlegung der christlichen Aszese, in: Schriften zur Theologie III 73–104 (s. bes. 75–84)
249 Vgl. bes. Th. Matura, Le radicalisme évangélique. Aux sources de la vie chrétienne, Paris 1978
250 Siehe S. 148–149
251 Siehe S. 57–58
252 F. Wulf, Aszese (s. Anm. 246) 113–117; vgl. ders., Aszese (Aszetik), in: Sacramentum Mundi I 358–371 (s. bes. 361–367)
253 Vgl. Th. Matura, Le radicalisme évangélique (s. Anm. 249) 185–189
254 Vgl. M. Viller – M. Olphe-Galliard – J. de Guibert, Ascèse, Ascétisme III. L'ascèse chrétienne, in: DSp I 960–990; L'Ascèse chrétienne et l'homme contemporain, Paris 1951, 31–92
255 Vgl. auch J. Gribomont, Askese. IV. Neues Testament und Alte Kirche, in: TRE IV 204–225
256 Vgl. auch G. Blond, Encratisme, in: DSp IV/1, 628–642
257 Vgl. M. J. Walsh, Askese. V. Keltische und irische Askese, in: TRE IV, 225–229
258 Vgl. H. v. Campenhausen, Die asketische Heimatlosigkeit im altkirchlichen und frühmittelalterlichen Mönchtum, in: ders., Tradition und Leben. Kräfte der Kirchengeschichte. Aufsätze und Vorträge, Tübingen 1960, 290–317; J. Leclercq, Aux sources de la spiritualité occidentale. Etapes et constantes, Paris 1964, 35–90
259 Vgl. zum Vorhergehenden: B. Jaspert, Askese. VI. Mittelalter, in: TRE IV 229–239
260 Siehe bes. L. Cognet, L'ascèse chrétienne en France du XVIe au XVIIIe siècle, in: L'Ascèse chrétienne et l'homme contemporain, Paris 1951, 71–92
261 K. Rahner, Passion und Aszese (s. Anm. 248) 90; vgl. auch andere Untersuchungen Rahners zum gleichen Thema: K. Rahner, Selbstverwirklichung und Annahme des Kreuzes, in: Schriften zur Theologie VIII, 322–326; ders., Alltagstugenden, in: Geist und Leben 43 (1970) 46–57 (wieder veröffentlicht in: ders., Chancen des Glaubens, Fragmente einer modernen Spiritualität, Freiburg 1971, 125–138)
262 Siehe Anm. 246 und 252
263 Vgl. J. Gründel (Hrsg.), Triebsteuerung? Für und wider die Askese, München 1972 (s. bes. die Beiträge von F. Rauh, O. Hürter u. R. Ritter)
264 J. Gründel, Aspekte der Ethik und Moraltheologie, in: ders. (Hrsg.), Triebsteuerung, a.a.O. 67–100
265 P. Lippert, Selbstverleugnung als Lebensfeindschaft?, in: Geist und Leben 49 (1976) 21–31; ders., Wer sein Leben retten will. Selbstverwirklichung und Askese in einer bedrohten Welt, Mainz 1978
266 Vgl. dazu F. Dexinger – F. Staudinger – H. Wahle – J. Weismayer, Ist Adam an allem schuld? Erbsünde oder Sündenverflochtenheit?, Innsbruck 1971
267 Vgl. den Überblick bei E. Zenger, Leiden. IV. Biblische Perspektiven, in: Christlicher Glaube in moderner Gesellschaft Bd. 10, Freiburg 1980, 27–36; G. Gerstenberger – W. Schrage, Leiden, Stuttgart 1977
268 E. Zenger, a.a.O. 35

269 Vgl. C. Westermann, Lob und Klage in den Psalmen, Göttingen ^{5}1977; ders., Ruf aus der Tiefe, in: Concilium 12 (1976) 575–581
270 Vgl. E. Zenger, Durchkreuztes Leben. Hiob, Hoffnung für die Leidenden, Freiburg ^{2}1981
271 Vgl. C. Westermann, Jeremia, Stuttgart ^{2}1972, 38–49
272 Vgl. L. Ruppert, Der leidende Gottesknecht, in: Concilium 12 (1976) 571–575; J. Blank, Der leidende Gottesknecht (Jes 53), in: P. Pawlowsky – E. Schuster (Hrsg.), Woran wir leiden, Innsbruck 1979, 28–67
273 Vgl. zu dieser Frage: J. Galot, Dieu souffre-t-il? Paris 1976
274 E. Zenger, Leiden (s. Anm. 267) 36
275 Vgl. E. Güttgemanns, Der leidende Apostel und sein Herr. Studien zur paulinischen Christologie, Göttingen 1966
276 Vgl. den Überblick über die Deutungen dieser Stelle bei J. Gnilka, Der Kolosserbrief (Herders Theologischer Kommentar zum Neuen Testament. Band X: Faszikel 1), Freiburg 1980, 94–98
277 Vgl. K. Beyschlag – W. Weismann, Das Problem des Leidens in der frühen Christenheit, in: H. Schulze (Hrsg.), Der leidende Mensch. Beiträge zu einem unbewältigten Thema, Neukirchen 1974, 95–113
278 Vgl. J. B. Brantschen, Leiden. V. Theologische Perspektiven, in: Christlicher Glaube in moderner Gesellschaft, Bd. 10 (s. Anm. 267) 37–50 (s. bes. 37f)
279 I. Kant, Über das Mißlingen aller philosophischen Versuche in der Theodizee (I. Kant, Werke, Hrsg. v. W. Weischedel, Bd. VI, Frankfurt 1964, 105–124)
280 D. Sölle, Leiden, Stuttgart 1973
281 R. Spaemann, Über den Sinn des Leidens, in: ders., Einsprüche. Christliche Reden, Einsiedeln 1977, 116–133 (Zitat: 128)
282 K. Rahner, Warum läßt uns Gott leiden? in: ders., Worte vom Kreuz, Freiburg 1980, 7–45
283 Ebda 40
284 Vgl. auch die Darstellungen von H. Küng, Gott und das Leid, Einsiedeln ^{2}1968; H. Dembowski, Menschliches Leid und der dreieinige Gott, Freiburg (Schweiz) 1975; F. Wolfinger, Leiden als theologisches Problem. Versuch einer Problemskizze, in: Catholica 32 (1978) 242–266
285 G. Greshake, Der Preis der Liebe. Besinnung über das Leid, Freiburg 1978, 29
286 Ebda 39–48
287 J. M. Lochmann, Das Rätsel des Bösen und des Leidens, in: F. Buri – J. M. Lochmann – H. Ott, Dogmatik im Dialog, Bd. III, Gütersloh 1976, 143–147 (Zitat: 146)

4. Kapitel: Berufung und Berufungen

Nach dem einleitenden, die Begriffe klärenden ersten Kapitel hatte das zweite Kapitel die Grundgestalt des geistlichen Lebens skizziert, jene Züge und Aspekte, die sich aus der Mitte der Lebensgemeinschaft mit Gott durch Christus im Heiligen Geist ergeben. Das dritte Kapitel hatte die Dimensionen der Spiritualität, das geistliche Leben in den einzelnen Bereichen des christlichen Lebens beleuchtet. Im vierten Kapitel kommt eine noch größere Vielfalt spirituellen Lebens zur Sprache: Die Grundgestalt des geistlichen Lebens in seinen verschiedenen Lebensdimensionen wird in jenen Verwirklichungen bedacht, die durch die persönlichen Berufungen bedingt sind: Die eine Spiritualität des Evangeliums wird in unterschiedlicher Weise gelebt – in Anbetracht der unverwechselbaren Individualität jedes Menschen und in der Verschiedenheit der Lebensumstände.
Damit sind schon die wesentlichen Fragen dieses Kapitels angedeutet: Es geht um die Berufung aller zur Vollkommenheit des spirituellen Lebens und um die unverwechselbare Berufung jedes einzelnen. Schließlich sollen einzelne Verwirklichungen des geistlichen Lebens näher bedacht werden.

1. ABSCHNITT: DIE BERUFUNG ALLER ZUM SPIRITUELLEN LEBEN

1. Das Problem der Berufung aller zum Leben der Heiligkeit des christlichen Lebens[1]

a) Dieses Problem ist untrennbar verbunden mit der Sprechweise von den zwei Wegen des christlichen Lebens, die bis in die Zeit der Kirchenväter zurückreicht, wenngleich die Berufung aller zur Vollkommenheit des christlichen Lebens auch immer betont wurde. Die beiden Wege waren für je verschiedene Personengruppen bestimmt: die in der Welt Lebenden gingen den „Weg der Gebote", für die Mönche und Jungfrauen war der „Weg der Räte" bestimmt. Der Weg der Gebote ist hinreichend, um das Heil zu erlangen, um gerettet zu werden; es geht um das „Halten der Gebote". Der in der Welt Lebende darf sich mit diesem Niveau begnügen. Der „Weg der Räte" hingegen zielt nicht nur auf die Rettung, sondern auf die Vollkommenheit, zu welcher konkret die drei „evangelischen Räte" führen. Nach dieser Theorie besteht also von Christus her ein unterschiedliches Angebot: Er hat die Absicht, alle zu retten und ihnen eine breite Möglichkeit anzubieten, das Reich Gottes zu erreichen; jene aber, die danach verlangen, führt er zu einer höheren Vollkommenheit. Der Christ steht vor der Wahl, nicht nur zwischen Gerettetwerden und Verlorengehen, sondern zwischen der Möglichkeit, (gerade noch) das Heil zu erlangen und der Möglichkeit, in die Vollkommenheit des Heils einzutreten.[2]

b) Diese Zweistufigkeit der christlichen Berufung sah man angedeutet in der Perikope von der Berufung des reichen Jünglings (Mt 19,16–22). Auf die Frage, was er denn tun müsse, um das Leben zu erlangen, antwortet Jesus: „Halte die Gebote" (Mt 19,17); diese werden in der Folge aufgezählt (v. 18f). Auf die Frage, was ihm noch fehle, da er dies alles schon befolgt habe, wird ihm gesagt: „Wenn du vollkommen sein willst, geh, verkauf deinen Besitz . . . dann komm und folge mir nach!" (v. 21)

Damit scheinen die beiden Wege skizziert: der Weg der Gebote und der Weg, der zur Vollkommenheit führt.

2. *Die Berufung aller zum spirituellen Leben nach dem Neuen Testament*

2.1 Zwei Wege bei Mt 19,16–22?[3]

a) Die scheinbare Zweistufigkeit der christlichen Berufung gründet in der Matthäus-Fassung dieser Perikope, die gegenüber der bei Mk 10,17–22 (und Lk 18,18–23) gebotenen Fassung in einigen Punkten abweicht. Schon die erste Antwort Jesu ist bei Mt erweitert: „Wenn du aber das Leben erlangen willst, halte die Gebote!" Die Aufzählung der Gebote führt nur bei Mt auch das Gebot der Nächstenliebe nach Lev 19,18 an. Bei Mt fragt der Jüngling „Was fehlt mir noch?", woran sich die Antwort Jesu schließt „Wenn du vollkommen sein willst . . .", während bei Mk und Lk an den Einwand des reichen Mannes, daß er alle aufgezählten Gebote gehalten habe, das Wort Jesu überliefert wird: „Eines fehlt dir noch: Geh, verkaufe . . .".

Für das Verständnis des Textes ist der Hinweis bedeutsam, daß der

Ausdruck „vollkommen“ matthäischen Ursprungs ist; nur dieser Evangelist verwendet dieses Wort an zwei Stellen (Mt 5,48; 19,21). Gemeint ist damit die umfassende Antwort auf die Reich-Gottes-Verkündigung; vollkommen ist jener, der ausschließlich Gott gehören und Gottes Willen radikal erfüllen will.

b) Am Beispiel des reichen Jünglings konnte Matthäus den Judenchristen zeigen, was Christus über die bisherige jüdische Gesetzlichkeit hinaus verlangt. Es geht in diesem Text nicht um zwei Stufen; das „Erlangen des ewigen Lebens“ (Mt 19,16.17) und das „Eingehen in das Himmelreich“ (Mt 19,23; vgl. auch v. 21) sind ja identisch. Die Perikope stellt eine Berufung in die Nachfolge dar; die Hingabe des Besitzes ist für diesen Mann die Erfüllung der Gebote, der Ausdruck der Hingabe an Gott. „Jesu Mahnung und Forderung ist eine einheitliche und wird nur stufenweise aufgedeckt. Wer ins Leben eingehen will, muß ‚vollkommen‘ sein. Er muß die Gebote Gottes halten, aber so, wie Jesus das auslegt; im Fall des reichen Jünglings bedeutet das, auf seine irdischen Besitztümer zu verzichten und in die Nachfolge Jesu einzutreten.“ (R. Schnackenburg)[4]

c) Matthäus spricht daher nicht von einem Weg der Gebote, der leichter wäre als der Weg der Vollkommenheit. Die Hinzufügung des Gebotes der Nächstenliebe (bei Mt 19,19 im Vergleich zu Mk 10,19) weist schon darauf hin, daß es auch bei der ersten Antwort, die Jesus gibt, ums Ganze geht. Doch wird gleichzeitig an dieser Stelle deutlich, daß die christliche Berufung verschiedene Gesichter, eine Vielzahl von Realisierungen kennt.

2.2 Die eine Berufung zum christlichen Leben im NT

Die Texte des Neuen Testaments kennen nur *eine* christliche Vollkommenheit. Nie werden zwei Wege nebeneinander zur Wahl angeboten: ein anspruchsvoller und ein weniger beschwerlicher. Nie wird sichtbar, daß sich der Christ mit einem Zustand, mit einem Minimum begnügen dürfte. In diesem Sinn war vor allem die Darlegung der Grundgestalt des geistlichen Lebens ein einziger Beweis dafür, daß es nur eine Berufung gibt, die allerdings ein Ziel darstellt, auf das hin wir unterwegs sind.

3. Die allgemeine Berufung zur Heiligkeit in der Sicht des 2. Vatikanischen Konzils

Das 5. Kapitel der Dogmatischen Konstitution über die Kirche trägt die Überschrift „Die allgemeine Berufung zur Heiligkeit in der Kirche". Dieses Kapitel umfaßt die Nr. 39 bis 42 des Kirchendokumentes.

3.1 Die „Vorgeschichte" dieses Textes[5]

Das erste Schema der Kirchenkonstitution, das 1962 diskutiert wurde, gliederte die Kapitel 3 bis 6 nach den „Ständen" in der Kirche. Einem Kapitel über den Episkopat und einem über die residierenden Bischöfe folgte eines über die „Stände der evangelischen Vollkommenheit"; darauf sollte als 6. Kapitel das über die Laien folgen. Der Begriff des „Standes der Vollkommenheit" konnte wohl auf eine lange Tradition zurückschauen (Thomas von Aquin bis Pius XII.), doch er brachte das von Mt 19 inspirierte Zweistufendenken bezüglich der christlichen Berufung zum Ausdruck.
Die Arbeit des Konzils führte in den nächsten Monaten bis zur endgültigen Fassung dazu, die Berufung zur Vollkommenheit und Heiligkeit nicht mehr auf den Ordensstand einzuschränken; vielmehr wurde deutlich gemacht, daß jeder Christ, wie immer auch seine Lebensform sein mag, zur Fülle des christlichen Lebens berufen ist.
Auch die nunmehrige Anordnung der Kapitel zeigte diesen neuen Weg: Nach den Ausführungen über Bischöfe, Priester und Diakone (im 3. Kapitel) wird über die Berufung der Laien gesprochen (4. Kapitel); sodann ist im fünften Kapitel von der Berufung aller zur Vollkommenheit die Rede. Daran schließt sich als sechstes Kapitel die Besprechung der Fragen der Ordenschristen.
Damit ist gleichsam „amtlich" ein Schlußstrich unter die Theorie der beiden Wege, des Weges der Gebote und des Weges der Vollkommenheit (der Räte) gezogen.

3.2 Wesentliche Aussagen des Konzilstextes

a) Die einleitende Nr. 39 weist auf die christologische und kirchliche Dimension der christlichen Heiligkeit hin: Die Heiligkeit des Menschen ist Teilnahme an der Heiligkeit Christi im Heiligen Geist – in der Gemeinschaft der Kirche und durch die Kirche.
b) Inhaltlich wurde die Berufung aller zur Heiligkeit durch Mt 5,48 illustriert, weiter durch den Hinweis, daß der Geist Gottes die Christen zu einem Leben der Liebe antreibt und daß die Taufe den Menschen schon grundlegend heiligt; diese Heiligung soll im Leben „festgehalten" werden.

c) Bedeutsam ist vor allem Nr. 41, wo von der vielgestaltigen Verwirklichung der einen Heiligkeit gesprochen wird: „Alle Christgläubigen ... werden in ihrer Lebenslage, ihren Pflichten und Umständen und durch dies alles von Tag zu Tag mehr geheiligt, wenn sie alles aus der Hand des himmlischen Vaters im Glauben entgegennehmen und mit Gottes Willen zusammenwirken und so die Liebe, mit der Gott die Welt geliebt hat, im zeitlichen Dienst selbst allen kundmachen."
In dieser Aussage ist nicht mehr das Ordensleben das Maß der Vollkommenheit, dem sich der „in der Welt" lebende Christ anzunähern hätte – und im Maß der Annäherung und damit der Trennung von seinen Lebensumständen könnte er die Heiligkeit erreichen. Jede Lebenslage, in der der Christ lebt, kann für ihn Weg zu Gott sein, wenn er diese Aufgaben und Pflichten als Wille Gottes annimmt und zu erfüllen sucht.

2. ABSCHNITT: DIE BERUFUNG JEDES EINZELNEN

Jeder Getaufte ist zur Fülle des geistlichen Lebens gerufen. Bei der Besprechung der Aussagen des 2. Vatikanischen Konzils wurde aber auch die Vielgestaltigkeit der Verwirklichungen von Spiritualität sichtbar, denn jeder soll und kann in und durch seine konkreten Lebensumstände heilig werden. Gott ruft jeden einzelnen in einer unverwechselbaren Weise. Es geht darum, diesen Weg, auf den Gott ruft, zu erkennen und zu gehen. Gott ist „der Berufende" (Röm 9,12; Gal 5,8); der Anruf, die Berufung ist die Weise, wie Gott dem Menschen begegnet.

1. Die Berufung als Ruf und Sendung in der Bibel [6]

1.1 Berufungen und Sendungen im Alten Testament

a) Die großen Berufungen des AT haben immer eine Sendung zum Inhalt; Gott ruft zu einem Auftrag. Das gilt z. B. für Abraham (Gen 12,1), für Mose (Ex 3,10,16) und für die Propheten wie z. B. für Amos (Am 7,15), Jesaja (Jes 6,9), Jeremia (Jer 1,7) und Ezechiel (Ez 3,1.4). Am Beginn steht die göttliche Erwählung, hingeordnet auf den Willen Gottes, der getan werden soll.

b) Das Spezifische der Berufung (gegenüber dem Begriff der Erwählung und der Sendung) liegt in der persönlichen Anrede, die bisweilen den Betroffenen so umwandelt, daß nicht nur seine äußeren Lebensumstände verändert werden, sondern er von innen her zu einem neuen Menschen wird.
Dieser Aspekt wird dort deutlich, wo Gott den Namen dessen ausspricht, den er ruft (vgl. Gen 15,1; 22,1; Ex 3,4; Jer 1,11; Am 7,8; 8,2). Um die neue Existenzweise des Gerufenen auszudrücken, gibt Gott auch bisweilen einen neuen Namen (Gen 17,5; 32,29; vgl. Jes 62,2; Offb 2,17).
c) Dieser Anrede Gottes entspricht die Reaktion des Angesprochenen, die Antwort. Vom Gerufenen ist Ja, Glaube, Gehorsam erwartet. Manchmal erfolgt eine sofortige Antwort und Richtungsänderung (vgl. Gen 12,4; Jes 6,8), aber manchmal ist der Angerufene auch von Furcht ergriffen und versucht, dem Zugriff Gottes zu entfliehen (Ex 4,1ff; Jer 1,6; 20,7; Jona 1,3–16). Die Berufung bringt den Betroffenen häufig in eine spannungsreiche Beziehung zu den Seinen, sie macht ihn zu einem Fremden (Gen 12,1; Jes 8,11; Jer 12,6; 15,10; 16,1–9; vgl. 1 Kg 19,4).

1.2 Berufung im Neuen Testament

a) Durch Berufung formiert Jesus den Zwölferkreis (vgl. Mk 3,13ff), aber der Ruf des Herrn geht über die Zwölf hinaus (vgl. Mk 10,21; Lk 9,59–62). In den Berufungsberichten (Mk 1,16–20 par.; 2,13–17 par.; Joh 1,35–51) finden sich jene Züge, die in den alttestamentlichen Berufungen sichtbar wurden: Der Berufene steht im Dienst der Sendung Jesu, er wird persönlich angesprochen, bisweilen mit einem neuen Namen (vgl. Mt 16,18; Mk 3,16f; Joh 1,42), die Antwort ist Betroffenheit; es entsteht eine neue Lebenssituation.
Die Verkündigung Jesu schließt in sich eine Berufung, die an alle und an jeden ergeht: „Viele" sind berufen, persönlich angesprochen, wenn sie auch bisweilen dem Ruf gegenüber taub bleiben (vgl. Mt 22,1–14).
b) Die apostolische Kirche hat die Situation des Christen als Berufung aufgefaßt. Paulus spricht von den „berufenen Heiligen", er nennt sich selbst in einem Atem „berufener Apostel" (vgl. Röm 1,1.7; 1 Kor 1,1f); die Parallele ist unübersehbar. Er lädt die Korinther ein, ihre Berufung zu bedenken (1 Kor 1,26), um so ihre wahre Situation zu erfassen. Der Ruf des Herrn ergeht im Heiligen Geist; er läßt uns Gottes Wort vernehmen, er ruft die Antwort des hörenden Glaubens in uns wach.

In dieser einen Berufung ist eine Vielzahl an „Gnadengaben", an „Diensten", an „Kräften" beschlossen, aber diese Vielzahl hat ihren Ursprung und ihr Ziel in dem einen Leib Christi und in dem einen Geist (1 Kor 12,4–13).

2. *Die Berufung des je einzelnen in den Zeugnissen christlicher Spiritualität*

2.1 Besondere Formen des Rufes an den einzelnen

Wenn das christliche Leben auch des einzelnen als Berufung gesehen wird, wenn von jedem Christen gilt, daß er ein Angerufener ist, daß Gott in seinem Heiligen Geist ihn ruft und sendet, dann wird dies besonders dort deutlich, wo es um eine Berufung geht, die aus dem gewöhnlichen Rahmen herausfällt.

a) Die Möglichkeit des Martyriums in den ersten Jahrhunderten machte dem einzelnen bewußt, daß sein Christsein eine Pflicht zum Bekenntnis in sich schließt. Der einzelne war in einer unausweichlichen Situation aufgefordert, Stellung zu beziehen. So wurde das Moment des personalen Angesprochenseins sehr deutlich.

b) Wenn in den ersten Jahrhunderten nicht wenige Christen die Ehelosigkeit wählten, zuerst noch innerhalb der Gemeinden, später aber außerhalb ihrer gewohnten Welt, um allein oder in Gemeinschaft Gleichgesinnter auf Gott hin zu leben, so wird auch in dieser mönchischen Lebensweise der Ruf Gottes an den einzelnen deutlich.

c) Bekehrungen verweisen in gleicher Weise auf das Berufensein durch den Herrn. Große Heilige waren häufig solche, in deren Leben sich eine „Kehre" ereignet hat. Jene schrittweise Hinwendung zum ernsthaften Christsein, die bei Augustinus († 430) in seinen „Confessiones" zu verfolgen ist, war für die späteren Jahrhunderte häufig das literarische Vorbild für die Darstellung der Hinkehr eines Menschen zu Gott. Von den Heiligen des Mittelalters soll in diesem Zusammenhang besonders Franz von Assisi († 1226) genannt werden. Häufig finden sich zudem in diesen Berichten Anklänge an die Jüngerberufungen.

2.2 Ignatius von Loyola und das Finden der eigenen Berufung

Ignatius von Loyola († 1556) hat nach seiner Verwundung 1521 eine Bekehrung erfahren, eine Kehre, wobei allerdings die konkrete Form seiner Berufung, der ihm von Christus zugedachte Weg, sich erst nach

langdauerndem Suchen zeigte. Der „Bericht des Pilgers" gibt davon beredte Kunde.[7]
Das Exerzitienbuch des Heiligen ist aus diesem Prozeß der Suche nach seinem Weg entstanden: Er wollte dem dazu bereiten Menschen helfen, den Weg zu finden, den ihm der Herr zeigt.
a) Hilfe für diese Entscheidungsfindung ist für Ignatius die „Unterscheidung der Geister". Er ist überzeugt, daß Gott jeden innerlich bewegt; aber diese Bewegungen und Impulse, die von Gott herkommen, sind von jenen zu unterscheiden, die in die Irre führen, die Täuschung sind, die nicht den Weg darstellen, den Gott weist. Voraussetzung für das Finden dieses Weges ist allerdings die vollkommene Offenheit und Verfügbarkeit für Gottes Anregungen. In diesem Sinn spricht Ignatius von dem Indifferent-Sein allen geschaffenen Dingen gegenüber, indem wir einzig nur das „ersehnen und erwählen, was uns mehr zum Ziel hinführt, auf das hin wir geschaffen sind".[8]
b) Der Vorgang dieser „Wahl" findet zu Ende der zweiten Woche der Exerzitien statt[9]; im Erwägen des Weges Jesu soll der Exerzitand seinen eigenen Weg finden. Gegenstand dieser Wahl ist für Ignatius die Entscheidung über eine Lebensform; wo aber schon eine unwiderrufliche Wahl eines „Standes" geschehen ist, soll der Exerzitand überlegen, wie er diese seine Lebensform besser und neu formen kann. „Und er wünsche und suche dabei nichts anderes als im Ganzen und durch das Ganze den jeweils größeren Lobpreis und die Verherrlichung Gottes unseres Herrn. Denn es bedenke ein jeder, daß er in allen Dingen des Geistes so weit gefördert werden wird, als er herausspringt aus seiner Eigenliebe, seinem Eigenwillen und seinem Eigennutz."[10]

3. Systematische Überlegungen zum Ruf Gottes an den einzelnen und zu dessen Erkennbarkeit[11]

3.1 Der rufende Herr und der hörende Jünger

a) Der Christ darf davon ausgehen, daß er im Volk Gottes zur Heiligkeit mit allen berufen ist, die in Christus sind. Zugleich ist der Christ in einer einmaligen, unverwechselbaren Weise von Gott geliebt und berufen. Der einzelne hat vor Gott Gewicht, ihn ruft Gott auf einen Weg, weist ihm Aufgaben zu, sendet ihn. Das Entscheidende ist, diesen Weg, diese Aufgaben, diese Sendung zu erkennen.
b) Diese „Wahl" kann nur geschehen, wenn der Christ in einer grund-

legenden Offenheit und Verfügbarkeit lebt, wenn er sich immer von neuem um diese Haltung bemüht. Das bedeutet vor allem, daß Entscheidungen für das Leben nicht nach den Kriterien der Nützlichkeit und Annehmlichkeit geschehen dürften, daß auch nichts von den Möglichkeiten, die Gott zeigen könnte, ausgeschlossen wird. Letztlich ist diese Offenheit und dieses Verfügbarsein nichts anderes als ein Aspekt der Haltung des Glaubens, des umfassenden Ja des Menschen auf den sich erschließenden Gott hin.

c) Ein günstiges Klima für eine solche Entscheidung, für solch aufmerksames und bereites Hören ist vor allem dort gegeben, wo sich der Mensch um eine intensive Christusbegegnung in der Lesung und Meditation der Heiligen Schrift und im Gebet bemüht. Damit geschieht eine fortwährende Konfrontation unserer Maßstäbe und Werte mit jenen Leitlinien, die Jesus zeigt. Wer ständig um das Hören auf Gottes Wort bemüht ist, wird schon von jenem Geist bewegt, der den konkreten Weg der Nachfolge zeigt.

d) Der Christ, der überzeugt ist, daß uns Gott in Jesus Christus schon vor Grundlegung der Welt erkannt und geliebt hat (vgl. Eph 1,4f), darf sich selbst, seine Anlagen und Fähigkeiten, seine Möglichkeiten und auch seine Grenzen als Hinweis auf jene Aufgaben sehen, die Gott uns stellt. Gleicherweise stellen die Fügungen des Lebens, die Umstände und Erfahrungen eine Vielzahl von Hinweisen dar, in welche Richtung der Wille Gottes weist. Und doch ist trotz all dieser Indizien Gott nie einer, der „berechnet" werden kann. Überraschungen, neue Wendungen gehören zu seinem Verhalten, weil er der unbegreiflich Liebende ist.

e) Jeder, der seinen Weg sucht, darf dies nicht aus dem Auge verlieren. Nur mit offenem und bereitem Herzen, im ständigen Hören und Tun des Wortes Gottes, im Sehen der Umstände unseres konkreten Lebens kann die Entscheidung, kann der konkrete Weg gefunden werden. Aber zugleich gilt, daß das Fragen nach dem Weg nie aufhören darf. Es gilt, auf dem einmal gefundenen Weg zu bleiben. Auch kommt es darauf an, diesen Weg in seinem konkreten Verlauf zu sehen; dies gelingt immer nur für kurze Zeit.

3.2 Verschiedene Berufungen

Wenn man von Berufungen spricht, denkt man wohl zunächst an die „kirchlichen Berufungen", an die „geistlichen Berufe" des Priesters und des Ordenschristen. Doch unsere Überlegungen über die Berufung jedes einzelnen sind nicht auf diese zweifellos für das Leben der

Kirche entscheidenden Berufungen eingeengt, sondern umfassen eine Vielzahl von Verwirklichungen.
Man kann diese verschiedenen Wege, zu denen Gott ruft, nach verschiedenen Gesichtspunkten gliedern:
a) Von der Lebensform her kann man von Berufungen zur Ehe (und Familie) und zur Ehelosigkeit sprechen. In beiden Fällen geht es um die Verwirklichung der Liebe in ihrer Fruchtbarkeit, denn auch die christliche Ehelosigkeit darf nicht zu einem nur ichbezogenen Verhalten werden, sie geschieht um eines höheren Wertes willen, „um des Himmelreiches willen".
b) Hinsichtlich des Tätigkeits- und Verantwortungsbereiches kann man Berufungen in der Kirche und in der Gesellschaft unterscheiden. Unter den kirchlichen Berufen ist das geistliche Amt, das im Weihesakrament übertragen wird, von besonderer Bedeutung; es stellt eine unwiderruflich ganzheitliche Ausrichtung auf den Dienst in der Kirche dar, ausgerichtet auf die Gegenwart Christi, des Herrn der Kirche, im Volk Gottes. Die Berufungen für die Gesellschaft stehen in einem engen Zusammenhang mit der Verantwortung des Christen für diese Welt, für ein besseres menschliches Zusammenleben.
c) Schließlich steht die Ordensberufung zwischen diesen beiden Formen von Berufungen: Einerseits ist diese Lebensform nur für den Glaubenden sinnvoll und verstehbar, andererseits kann die konkrete Tätigkeit dieser Ordensgemeinschaft bzw. dieses Ordenschristen durchaus im Bereich der Verantwortung für diese Welt liegen (Schule, Krankenpflege usw.). Dort, wo Ordensgemeinschaften ausschließlich der Pflege der Meditation und des Gebetes leben, entzieht sich diese Berufung in noch stärkerem Maß menschlicher „Bewertung" und feststellendem Nützlichkeitsdenken.

3. ABSCHNITT: BERUFUNGEN ALS TYPEN DER SPIRITUALITÄT

Alle sind zur Heiligkeit und Vollkommenheit des geistlichen Lebens berufen. Zugleich ist jeder einzelne von Gott angesprochen und gerufen. Insofern gibt es so viele Verwirklichungen von Spiritualität, als es Christen gibt. In dieser Vielfalt lassen sich aber Typen von Berufungen unterscheiden, die durch die Gleichartigkeit der Lebensumstände oder der Lebensform auch als Typen der Spiritualität angesprochen werden können. Im folgenden sollen die Spiritualität des Ordenschristen, des

Dienstes in der Kirche und des Lebens in Ehe und Familie eigens bedacht werden.

1. Die Spiritualität des Ordenslebens

1.1 „Drei evangelische Räte" – eine nicht eindeutige Kurzformel[12]

Die These, daß sich das Ordensleben vom gewöhnlichen Christsein durch die Gelübde der drei evangelischen Räte (der Ehelosigkeit, der Armut und des Gehorsams) unterscheide, ist eine allgemein akzeptierte Kurzformel für die Spiritualität der Ordenschristen.

1.1.1 Die „drei evangelischen Räte" in der Geschichte

a) In der Zeit der Kirchenväter wurde sehr deutlich die Einheit von Christsein und Vollkommenheit betont, d. h. man verwahrte sich gegen eine Zweiteilung des christlichen Weges im Sinn eines Qualitätsunterschiedes.[13] Origenes († 253/54), der selbst ein eheloses Leben führte, der häufig von Ehelosigkeit und Armut sprach, betonte, daß es über das Gebot der Liebe hinaus keine Vollkommenheit geben könne (vgl. Mt 19,19!); außerdem wies er darauf hin, daß der Verzicht auf die materiellen Güter allein keine Garantie des Erreichens der Vollkommenheit darstelle[14].
Auch Johannes Chrysostomus († 407) unterstrich sehr deutlich die Verpflichtung aller zur Vollkommenheit, die man nicht auf die Mönche einschränken dürfe.[15] Zugleich bemühte sich der Heilige, den Weg jener Christen, die in Armut und Ehelosigkeit leben, als umfassendere Manifestation der Liebe zu begreifen[16]. Augustinus († 430) betonte, daß alle Jünger Christi unterwegs sind zum gleichen Ziel, aber es bestehe die Möglichkeit, einen direkteren Weg zum Ziel einzuschlagen, den er im radikalen Verzicht auf Besitz und Ehe sieht[17].
Zusammenfassend kann man für die Zeit der Kirchenväter sagen, daß die Verpflichtung aller Getauften zur Vollkommenheit immer wieder unterstrichen wird, daß aber zugleich versucht wird, die besondere Eigenart des Lebens in Ehelosigkeit und Armut herauszustellen: als Weg, der geradlinig zum Ziel führt, der befreit von dem, was zerteilt (vgl. 1 Kor 7,34), der Ausdruck der überfließenden Liebe zu Christus ist. Nie ist aber die Rede von drei Räten; die monastische Lebensform wird als Ganzheit beschrieben, wenn auch die Ehelosigkeit und der Besitzverzicht als hervorstechende Kennzeichen betont werden.
b) Im frühen Mittelalter wird ausdrücklich unterschieden zwischen

den Geboten des Herrn, die alle Christen verpflichten, und den anderen, die nur die Mönche betreffen. In diese Richtung verweisen die Aussagen des Reformkonzils von Aachen 816 über die Lebensform der Kanoniker[18] sowie ein Text Urbans II. († 1099), in dem es heißt: „Die Heilige Kirche hat in ihren Anfängen zwei Lebensformen eingerichtet: Die erste umgibt die Ohnmacht der Schwachen mit Nachsicht, die zweite führt das selige Leben der Starken zur Vollkommenheit. Die erste bleibt in der Ebene, die zweite besteigt den Gipfel des Berges. Die erste befreit von den täglichen Sünden durch Tränen und Almosen, die zweite erwirbt ewige Verdienste durch inständiges und tägliches Gebet."[19]

c) Die klassische Formel von den drei evangelischen Räten tritt in Andeutungen erst um die Mitte des 12. Jahrhunderts auf. Die erste ausdrückliche Erwähnung findet sich in den Regeln des hl. Franz von Assisi († 1226): „Regel und Leben dieser Brüder ist dieses, nämlich zu leben in Gehorsam, in Keuschheit und ohne Eigentum und unseres Herrn Jesu Christi Lehre und Fußspuren zu folgen . . .".[20] Ähnlich erklärt Innozenz IV. 1247 bezüglich der Klarissen ausdrücklich, daß der Gehorsam, die Trennung vom Besitz und die immerwährende Keuschheit das Wesentliche jedes Ordenslebens ausmache[21].

d) Eine systematische Theorie der „evangelischen Räte" findet sich bei Thomas von Aquin († 1274). Die christliche Vollkommenheit besteht für ihn in der Erfüllung des Gebotes der Liebe, das keine Grenze kennt. Die „Räte" haben die Aufgabe, die Erfüllung des Hauptgebotes zu erleichtern.

1.1.2 „Drei evangelische Räte" – Das Gemeinte und das Nichtgemeinte

a) Die Hinweise auf die Geschichte zeigen die Tendenz, die zwei Wege der Gebote und der Räte als qualitativ unterschieden voneinander abzuheben; weiters wurde die monastische Lebensform schrittweise in die Formel von den „drei evangelischen Räten" ausgefaltet. Lange Zeit stand die Umschreibung der Lebensform in ihrer Ganzheit im Vordergrund, wie dies noch bei der Profeß der Benediktiner zum Ausdruck kommt: Der Mönch gelobt stabilitas (das Bleiben in der Ordensgemeinschaft) – conversatio morum (die konkrete monastische Lebensform) – oboedientia (Gehorsam als Einordnung in die Gemeinschaft und Unterordnung unter den Abt als Repräsentanten Christi)[22]. Auch in der Regel des hl. Franz steht die Nachfolge Christi im Vordergrund, konkretisiert an den Aspekten der Armut, der Ehelosigkeit und des Gehorsams.

b) Armut, Ehelosigkeit und Gehorsam sind je für sich auch nicht so leicht als „Räte", die das Evangelium gibt, darzutun[23]:

– Für den „Rat der Armut" hat man auf Mk 10,17–31 par. verwiesen, doch sind diese Worte für den Angesprochenen und für die Jünger so entschieden, daß sie nicht als bloßer „Rat" aufgefaßt werden können.

– Für den „Rat des Gehorsams" vermag man auf den Gehorsam Jesu zu verweisen (z. B.: Phil 2,6–11; Hebr 5,8; 10,7; Joh 4,34; 6,38–40; 17,4). Aber dies ist nicht primär gemeint, wenn man vom Rat des Gehorsams spricht. Wohl wird im Neuen Testament Gehorsam einer menschlichen Autorität gegenüber erwähnt (Gehorsam im staatlichen Bereich, in der Familie, in der Kirche), aber es gibt keinen Text, der zur Erreichung der Vollkommenheit die Unterwerfung des eigenen Willens unter den eines anderen Menschen „rät".

– Einen „Rat" im eigentlichen Sinn gibt es lediglich für die Ehelosigkeit. Man kann vor allem auf Mt 19,10–12 verweisen, wo von der Ehelosigkeit um des Himmelsreiches willen gesprochen wird, und auf 1 Kor 7,25, wo der Apostel für die Jungfrauen einen „Rat" gibt, aber über kein „Gebot" des Herrn in dieser Sache verfügt! Auch hier läßt sich trotz der Verwendung des Begriffes „Rat" fragen, ob ein „Rat" im Sinn der Theorie des Weges der Räte vorliegt.

c) Dieser Begriff des „Rates" muß in diesem Zusammenhang auch hinterfragt werden: Gemeint ist eine Weisung oder besser ein Hinweis des Evangeliums, der nicht für alle verpflichtend ist, aber empfohlen zur leichteren Erlangung der Vollkommenheit. Mit der Ablehnung einer Zweistufenethik im NT ist auch diesem Verständnis die Grundlage entzogen. Vor allem aber kann der Begriff „Rat" noch in einem anderen Sinn mißverstanden werden: Rat könnte als Empfehlung angesehen werden, die der „Beliebigkeit" des einzelnen anheimgestellt wäre. Im Sinn der Überlegungen zum Berufensein jedes einzelnen gilt aber, daß dort, wo jemand z. B. die Lebensform des Ordenschristen als seine ihm von Gott zugedachte Berufung erkennt, diese für ihn nicht mehr ein beliebiger Weg, sondern eine Verpflichtung ist.

d) Die Formel von den „drei evangelischen Räten" ist also nicht so eindeutig, wie sie scheint. Weder ist damit eine erschöpfende Darstellung des Ordenslebens gegeben, noch ist selbstverständlich, daß es sich um „drei" Räte handelt, die im Evangelium gegeben werden, noch sind sie für den Berufenen nur „Räte" im strengen Sinn.

1.2 Die neutestamentlichen Grundlagen des Ordenslebens

Das Ordensleben ist nicht unmittelbar von Jesus eingesetzt; wenigstens sagen die biblischen Texte darüber nichts aus. Aber manche radikale Texte, vor allem jene, die vom Hingeben des Besitzes und von der Ehelosigkeit sprechen, waren Impulse für ein Leben, in dem diese radikalen Worte im Mittelpunkt standen. Am Beginn stand nicht eine Überlegung über „drei Räte", sondern das Bestreben, diese radikalen Worte Jesu in einer die gewöhnlichen Lebensformen sprengenden Weise zu leben[24].

Schon im 2. und 3. Jahrhundert gibt es eine vormonastische, innergemeindliche Askese. Dazu gehörten vor allem im syrisch-palästinensischen Raum die Wanderapostel, die das Leben der urchristlichen Missionare weiterführten und damit das Ideal der „asketischen Heimatlosigkeit" zu verwirklichen suchten (vgl. 1 Petr 2,11; Hebr 11,38)[25], und in den Gemeinden Ehelose „um des Himmelreiches willen". Aus diesen Gruppen erwuchs im Lauf des 3. Jahrhunderts die eigentlich monastische, außergemeindliche Askese. Für Ägypten lassen sich die Anfänge dieser Lebensform am leichtesten nachvollziehen. Die Gestalt des Antonius († 356), der um 275, angeregt durch Mt 19,21 in die Wüste zog, stellt den ersten Typ der Wüstenaskese dar: die Lebensform des Eremiten (oder Anachoreten); das streng geordnete gemeinsame Leben von Mönchen, das Koinobitentum (Zönobitentum), ist mit dem Ägypter Pachomius († 346) verbunden.

Im einzelnen sind es vor allem zwei Motivfelder, die Christen zum Ordensleben angeregt haben: die radikalen Nachfolge-Worte Jesu und die Schilderungen der Apg über das Leben der Urgemeinde in Jerusalem.

1.2.1 Der Jüngerkreis und die Jesusnachfolge

Unter den großen Ordensregeln nehmen vor allem die Regeln des hl. Franz von Assisi († 1226) auf die Nachfolgeworte Bezug: Nach der grundlegenden Feststellung, daß die Brüder in Gehorsam, Keuschheit und ohne Eigentum leben sollen, erklärt die nichtbullierte Regel, daß sie der Lehre und den Fußspuren unseres Herrn Jesus Christus folgen sollten; diese allgemeine Aussage wird konkretisiert durch die Zitierung von Mt 19,21; 16,24; Lk 14,26 und Mt 19,29[26].

Heinz Schürmann hat in einer 1963 erstmals veröffentlichten Studie „Der Jüngerkreis Jesu als Zeichen für Israel (und als Urbild des kirchlichen Rätestandes)" den Versuch unternommen, den Ansatzpunkt der Nachfolge Christi für das Verständnis der Ordensberufung auszufalten.[27] Im folgenden soll der Gedankengang Schürmanns kurz skizziert werden.

a) Ausgangspunkt der Überlegungen ist die Feststellung, daß die Bildung des Kreises der Jünger, der Zwölf, eine zeichenhafte Handlung war. Nicht alle, die auf das Wort Jesu hörten (vgl. Lk 10,38–42; Mt 11,28–36) und sich glaubend zu ihm als Messias bekannten (vgl. Lk 12,8f; Mk 5,19), nannte man Jünger. Der ursprünglich umfangreichere Kreis (vgl. Joh 6,66) wurde auf die symbolische Zwölfzahl beschränkt (vgl. Mk 3,13–19). Damit erging an Israel eine große Verheißung: Die Wiederherstellung des Zwölfstämmevolkes war in Aussicht, wenn sich Israel bekehrt und Jesus als den Hirten anerkennt (vgl. dazu: Lk 12,32; 22,30b).
Noch deutlicher als die Verheißung war aber mit den Zwölf eine Forderung an Israel gerichtet: Wie diese Jünger Jesu die Verkündigung vom nahegekommenen Gottesreich gehört haben, sich bekehrten und Jesus folgten, so sollte ganz Israel auf das Wort Jesu hören und sich zu ihm bekennen.
So erhält der Jüngerkreis eine exemplarische Bedeutung; er macht sichtbar, was alle tun sollen: Hinwendung zu Jesus und Hören auf sein Wort (vgl. Lk 10,38–42; 11,27f). Der Jüngerkreis wird die „Familie Gottes“ (vgl. Mk 3,35), weil er den Willen Gottes tut.
b) Diesen Grundgedanken der Zeichenhaftigkeit des Jüngerkreises – und damit auch des Rätestandes – macht Schürmann in drei Gedankenkreisen deutlich:
– Sinn und Zweck des Jüngerkreises ist in Mk 3,13–19 in einer zweifachen Richtung umschrieben: Die Jünger sollen hörend und lernend bei Jesus bleiben, um dann verkündigend und wirkend in den messianischen Auftrag Jesu hineingenommen zu werden. Ähnlich verwirklichen die Ordenschristen ihre Berufung, wenn das Hören auf das Wort Gottes und das Zeugnis für Gott im Vordergrund steht. Ein Leben, das von diesen Forderungen her gestaltet ist, weist alle Christen auf die unverzichtbaren Dimensionen der Nachfolge hin.
– Um in den vorösterlichen Jüngerkreis aufgenommen zu werden, mußten „Aufnahmebedingungen“ erfüllt werden: „Gefügige Folgsamkeit“ als Eintreten in eine Lebensgemeinschaft, in eine Wirk- und Schicksalsgemeinschaft mit Jesus von Nazareth, und „Hauslosigkeit“ als Voraussetzung für dieses Mit-Jesus-Sein, denn nur wer sich aus allen Bindungen löst, wer sich trennt von Familie und Besitz, kann in die Lebensgemeinschaft mit Jesus eintreten.
Damit sind jene Elemente der Lebensform des Ordenschristen angesprochen, die wir als „evangelische Räte“ zu bezeichnen pflegen: Gehorsam als Fügsamkeit, Armut und Ehelosigkeit als Hauslosigkeit. Im vorösterlichen Jüngerkreis sind diese Aufnahmebedingungen die

Voraussetzung für das Eintreten in den Kreis der exemplarisch Hörenden. Für die Ordenschristen stellen diese Haltungen der „Räte" auch nicht die Vollkommenheit dar, sondern „machen standfest in einem Stand, der ein Zeichen gibt, sie machen zudem frei für das Hören und Befolgen des Wortes Jesu und dessen lehrende und wirkende Bezeugung" (H. Schürmann)[28].

– Schließlich wird die Zeichenhaftigkeit der Jüngergemeinschaft in einem dritten Gedankenkreis nochmals deutlich gemacht, wo Schürmann auf die Jünger-Räte und die Gemeinschaftsregeln zu sprechen kommt. Mit den „Jünger-Räten" sind jene Weisungen gemeint, die die Aufnahmebedingungen vertiefen und unterstreichen. Die „Gemeinschaftsregeln" verweisen darauf, daß es im Jüngerkreis keine „Ersten" geben sollte, sondern „Letzte", Diener. Auch die Mahnungen zur Vergebung und Hilfsbereitschaft sollen darauf hinweisen, daß die Jüngergemeinschaft als Leben der Einheit, geboren aus der Bruderliebe, Zeichen für die Welt sein soll. Ähnlich soll das Ordensleben den Christen ein brüderliches Miteinander, ein Einssein in Liebe bezeugen.

c) Im wörtlichen Sinn gab es die beschriebene Jüngerschaft nur so lange, als der Herr leiblich auf Erden weilte. „Wenn auch alle Christusgläubigen in der Kirche nun in der nachösterlichen Situation in der angegebenen Weise Jesus ‚nachfolgen' können, und so seine ‚Jünger' sind – es fehlt bei solcher ‚Nachfolge' und ‚Jüngerschaft' doch etwas, was uns gerade für den Jüngerkreis Jesu charakteristisch schien: die Zeichenhaftigkeit. Gibt es nicht auch nach Ostern noch die Möglichkeit, sich in einer derartig ostentativen Weise dem Wort Gottes gegenüber hörend zu verhalten und sich bezeugend (lehrend und wirkend) zu ihm zu bekennen, wie es die Jünger tun sollten, die Jesus zu diesem Zweck vor Ostern um sich sammelte?" Mit dieser Frage weist Schürmann auf den Rätestand hin, der im Jüngerkreis ein Urbild seiner Sendung sehen könnte[29].

1.2.2 Die Urgemeinde der Apostelgeschichte[30]

In den Zeugnissen des alten Mönchtums findet sich sehr häufig ein Hinweis auf die Gemeinschaft der Urgemeinde in Jerusalem, so z. B. bei Pachomius († 346), Basilius († 379) und vor allem bei Augustinus († 430). Am Beginn seiner Mönchsregel wird als Ziel formuliert: „In Eintracht zusammenwohnen und ein Herz und eine Seele in Gott sein" (Apg 4,32)[31].

a) Die monastische Tradition sah diese urkirchliche Gemeinschaft als

das „apostolische Leben“[32] an. Im einzelnen sah man diese Lebensform zum Ausdruck gebracht:
– Apg 2,43–47: Die Urgemeinde wird dargestellt als eine Gemeinschaft, in der alles gemeinsam war. Sie lobten Gott und waren beim Volk beliebt. Sie brachen das Brot und hielten miteinander Mahl.
– Apg 4,32–37: In diesem Text wird besonders die Gütergemeinschaft zum Ausdruck gebracht: „Die Gemeinde der Gläubigen war ein Herz und eine Seele. Keiner nannte etwas von dem, was er hatte, sein Eigentum, sondern sie hatten alles gemeinsam. . . . Es gab auch keinen unter ihnen, der Not litt.“ (v. 32.34a)
– Apg 5,12–16: In diesem Abschnitt ist die Rede von den Zeichen und Wundern der Apostel, die die Gemeinde als Quelle des Segens zeigen.
b) Diese Gemeinde – und damit auch die Ordensgemeinschaft, die dieses Bild von Gemeinde leben möchte – ist vor allem durch zwei Momente gekennzeichnet:
– durch die lebendige Gemeinschaft mit dem Herrn, der in den Worten der Zeugen spricht und gehört wird und der in den gottesdienstlichen Versammlungen gegenwärtig ist, und
– durch den Dienst am Evangelium im Lebenszeugnis der Gemeinde und in der Verkündigung der Frohen Botschaft durch die Berufenen.

1.2.3 Zusammenfassung

In der Bezugnahme auf die Texte der Nachfolge und auf die Beschreibungen der Urgemeinde haben die alten Mönchsregeln eine Selbstinterpretation geboten, eine Erklärung ihres Lebensvollzuges angedeutet: Es geht dem Ordenschristen um Nachfolge Christi, um ein Leben der radikalen Forderungen Jesu; es geht zugleich um die Verwirklichung von Kirche als Gemeinschaft mit dem Herrn und miteinander zum Zeugnis des Evangeliums für die Welt.

1.3 Gesichtspunkte einer Theologie des Ordenslebens[33]

Wer in einer Ordensgemeinschaft nach einer Zeit der Erprobung die Profeß ablegt, gelobt vor Gott Armut, Ehelosigkeit und Gehorsam in der betreffenden Gemeinschaft; dies geschieht „öffentlich“ vor der Kirche. Mit den Gelübden stellt sich der Aspirant des Ordenslebens für immer, mit seinem ganzen Leben auf den Weg der radikalen Nachfolge Christi, die sich nicht in den drei evangelischen Räten erschöpft, die aber darin einen konkreten Ausdruck findet.
In diesem Geschehen sind schon die wesentlichen Gesichtspunkte

einer theologischen Betrachtung des Lebens der „Räte“ angedeutet: Es entsteht die Frage nach dem Verhältnis dieser Lebensweise zum Leben des „gewöhnlichen“ Christen, sowie die Frage nach der Bedeutung des Ordenslebens für das gesamte Gottesvolk der Kirche.

1.3.1 Der Ordenschrist und der „gewöhnliche“ Christ

a) Grundlage jeder christlichen Berufung ist die Taufe; darin ereignet sich ein Zusammenwachsen mit dem Tod Christi (vgl. Röm 6, 3–11). Auf Grund dieser Einbürgerung in eine neue Welt sind alle Christen Pilger und Fremdlinge (vgl. 1 Petr 2,11). In dieser Christusgemeinschaft der Taufe ist auch die Teilnahme an der Sendung Christi für diese Welt eingeschlossen; alle Getauften sind durch den Herrn in Dienst genommen. Alle haben in der Taufe dem Herrn lebenslange Treue gelobt. Die Unterscheidung von Ordenschristen und „gewöhnlichen“ Christen geschieht daher nicht auf dieser Ebene: „Man kann, grundsätzlich gesehen, der Welt nicht mehr oder weniger abgestorben sein, sowenig man grundsätzlich der Welt in der Liebe Christi mehr oder weniger zugewandt sein kann. Weltabgewandtheit und Weltzugewandtheit sind beides keine christlichen Kategorien, vor allem nicht, wenn sie einzeln verwendet oder gegeneinander ausgespielt oder auf verschiedene Gruppen von Christen verteilt werden. Eine einzige Weihe an Christus kennzeichnet die Gläubigen, in der Nachfolge von Christi eigener Hinweihung für die gesamte Welt (Joh 17,9), und innerhalb der gleichen Weihe erhält jeder sein eigenes Charisma (1 Kor 7,7).“ (Hans Urs von Balthasar)[34]

b) Die Unterscheidung der Ordenschristen von „gewöhnlichen“ Christen kann auf folgenden Wegen geschehen:

– Ein erster Ansatz, den auch Hans Urs von Balthasar [35] verfolgt, geht vom Modell der Jüngerberufung und der Beziehung der Jünger zu den anderen auf Christus Hörenden aus. Dabei lassen sich zwei „Bewegungen“ unterscheiden, die beide Ausdruck der Liebe sind: „Die einen, Herausgerufenen, stehen beim Herrn und gehen mit ihm, seiner Menschwerdungsbewegung vom Vater zur Welt folgend, zu den Menschen, in christlicher Sendung, um zu ihm zurückzukehren, den ruhenden Punkt in ihm zu haben. Die anderen stehen ‚in der Welt‘, aber mit der inneren Unruhe, die sie immerfort neu transzendieren läßt: Ausschau haltend, wo er weilen möchte, ihm harrend, hoffend, und wenn sie erhalten haben, dankend und lobpreisend.“ (Hans Urs von Balthasar)[36]

– Ein zweiter Ansatz, den der kanadische Theologe J. M. R. Tillard[37] vorlegt, geht von der Taufgnade aus, näherhin von der damit gegebenen Spannung zwischen dem „Schon" der Heilsgegenwart, der Christusgemeinschaft, und dem „Noch-nicht" der Vollendung. Der Ordenschrist – so Tillard – entschließt sich, den Akzent des „Schon" zu leben; er verwurzelt sich im Allein-Notwendigen, das im Getauftsein jedes Christen gegeben ist. Dieses Leben im „schon" gegenwärtigen Reich Gottes drückt der Ordenschrist aus, indem er in den Gelübden der Armut, der Ehelosigkeit und des Gehorsams auf wesentliche Werte menschlicher Verwirklichung verzichtet.

c) Damit läßt sich das Wesentliche des Ordenslebens umschreiben, ohne damit den „in der Welt" lebenden Christen abzuwerten:

– Karl Rahner sieht die evangelischen Räte als „konkrete, greifbare Realisation des (liebenden und hoffenden) Glaubens an die weltüberlegene Gnade Gottes als unser Heil".[38] Das bedeutet nicht, daß hoffender und liebender Glaube nur im Ordensleben zum Ausdruck käme. „Der Akt der Annahme der Welt als heilbarer und zu heiligender ist ebenso Vollzugsgestalt des Glaubens. Aber in der Entsagung allein kommt das Spezifische des Glaubens als Annahme der überweltlichen Gnade Gottes zur Erscheinung."[39]

– Hans Urs von Balthasar sieht den Rätestand als „Darlebung der reinen Lebensform Kirche".[40] Denn zum Wesen christlichen Lebens und christlicher Nachfolge gehört es, enteignet zu sein, in jungfräulicher Liebe Christus gegenüberzustehen, in letzter Bereitschaft und Hingabe. Für Balthasar stellt die Jungfrau Maria die umfassende Verwirklichung dieser Lebensform dar; so ist sie Urbild und Anfang der Lebensform Kirche. Das Leben der evangelischen Nachfolge ist eine gekreuzigte Existenz.

1.3.2 Die zeichenhafte Bedeutung des Ordenslebens für Kirche und Welt

a) Schon durch die Bezugnahme auf die Darlegungen der Apg über das Leben der Urgemeinde in manchen Ordensregeln wird deutlich, daß mit dem Leben der Räte nicht nur radikale Nachfolge des einzelnen, sondern eine Verwirklichung von Kirche als brüderlicher Gemeinschaft angestrebt ist.

Auch die eben zitierte These von Balthasars zeigt die kirchliche Dimension dieser Lebensform der Nachfolge.

b) Das Ordensleben ist ein prophetisches Zeichen für die Kirche, näherhin ein eschatologisches Zeichen, insofern dem ganzen Gottesvolk die Züge des „neuen Menschen" vor Augen geführt werden, die

Existenzweise im schon gegenwärtigen Gottesreich. Der Ordenschrist verkündigt durch sein ganzes Leben jenen, der kommt.[41]
c) Auch Karl Rahner betont in seiner theologischen Reflexion des Lebens der Räte sehr eindringlich die ekklesiologische Bedeutsamkeit dieser Lebensform. Wenn die Kirche insgesamt eine Gemeinschaft ist, die glaubend nach dem Weltjenseitigen ausgreift und von der Gnade Christi siegreich ergriffen ist, dann sind die Räte insofern ein eschatologisches Zeugnis, „als sie jenen Glauben objektivieren und erscheinen lassen, der hoffend auslangt nach dem Künftigen, das die Vollendung der Gnade ist, die in diesem Glauben angenommen wird“[42].

1.4 Säkularinstitute – Leben nach den evangelischen Räten „mitten in der Welt“[43]

Die Behandlung der Lebensform der Säkularinstitute (auch „Weltliche Institute“ oder „Weltgemeinschaften“ genannt) ist im Abschnitt über die Spiritualität des Ordenslebens eigentlich fehl am Platz, da diese Gemeinschaften keine Orden sind. Nur Laien und Weltpriester können Weltgemeinschaften bilden und deren Mitglieder sein. Allerdings liegt das diese Institute mit den Orden Verbindende gerade in der Entscheidung, ein Leben lang nach den „evangelischen Räten“ zu leben.

1.4.1 Das Werden der Lebensform[44]

a) Als „Erfinder“ der Lebensform der „Weltgemeinschaften“ kann der Jesuit Pierre-Joseph Picot de Clorivière († 1820)[45] gelten. Da die Gesellschaft Jesu von 1773 bis 1814 aufgehoben war, sammelte er eine Gemeinschaft von Priestern, die den Geist des Ordens pflegen und seine Wiederherstellung in Frankreich vorbereiten sollten. Am 2. Februar 1791 konstituierte sich diese „Gesellschaft vom Herzen Jesu“ (Société du Coeur de Jésus) mit Billigung des Bischofs durch die Weihe an Christus den König. Die Gemeinschaft erlitt durch die weitere Entwicklung, nicht zuletzt durch den Tod des Gründers, empfindliche Rückschläge und scheint nach 1840 nicht mehr bestanden zu haben. Allerdings erweckte 1918 der Pariser Pfarrer Daniel-Marie Fontaine († 1920) diese Gesellschaft zu neuem Leben: Am 2. Februar 1952 erhielt diese Priestergemeinschaft die endgültige Anerkennung als „Institutum saeculare“ durch den Heiligen Stuhl.
P. de Clorivière steht auch an der Wiege des ersten Weltinstituts für Frauen: Er gründete 1790 gemeinsam mit Mademoiselle Adelaide de Cicé eine Genossenschaft von Frauen ohne Ordenstracht und

Gemeinschaftsleben, aber gebunden durch Gelübde, die in Diözesen und Pfarren zur Unterstützung der Seelsorger wirken sollten. Diese „Gesellschaft der Töchter vom Herzen Mariens“ (Société des Filles du Coeur de Marie) ist allerdings 1853 unter Pius IX. eine Kongregation päpstlichen Rechtes geworden.

b) Das Lebensideal der Weltgemeinschaften erfuhr gesamtkirchliche Anerkennung in der Apostolischen Konstitution Pius' XII. „Provida Mater Ecclesia“ vom 2. Februar 1947 und dem Motuproprio „Primo feliciter“ vom 12. März 1948[46].

Das 2. Vatikanische Konzil erwähnt im Dekret über das Ordensleben die „Weltinstitute“ und deutet dabei die wesentlichen Kennzeichen dieser Lebensform an: Die Weltgemeinschaften sind keine Ordensgemeinschaften, erfordern aber dennoch „eine wahre und vollkommene, von der Kirche gutgeheißene Verpflichtung zu einem Leben nach den evangelischen Räten in der Welt“[47].

1.4.2 Die wesentlichen Elemente dieser Lebensform

Jean Beyer SJ, der als einer der bedeutendsten Experten für die theologischen und kirchenrechtlichen Aspekte dieser Lebensform angesprochen werden kann, sieht die Wurzeln der Säkularinstitute im Leben Jesu in Nazareth: Darin wird „das Ideal eines weltlichen Lebens, ein Apostolat der Gegenwart unter den Menschen, das Eingefügtsein in ein bestimmtes Milieu sichtbar“. „Der Christus für die Mitglieder der Säkularinstitute ist der diskrete Christus, der Emmauspilger, der Christus, der Maria Magdalena erscheint, ohne sich direkt zu erkennen zu geben“[48].

a) Diese Lebensform ist geprägt durch die Hingabe an Gott und an die Menschen. Schon in der Taufe ereignet sich eine Vereinigung mit Christus in dessen Hingabe an den Vater und an die Menschen.

Das Mitglied des Säkularinstituts möchte ausdrücklich diese Hingabe an Gott in der Welt und für die Welt leben. Konkretisiert wird diese „Weihe“ in der Verpflichtung auf die evangelischen Räte. Die Gemeinschaft mit dem Tod und mit der Auferstehung Jesu wird konkret: im Aspekt der Armut, die allerdings nicht uniform sein kann, sondern den Aufgaben und Lebensumständen des Mitgliedes angepaßt – im Aspekt des Gehorsams, der vor allem auf Gott und seinen Ruf gerichtet ist, der in den Lebensumständen, aber auch in der Lebensregel an den einzelnen ergeht – im Aspekt der Ehelosigkeit, die für eine umfassende Liebe und Verfügbarkeit freimachen soll.

b) Diese Lebensweise der Hingabe an Gott ist aber im Unterschied zum Ordensleben durch die „Welthaftigkeit" bestimmt. Das Apostolat und die Sendung der Mitglieder der Weltgemeinschaften ist ein Apostolat der Gegenwart mitten in der Welt, in einem Beruf mit all seiner Verantwortlichkeit. „Das Lebenszeugnis der Weltgemeinschaften soll getreulich nicht nur in der Welt, sondern gleichsam aus dem Innern der Welt hervor ausgeübt werden, somit in Berufsformen, Gestalten, Orten und Umständen, die der welthaften Daseinsweise angemessen sind". (Pius XII.)[49]

2. *Die Spiritualität des Priesters*[50]

Das völlige In-Dienst-Genommenwerden eines Menschen von Christus für die Kirche im Weihesakrament bedingt im Gesamt der christlichen Spiritualität eine besondere Akzentsetzung. Diese soll im folgenden herausgestellt werden; die theologischen Grundlinien des geistlichen Amtes werden dabei vorausgesetzt.[51]

2.1 Ansätze priesterlicher Spiritualität im Neuen Testament[52]

Neben den Aussagen der Evangelien über den Kreis der „Zwölf", können Hinweise auf das Priestersein vor allem an der Gestalt des Apostels Paulus abgelesen werden.

a) Paulus betont wiederholt, daß er „berufener Apostel" ist (vgl. Röm 1,1; Gal 1,15): Er ist nicht von Menschen gesandt, sondern vom auferstandenen Herrn (vgl. Gal 1,1; 1 Kor 9,1; 15,8).

Die Grundrichtung dieser Berufung drückt er 2 Kor 5,20 aus: „Wir sind also Gesandte an Christi Statt, und Gott ist es, der durch uns mahnt. Wir bitten an Christi Statt: Laßt euch mit Gott versöhnen!"

b) Als „Mitarbeiter Gottes" (1 Kor 3,9; vgl. 1 Thess 3,2) geht es dem Apostel nicht um seine eigene Ehre und um seinen Vorteil. Er trägt das Todesleiden Jesu an seinem Leib, er ist verachtet, dem Spott ausgeliefert (vgl. 2 Kor 4,7–6,10; vgl. 1 Kor 4,9–13).

c) Diese Berufung bedeutet letzte Verfügbarkeit: Treue zum Auftrag des Herrn, auch in widrigen Situationen, totale Hingabe und voller Einsatz in der Verkündigung des Evangeliums.

2.2 Akzente im Rahmen der Geschichte christlicher Spiritualität[53]

a) In der Zeit der Kirchenväter war der Bischof das Bild des Seelsorgers. Zeugnisse priesterlicher Spiritualität sind die großen Bischöfe der

Ost- und Westkirche in ihrem seelsorglichen Einsatz und in ihrer Bemühung um die Verkündigung des Wortes Gottes. Als beispielhafte Darlegung priesterlicher Berufung können die Schrift des hl. Johannes Chrysostomus († 407) über das Priestertum[54] und die „Pastoralregel" des hl. Papstes Gregor des Großen († 604) gelten.[55]
b) Die mittelalterliche Theologie sieht das Priestersein in besonderer Weise mit der Eucharistie verbunden; zu diesen Vollmachten über den wahren Leib Christi kommen aber auch Vollmachten hinsichtlich des „mystischen" Leibes Christi, der Kirche. Am Konzil von Trient wurde 1563 das Wesen des neutestamentlichen Priestertums (vor allem gegenüber der Bestreitung durch die Reformatoren) in der Vollmacht der Konsekration und der Absolution gesehen[56]. Zugleich kam aber in den Reformdekreten des Konzils auch das Anliegen der pastoralen Sorge, im besonderen die Aufgabe der Verkündigung des Gotteswortes zum Ausdruck.[57]
c) In der „Ecole française" des 17. Jahrhunderts, jener spirituellen Schule, die von Kardinal Bérulle († 1629) ausgeht, wurde die priesterliche Frömmigkeit als Schwerpunkt gesehen. Diese ruht auf einer priesterlichen Christologie auf: Christus ist durch die Inkarnation *der* Priester. Er ist der „Anbeter" des Vaters, er bringt sich zum Opfer dar, er ist ganz auf unsere Heiligung und Versöhnung mit Gott ausgerichtet. Die erste Pflicht des Priesters ist also die Anbetung und der Kult, doch wird auch das Gesandtsein, das missionarische Element in diesem Ansatz betont.[58]

2.3 Grundlinien priesterlicher Spiritualität heute

Die Neubesinnung auf die Kirche, die in den Dokumenten des 2. Vatikanischen Konzils einen wesentlichen Ausdruck erfahren hat, führte auch zu einer Neubesinnung auf die Funktion des Amtsträgers, des Priesters[59].
a) Das 2. Vatikanische Konzil hat die in der vorangegangenen Geschichte bisweilen allzu getrennten Gesichtspunkte eines stärker kultisch oder stärker missionarisch orientierten Verständnisses des Priestertums zu verbinden gesucht.
Der Priester steht im großen Horizont der Sendung der Kirche als Sakrament des Heiles für alle. Seine Aufgabe ist engstens verbunden mit der Sendung des Bischofs. Daher ist die Funktion des Priesters stark geprägt durch die Verkündigung des Wortes, die im wirksamen Wort der Sakramente, vor allem in der Feier der Eucharistie ihre

größte Dichte erfährt. Zugleich ist der Priester hingeordnet auf den Dienst der Gemeinde, auf die Sorge um die Welt.
b) Die tiefste Dimension des Priesterseins ist in einem Zweifachen gegeben: Der Priester ist berufen, „in persona Christi" zu handeln, Christus, den Herrn der Kirche, der Gemeinde gegenüber gegenwärtig und lebendig darzustellen; er ist aber zugleich berufen, „in persona ecclesiae" zu handeln, Kirche zu repräsentieren, im Namen des Gottesvolkes stellvertretend vor Gott zu stehen.
c) Aus diesem Priestersein ergibt sich die priesterliche Spiritualität: Dieses In-Dienst-Genommenwerden setzt die Bereitschaft voraus, sich ganz in diese Berufung hineinzugeben. Das konkrete Leben der Berufung ist – wie für jeden Christen – der Weg zur Heiligung. Die Ernsthaftigkeit der Verfügbarkeit des Priesters kommt in der Ehelosigkeit um des Himmelreiches willen zum Ausdruck[60].

3. *Die Spiritualität des Lebens in Ehe und Familie*[61]

Für viele Christen ist das Leben in Ehe und Familie die konkrete Berufung, eine wesentliche Aufgabe ihres In-der-Welt-Seins. Dadurch erhält ihre Verwirklichung christlicher Spiritualität einen deutlichen Akzent.

3.1 Ehe und Familie als Gestalt geistlichen Lebens in der Bibel[62]

a) Die biblischen Schöpfungsberichte zeichnen das Verhältnis von Mann und Frau als Miteinander und Zueinander: Dies kommt sowohl beim Jahwisten zum Ausdruck (vgl. im besonderen Gen 2,18.21–25) als auch in der Priesterschrift, wo die Gottebenbildlichkeit des Menschen und das Verhältnis von Mann und Frau in einem Atem genannt werden (Gen 1,27).
b) Für das christliche Eheverständnis ist aber von Bedeutung, daß der Bund Gottes mit den Menschen in der prophetischen Literatur mit dem Verhältnis von Mann und Frau in der Ehe verglichen wird (vgl. Hos 1,3; Jer 2,3.31; Ez 16,23; Jes 54,62). „Die Ehe ist also gleichsam die Grammatik, mit deren Hilfe Gottes Liebe und Treue zur Sprache kommt." (Walter Kasper)[63]
c) In der Reich-Gottes-Verkündigung klingt das Bild von der Hochzeit an (vgl. Mk 2,19; Joh 3,29): Gottes endgültiges Ja an die Menschheit in Jesus Christus bedient sich ebenfalls dieser „Grammatik": Jesus ist der Bräutigam des neuen, wahren Gottesvolkes.
Die Betonung der Treue und Unauflöslichkeit dieser Gemeinschaft

von Mann und Frau (Mt 5,32; 19,3–9; Mk 10,2–12; Lk 16,18) ist nicht zuletzt Ausdruck jener radikalen Treue Gottes zum Menschen, die auch in der menschlichen Ehegemeinschaft – getragen von Gottes Liebe – verwirklicht werden soll. Zugleich ist das Wort von der „Herzenshärte" (Mt 19,8; Mk 10,5) ein Hinweis auf die Bedrohung dieser menschlichen Gemeinschaft durch den Menschen selbst. In der Kraft und Nachfolge Jesu ist es aber möglich, dieser Bedrohung zu widerstehen.

d) In der Verkündigung der apostolischen Kirche wird vor allem in den „Haustafeln" die Ehe als Ort christlicher Bewährung genannt. Das Verhalten von Mann und Frau, Eltern und Kindern soll sich an der Liebe, Treue und Hingabe Christi und seiner Kirche orientieren (vgl. Kol 3,18f; 1 Petr 3,1–7; 1 Tim 2,8–15; Tit 2,1–6). Die „Haustafel" des Epheserbriefes verdient mit ihren Ausführungen über die Ehe aber besondere Beachtung (Eph 5,22–33): Der Bund von Mann und Frau ist Abbild und vergegenwärtigendes Zeichen der in Jesus Christus und durch die Kirche ein für allemal geschenkten Liebe und Treue Gottes.

e) Für die Spiritualität der Ehe sind damit schon entscheidende Akzente gesetzt: Die Qualität der Ehe als Abbild der Liebesgemeinschaft von Christus und Kirche stellt eine Aufgabe dar: Diese Liebeshingabe in Bereitschaft und Verfügbarkeit, im Ertragen und Verzeihen soll trotz der Herzenshärte der Menschen gelebt und verwirklicht werden.

3.2 Ehespiritualität in der Geschichte der christlichen Spiritualität

a) In der Zeit der Kirchenväter sind verschiedene, teils gegenläufige Tendenzen wirksam[64]:

– Johannes Chrysostomus († 407) tritt sehr energisch einer Tendenz zur Geringschätzung der Frau entgegen und verweist auf die Gefahr des männlichen Egoismus, der überwunden werden müßte.

– Augustinus († 430) sieht die Heiligkeit der Ehe in der Keuschheit gegeben; der geistliche Fortschritt liegt in der Annäherung an die Enthaltsamkeit.

b) Allmählich bahnte sich im Spätmittelalter eine positivere Ehe-Spiritualität an: Einzelne Prediger und geistliche Schriftsteller sprechen vom „Ordo coniugatorum", von der Ehe als Lebensform, die Gott selbst eingesetzt hat. Beginnend mit dem 16. Jahrhundert finden sich in der spirituellen Literatur Texte und Schriften, die sich direkt an die Eheleute wenden[65].

c) Eine Wende in der Ehespiritualität zeigte sich mit der Enzyklika „Casti connubii" Pius' XI. 1930 an, in der erstmals auch personalistische Elemente anklingen. In der Folge erschienen namhafte Studien, die die Theologie der Ehe und damit auch die Verwirklichung christlichen Lebens in dieser Lebensform zum Ziel hatten.

3.3 Die Heiligkeit in Ehe und Familie[66]

Eine Frucht der intensiven Bemühung um eine Theologie der Ehe und Familie in den ersten Jahrzehnten unseres Jahrhunderts stellt das Ehekapitel in der Pastoralkonstitution des 2. Vatikanischen Konzils „Die Kirche in der Welt von heute" dar.[67]
a) Die Ehe entsteht „durch den personalen freien Akt, in dem sich die Eheleute gegenseitig schenken und annehmen"[68]. In dieser innigen Verbundenheit der Personen und ihres Tuns geschieht gegenseitige Hilfe und gegenseitiger Dienst. Dieses Sichschenken ist zugleich auf die Zeugung und Erziehung der Nachkommenschaft hingeordnet und findet darin ihre Krönung.
b) Umfangen und begründet ist diese Wirklichkeit in der Liebeshingabe Jesu. „Der Erlöser der Menschen und der Bräutigam der Kirche" begegnet „durch das Sakrament der Ehe den christlichen Gatten".[69]
c) Das Leben dieser Berufung – angesichts der bleibenden Bedrohung durch die Herzenshärte – ereignet sich im Heiligen Geist. „Im Geist Christi, durch den ihr (d. h. der Ehegatten) ganzes Leben mit Glaube, Hoffnung und Liebe durchdrungen wird, gelangen sie mehr und mehr zu ihrer eigenen Vervollkommnung, zur gegenseitigen Heiligung und so gemeinsam zur Verherrlichung Gottes."[70]

Anmerkungen

1 Vgl. J. M. R. Tillard, Le fondement évangélique de la vie religieuse, in: Nouvelle Revue théologique 91 (1969) 916–955; F. Wulf, Kommentar zum 5. und 6. Kapitel der Dogmatischen Konstitution über die Kirche, in: LThK. Das 2. Vatikanische Konzil, Teil 1, Freiburg 1966, 285–286
2 Vgl. die klassische Darstellung dieser Lehre in: J. M. R. Tillard, Devant Dieu et pour le monde. Le projet des religieux, Paris 1975, 102f
3 Vgl. S. Légasse, L'appel du riche (Marc 10,17–31 et parallèles). Contribution à l'étude des fondements scripturaires de l'état religieux, Paris 1966
4 R. Schnackenburg, Die Vollkommenheit des Christen nach Matthäus, in: ders., Christliche Existenz nach dem Neuen Testament. Abhandlungen und Vorträge Bd. 1, München 1967, 131–155 (Zitat: 151)
5 Vgl. F. Wulf, Kommentar (s. Anm. 1), 284–287
6 Vgl. J. Guillet, Vocation, in: VTB 1373–1376
7 Ignatius von Loyola, Der Bericht des Pilgers. Übersetzt und erläutert von B. Schneider, Freiburg ³1977

8 Exerzitienbuch Nr. 23
9 Exerzitienbuch Nr. 169–189
10 Exerzitienbuch Nr. 189
11 Vgl. dazu die Thesen von Karl Rahner in: Über die Frage einer formalen Existentialethik, in: Schriften zur Theologie II 227–246; Der Anspruch Gottes und der Einzelne, in: Schriften zur Theologie VI 521–536; Vom Offensein für den je größeren Gott. Zur Sinndeutung des Wahlspruches „Ad maiorem Dei gloriam“, in: Schriften zur Theologie VII 32–53; vgl. zu diesem Fragenkreis auch: H. U. v. Balthasar, Christlicher Stand, Einsiedeln 1977
12 Vgl. dazu: E. Ranwez, Morale et perfection, Tournai 1959
13 Vgl. dazu: I. Hausherr, Christliche Berufung und Berufung zum Mönchtum nach den Kirchenvätern, in: G. Thils – K. Vl. Truhlar (Hrsg.), Laien und christliche Vollkommenheit, Freiburg 1965, 30–114
14 Commentarium in Evangelium secundum Matthaeum XV 14.16 (GCS XL 385f.395f)
15 Adversus oppugnatores vitae monasticae 3,14 (PG 47,372–375)
16 Ebda 3,15 (PG 47,375–376)
17 Vgl. den Überblick über die diesbezüglichen Aussagen des hl. Augustinus bei J. M. R. Tillard, Devant Dieu et pour le monde (s. Anm. 2) 111–113
18 Vgl. J. de Guibert, Documenta ecclesiastica christianae perfectionis studium spectantia, Rom 1931, 69f (Nr. 116f)
19 Confirmatio erectionis canonicae S. Mariae in Rettenbach (PL 151,338)
20 Franz von Assisi, Nicht bullierte Regel, 1. Kapitel (deutsche Übersetzung in: L. Hardick – E. Grau [Hrsg.], Die Schriften des heiligen Franziskus von Assisi, Werl/Westfalen 1981, 108f); vgl. auch Bullierte Regel, 1. Kapitel (deutsche Übersetzung: a.a.O. 99)
21 Darauf verweist J. M. R. Tillard, Devant Dieu et pour le monde (s. Anm. 2) 122
22 Regula Benedicti Kap. 58, 17: „Suscipiendus autem in oratorio coram omnibus promittat de stabilitate sua et conversatione morum suorum et oboedientia . . .“ (Die Benediktusregel. Lateinisch – deutsch. Herausgegeben von B. Steidle, Beuron ^{3}1978, 162f)
23 Vgl. J. M. R. Tillard, Le fondement évangélique (s. Anm. 1) 923–931
24 Vgl. K. S. Frank, Grundzüge der Geschichte des christlichen Mönchtums, Darmstadt 1975; Théologie de la vie monastique. Études sur la Tradition patristique, Paris 1961
25 Vgl. 3. Kap. Anm. 258
26 Vgl. Anm. 20
27 H. Schürmann, Der Jüngerkreis Jesu als Zeichen für Israel (und als Urbild des kirchlichen Rätestandes), in: ders., Ursprung und Gestalt. Erörterungen und Besinnungen zum Neuen Testament, Düsseldorf 1970, 45–60
28 Ebda 57
29 Ebda 58f
30 Vgl. J. M. R. Tillard, Le fondement évangélique (s. Anm. 1) 940–943
31 Vgl. Die Regel des hl. Augustinus. Mit Einführung und Erklärung von A. Zumkeller, Würzburg 1962, 9
32 Vgl. M. H. Vicaire, L'imitation des Apôtres, Paris 1963
33 Vgl. außer den im folgenden zitierten Werken von H. U. v. Balthasar und K. Rahner: F. Wulf – C. Bamberg – A. Schulz (Hrsg.), Nachfolge als Zeichen. Kommentarbeiträge zum Beschluß der Gemeinsamen Synode der Bistümer in der Bundesrepublik Deutschland über die Orden und andere geistliche Gemeinschaften, Würzburg 1978; R. Bock – G. Domann (Hrsg.), Riskierte Brüderlichkeit. Orden und Kommunitäten, Olten 1979; J. B. Metz, Zeit der Orden? Zur Mystik und Politik der Nachfolge,

Freiburg 1977; P. van Breemen, Gerufen und gesandt. Gedanken zur Nachfolge, Würzburg 1979

34 H. U. v. Balthasar, Zur Theologie des Rätestandes, in: St. Richter (Hrsg.), Das Wagnis der Nachfolge, Paderborn 1964, 9–57 (Zitat: 56f)

35 Vgl. auch H. U. v. Balthasar, Vom Ordensstand, in: ders. (Hrsg.), Die großen Ordensregeln, Einsiedeln ^{3}1974, 7–31

36 H. U. v. Balthasar, Zur Theologie des Rätestandes (s. Anm. 34) 22

37 J. M. R. Tillard, Devant Dieu et pour le monde (s. Anm. 2) 282–297; vgl. auch ders., Religieux, un chemin d'évangile, Brüssel ^{5}1978; ders., Appel du Christ . . . Appels du monde. Les religieux relisent leur appel, Paris 1978

38 K. Rahner, Über die evangelischen Räte, in: Schriften zur Theologie VII 404–434 (Zitat: 419); vgl. auch ders., Zur Theologie der Entsagung, in: Schriften zur Theologie III 61–72

39 K. Rahner, Über die evangelischen Räte (s. Anm. 38) 424f

40 H. U. v. Balthasar, Vom Ordensstand (s. Anm. 35) 16

41 J. M. R. Tillard, Devant Dieu et pour le monde (s. Anm. 2) 297–325

42 K. Rahner, Über die evangelischen Räte (s. Anm. 38) 433

43 Vgl. den Überblicksartikel von J. Beyer, Instituts séculiers, in: DSp VII/2, 1806–1813; ders., Als Laie Gott geweiht. Theologisches und Kirchenrechtliches zu den Weltgemeinschaften, Einsiedeln 1964; ders., Berufung – Apostolat – Weihe. Welthaftigkeit und Weihe des Lebens in den Säkular-Instituten, Meitingen 1970; J. Perrin, Geist und Aufgabe der Säkularinstitute, Mainz 1960; K. Rahner, Laie und Ordensleben. Überlegungen zur Theologie der Säkularinstitute, in: ders., Sendung und Gnade. Beiträge zur Pastoraltheologie, Innsbruck 1959, 364–396; H. U. v. Balthasar, Zur Theologie der Säkularinstitute, in: ders., Sponsa Verbi. Skizzen zur Theologie II, Einsiedeln 1960, 434–469

44 Vgl. H. A. Timmermann, Die Weltgemeinschaften im deutschen Sprachraum, Einsiedeln 1963, 7–12

45 Vgl. H. Monier-Vinard, Clorivière (Pierre-Joseph Picot de), in: DSp II/1, 974–979

46 Vgl. J. Beyer (Hrsg.), Die kirchlichen Urkunden für die Weltgemeinschaften (Instituta saecularia), Einsiedeln 1963

47 Ordensdekret Nr. 11

48 J. Beyer, Instituts séculiers (s. Anm. 43) 1807

49 Pius XII., Motuproprio „Primo feliciter" vom 12. März 1948, Nr. 2 (Text bei J. Beyer, Die kirchlichen Urkunden [s. Anm. 46], 42–52; Zitat: 46f)

50 Diese Thematik kann im Zusammenhang dieses Buches nur im Ansatz und im Überblick behandelt werden.

51 Vgl. z. B. die neueste Publikation zur Frage des priesterlichen Dienstes und seiner Spiritualität: G. Greshake, Priestersein. Zur Theologie und Spiritualität des priesterlichen Amtes, Freiburg 1982

52 Vgl. X. Léon-Dufour, Apôtres, in: VTB 71–76 (s. bes. 74f)

53 Vgl. den Überblick bei Y. Congar, Le sacerdoce du Nouveau Testament. Mission et culte, in: J. Frisque – Y. Congar (Hrsg.), Les Prêtres. Décrets „Presbyterorum ordinis" et „Optatam totius", Paris 1968, 233–256

54 Johannes Chrysostomus, De sacerdotio (SCh 272)

55 Gregor der Große, Liber regulae pastoralis (PL 77,13–128)

56 DS 1771

57 Vgl. dazu die Untersuchung von H. Denis, La théologie du presbytérat de Trente à Vatican II, in: J. Frisque – Y. Congar, Les Prêtres (s. Anm. 53) 193–232

58 Vgl. Y. Congar, La sacerdoce du Nouveau Testament, in: J. Frisque – Y. Congar, Les Prêtres (s. Anm. 53) 236f

59 Vgl. den zitierten Sammelband J. Frisque – Y. Congar, Les Prêtres (s. Anm. 53)

60 Vgl. dazu die auf die evangelischen Räte aufgebaute Skizze priesterlicher Spiritualität bei J. Bours – F. Kamphaus, Leidenschaft für Gott. Ehelosigkeit – Armut – Gehorsam, Freiburg 1981

61 Auch für die Spiritualität des Lebens in Ehe und Familie gilt das in Anm. 50 Gesagte: Im Zusammenhang des Buches ist es nur möglich, den Ansatz zu skizzieren und einen Überblick zu bieten.

62 Vgl. P. Grelot, Le couple humain dans l'Écriture, Paris 1969

63 W. Kasper, Zur Theologie der christlichen Ehe, Mainz 1977, 36

64 Vgl. J. Mac Avoy, Famille, in: DSp V 61–74 (s. bes. 66–70)

65 Vgl. Y. Congar, Laic et Laicat, in: DSp IX 79–108 (s. bes. 84–95)

66 Vgl. P. Adnès, Mariage et vie chrétienne, in: DSp X 355–388; D. Emeis, Die Ehe christlich leben. Anregungen, Freiburg [2]1981

67 Pastoralkonstitution Nr. 47–52

68 Ebda Nr. 48

69 Ebda

70 Ebda